ESTUDOS DO INSTITUTO DE DIREITO DO CONSUMO

COORDENAÇÃO: LUÍS MENEZES LEITÃO

VOLUME II

ESTUDOS DO INSTITUTO DO DIREITO DE CONSUMO

COORDENAÇÃO: LUÍS MENEZES LEITÃO

VOLUME II

ALMEDINA

TÍTULO:	ESTUDOS DO INSTITUTO DE DIREITO DO CONSUMO
COORDENAÇÃO:	LUÍS MENEZES LEITÃO
EDITOR:	LIVRARIA ALMEDINA – COIMBRA www.almedina.net
LIVRARIAS:	LIVRARIA ALMEDINA ARCO DE ALMEDINA, 15 TELEF. 239851900 FAX 239851901 3004-509 COIMBRA – PORTUGAL livraria@almedina.net LIVRARIA ALMEDINA CENTRO DE ARTE MODERNA GULBENKIAN RUA DR. NICOLAU BETTENCOURT, 8 1050-078 LISBOA – PORTUGAL TELEF. 217972441 cam@almedina.net LIVRARIA ALMEDINA ARRÁBIDA SHOPPING, LOJA 158 PRACETA HENRIQUE MOREIRA AFURADA 4400-475 V. N. GAIA – PORTUGAL arrabida@almedina.net LIVRARIA ALMEDINA – PORTO R. DE CEUTA, 79 TELEF. 222059773 FAX 222039497 4050-191 PORTO – PORTUGAL porto@almedina.net LIVRARIA ALMEDINA ATRIUM SALDANHA LOJAS 71 A 74 PRAÇA DUQUE DE SALDANHA, 1 TELEF. 213570428 FAX 213151945 1050-094 LISBOA atrium@almedina.net LIVRARIA ALMEDINA – BRAGA CAMPUS DE GUALTAR, UNIVERSIDADE DO MINHO, 4700-320 BRAGA TELEF. 253678822 braga@almedina.net
EXECUÇÃO GRÁFICA:	G.C. – GRÁFICA DE COIMBRA, LDA. PALHEIRA – ASSAFARGE 3001-453 COIMBRA E-mail: producao@graficadecoimbra.pt JANEIRO, 2005
DEPÓSITO LEGAL:	176876/02
	Toda a reprodução desta obra, por fotocópia ou outro qualquer processo, sem prévia autorização escrita do Editor, é ilícita e passível de procedimento judicial contra o infractor.

APRESENTAÇÃO

Após vários anos de actividade do Instituto do Direito do Consumo da Faculdade de Direito de Lisboa surge agora o segundo volume dos Estudos do Instituto do Direito do Consumo.

A sua publicação ocorre num momento em que o Direito do Consumo cada vez tem vindo a assumir mais relevância, sendo de salientar o facto de se ter vindo a inserir agora no corpus do Direito Civil com a publicação do D.L. 67/2003, de 8 de Abril, relativo à venda de bens de consumo e garantias associadas, o qual transpôs a Directiva 1999/44/CE. Efectivamente, este diploma produz uma inversão do paradigma tradicional do Direito da Compra e Venda, justificando uma alteração da dogmática tradicional do Direito Civil que se terá de adaptar a esta nova evolução. Espera-se, por isso, que o desenvolvimento dos estudos sobre Direito do Consumo permita que o nosso Direito venha a evoluir, não se encerrando em arcaísmos ultrapassados.

Na altura da publicação deste novo volume dos Estudos do Instituto do Direito do Consumo, cabe-nos mais uma vez agradecer a todos aqueles que, realizando as mais diversas tarefas, de uma forma ou de outra contribuíram para o sucesso desta iniciativa.

Entre eles, é justo destacar a Dr.ª Sandra Carvalho, colaboradora deste Instituto desde a primeira hora, e que faleceu tragicamente em resultado de doença súbita. A ela muito se deve o êxito da actividade do Instituto do Direito do Consumo nos últimos anos, pelo que o presente volume é dedicado à sua memória.

Lisboa, 26 de Maio de 2004
Luís Menezes Leitão

IV CURSO DE PÓS-GRADUAÇÃO EM DIREITO DO CONSUMO

Coordenador: Prof. Doutor MENEZES LEITÃO
Organização: *Instituto de Direito do Consumo*
Ano lectivo 2003/2004

MÓDULO I – *Direito do Consumo: Questões Gerais*

1) **Concepções Dogmáticas do Direito do Consumo** – Prof. Doutor Menezes Leitão (Professor da Faculdade de Direito de Lisboa), 11/11/2003;
2) **Endividamento dos Consumidores** – Mestre Fernando Xarepe Silveiro (Assistente da Faculdade de Direito de Lisboa), 13/11/2003;
3) **Análise Económica do Consumo** – Prof. Doutor Fernando Araújo (Professor da Faculdade de Direito de Lisboa), 18/11/2003;
4) **As Novas Linhas do Direito do Consumo** – Prof. Doutor Pinto Monteiro (Professor da Faculdade de Direito da Universidade de Coimbra), 20/11/2003.

MÓDULO II – *Direito Constitucional e Administrativo do Consumo*

5) **Constituição e o Direito do Consumo** – Prof. Doutor Jorge Miranda (Professor da Faculdade de Direito de Lisboa), 25/11/2003;
6) **Instituições Administrativas de Defesa do Consumidor** – Dr. Pedro Lomba (Assistente-estagiário da Faculdade de Direito de Lisboa), 27/11/2003;
7) **Consumo e Procedimento Administrativo** – Prof. Doutor Vasco Pereira da Silva (Professor da Faculdade de Direito de Lisboa), 4/12/2003;
8) **Tutela Administrativa Económica do Consumo** – Prof. Doutor Bacelar Gouveia (Professor da Faculdade de Direito da Universidade Nova), 2/12/2003.

MÓDULO III – *Direito Comunitário do Consumo*

9) Prof.ª Doutora Ana Maria Guerra Martins – (Professora da Faculdade de Direito de Lisboa), 9 e 11/12/2003.

MÓDULO IV – *Direito Internacional Privado do Consumo*

10) **Convenção de Roma; Contratos com os Consumidores** – Prof. Doutor Dário Moura Vicente (Professor da Faculdade de Direito de Lisboa), 16/12/2003;
11) **Competência Judiciária dos Conflitos do Consumidor** – Prof. Doutor Dário Moura Vicente (Professor da Faculdade de Direito de Lisboa), 18/12/2003.

MÓDULO V – *Situação Jurídica do Consumo em Geral*

12) **Protecção do Consumidor contra as Práticas Comerciais Agressivas** – Mestre Adelaide Menezes Leitão (Assistente da Faculdade de Direito de Lisboa), 6/1/2004;
13) **Direitos Gerais dos Consumidores** – Prof. Doutor Menezes Leitão (Professor da Faculdade de Direito de Lisboa), 8/1/2004;
14) **Publicidade e Tutela do Consumidor** – Prof. Doutor Oliveira Ascensão (Professor da Faculdade de Direito de Lisboa), 13/1/2004;
15) **Cláusulas Contratuais Gerais e Contratos Pré-Formulados** – Prof. Doutor Menezes Cordeiro (Professor da Faculdade de Direito de Lisboa), 15/1/2004;
16) **Responsabilidade Civil do Produtor** – Prof. Doutor Menezes Leitão (Professor da Faculdade de Direito de Lisboa), 20/1/2004;
17) **Garantias dos Contratos de Consumo** – Prof. Doutor Carneiro da Frada (Professor da Faculdade de Direito de Lisboa), 22/1/2004.

MÓDULO VI – *Situações Jurídicas Especiais do Consumo I*

18) **Serviços Públicos Administrativos** – Mestre Adelaide Menezes Leitão (Assistente da Faculdade de Direito de Lisboa), 27/1/2004;
19) **Fornecimento de Bens Essenciais** – Mestre Alexandra Leitão (Assistente estagiária da Faculdade de Direito de Lisboa), 29/1/2004;
20) **Serviços de Telecomunicações** – Mestre Alexandra Leitão (Assistente estagiária da Faculdade de Direito de Lisboa), 3/2/2004.

MÓDULO VII – *Situações Jurídicas Especiais do Consumo II*

21) **Serviços Bancários** – Prof. Doutor Santos Júnior (Professor da Faculdade de Direito de Lisboa), 5/2/2004;
22) **Depósito Bancário** – Mestre Carlos Lacerda Barata (Assistente da Faculdade de Direito de Lisboa), 10/2/2004;
23) **Crédito à Habitação** – Mestre Adelaide Menezes Leitão (Assistente da Faculdade de Direito de Lisboa), 12/2/2004;
24) **Crédito ao Consumo** – Prof. Doutor Januário da Costa Gomes (Professor da Faculdade de Direito de Lisboa), 17/2/2004;
25) **Emissão de Cartões de Crédito** – Mestre Joana Vasconcelos (Assistente da Faculdade de Direito da Universidade Católica), 19/2/2004.

MÓDULO VIII – *Situações Jurídicas Especiais do Consumo III*

26) **Contrato de Viagem Organizada** – Prof. Doutor Pedro Romano Martinez (Professor da Faculdade de Direito de Lisboa), 2/3/2004;
27) **Prestação de Serviço Turístico** – Mestre João Menezes Leitão (Advogado. Jurista da Administração Geral Tributária), 4/3/2004;
28) **Espectáculos Públicos** – Mestre Lurdes Pereira (Assistente da Faculdade de Direito de Lisboa), 9/3/2004.

MÓDULO IX – *Situações Jurídicas Especiais do Consumo IV*

29) **Contrato de Transportes Públicos Terrestres** – Mestre João Menezes Leitão (Advogado. Jurista da Administração Geral Tributária) 11/3/2004;
30) **Contrato de Transportes Públicos Marítimos** – Mestre João Menezes Leitão (Advogado. Jurista da Administração Geral Tributária) 16/3/2004;
31) **Contrato de Transportes Públicos Aéreos** – Metre Sequeira Ribeiro (Assistente da Faculdade de Direito de Lisboa), 25/3/2004;
32) **Contrato de Seguro em Geral** – Prof. Doutor José Alberto Vieira (Assistente da Faculdade de Direito de Lisboa), 18/3/2004;
33) **Contrato de Seguro de Vida** – Prof. Doutor José Alberto Vieira (Assistente da Faculdade de Direito de Lisboa), 23/3/2004;
34) **Contrato de Seguro Automóvel** – Prof. Doutor José Alberto Vieira (Assistente da Faculdade de Direito de Lisboa), 30/3/2004.

MÓDULO X – *SITUAÇÕES Jurídicas Especiais do Consumo V*

35) **Contrato de Mediação** – Mestre Carlos Lacerda Barata (Assistente da Faculdade de Direito de Lisboa), 1/4/2004;
36) **Contrato de Constituição de Direito Real de Habitação Periódica** – Prof. Doutor José Alberto Vieira (Assistente da Faculdade de Direito de Lisboa), 20/4/2004;
37) **Venda Fora do Estabelecimento** – Mestre Carlos Lacerda Barata (Assistente da Faculdade de Direito de Lisboa), 22/4/2004;
38) **Venda com Redução de Preços** – Mestre Guilherme Machado Dray (Assistente da Faculdade de Direito de Lisboa), 27/4/2004;
39) **Compra e Venda em Grupo** – Mestre Lurdes Pereira (Assistente da Faculdade de Direito de Lisboa), 29/4/2004.

MÓDULO XI – *Consumidor e Sociedade da Informação* (até 6 horas)

40) **Protecção do Consumidor na Base de Dados** – Mestre Abel Sequeira Ferreira (Director da Euronext), 4/5/2004;
41) **Protecção do Consumidor na Internet** – Mestre Adelaide Menezes Leitão (Assistente da Faculdade de Direito de Lisboa), 6 e 11/5/2004.

MÓDULO XII – *Direito Penal e Contra-Ordenacional do Consumo*

42) **Direito Penal do Consumo** – Prof[a]. Doutora Fernanda Palma (Professora da Faculdade de Direito de Lisboa), 13/5/2004;
43) **Direito Contra-Ordenacional do Consumo** – Mestre Carlota Pizarro de Almeida (Assistente da Faculdade de Direito de Lisboa), 18/5/2004.

MÓDULO XIII – *Resolução dos Conflitos do Consumo* (6 horas)

44) **Acção Popular no Direito do Consumo** – Prof. Doutor Teixeira de Sousa (Professor da Faculdade de Direito de Lisboa), 20/5/2004;
45) **Arbitragem no Direito do Consumo** – Prof. Doutor Dário Moura Vicente (Professor da Faculdade de Direito de Lisboa), 27/5/2004;
46) **Jurisprudência de Direito do Consumo** – Dr. Paulo de Carvalho (Procurador da República), 1-6-04.

EMPREITADA DE BENS DE CONSUMO[1]
A transposição da Directiva n.° 1999/44/CE pelo Decreto-Lei n.° 67/2003

por PEDRO ROMANO MARTINEZ
*Professor da Faculdade de Direito de Lisboa
e da Faculdade de Direito da Universidade Católica*

SUMÁRIO: I. O regime da venda de bens de consumo e a sua aplicação no domínio do contrato de empreitada – 1. Aspectos gerais – 2. Referências directas e indirectas à empreitada – 3. Crítica à transposição da Directiva no que respeita ao contrato de empreitada – II. Compra e venda e empreitada: dificuldade de delimitação entre os dois contratos e a equiparação constante do regime da venda de bens de consumo – III. Âmbito de aplicação dos diplomas – 1. Objecto do contrato de empreitada e obras não abrangidas no regime da venda de bens de consumo – 2. Aplicação no tempo do regime da empreitada de bens de consumo – IV. Regime de não conformidade estabelecido no Código Civil para o contrato de empreitada em confronto com as regras constantes da Directiva e do Decreto-Lei n.º 67/2003 – 1. Aspectos gerais – 2. Defeito *versus* falta de conformidade – 3. Reparação do defeito – 4. Eliminação do defeito mediante a realização de nova obra – 5. Redução do preço – 6. Resolução do contrato – 7. Prazos – *a)* Denúncia do defeito – *b)* Exercício de direitos

---

[1] O presente texto corresponde à intervenção do autor num Colóquio organizado pela Faculdade de Direito de Lisboa e a Ordem dos Advogados, sobre venda de bens de consumo, regulada pelo Decreto-Lei n.º 67/2003, de 8 de Abril, a 25 de Julho de 2003.

I. O REGIME DA VENDA DE BENS DE CONSUMO E A SUA APLICAÇÃO NO DOMÍNIO DO CONTRATO DE EMPREITADA

1. Aspectos gerais

I. A Directiva n.º 1999/44/CE do Parlamento e do Conselho, de 25 de Maio de 1999, vem referenciada por ser «relativa a certos aspectos da venda de bens de consumo e das garantias a ela relativas» e deve questionar-se se este diploma encontra aplicação no âmbito de bens de consumo fornecidos por via de contratos de empreitada.

Na Directiva há uma tendencial alusão à compra e venda, que se detecta não só no preâmbulo como também no respectivo texto. De facto, no preâmbulo são frequentes as referências a «venda de bens de consumo» e a «vendedores», deduzindo-se que o contrato de compra e venda foi aquele que serviu de paradigma à directriz comunitária. Do mesmo modo, no texto da Directiva só se encontram alusões directas ao contrato de compra e venda, determinando-se o seu âmbito de aplicação com respeito à «venda de bens de consumo» (art. 1.º, n.º 1, da Directiva) e sendo o fornecedor dos bens identificado como «vendedor» (art. 1.º, n.º 2, alínea c), da Directiva).

Destas referências poder-se-ia concluir que a Directiva se aplicaria tão-só aos contratos de compra e venda de bens de consumo, ficando de fora do seu âmbito os contratos de empreitada que tivessem em vista fornecer bens cujos destinatários sejam consumidores.

II. O Decreto-Lei n.º 67/2003, de 8 de Abril, transpõe para a ordem jurídica nacional a *supra* mencionada Directiva e, nessa transposição, praticamente reproduz o texto desta[2]. Razão pela qual, o diploma alude frequentemente ao contrato de compra e venda, que foi tido como figurino para efeito da aquisição de bens de consumo; além das referências à compra e venda, as partes são normalmente identificadas como vendedor e comprador.

Tendo isto em conta poder-se-ia igualmente concluir que o legislador nacional só regulou a aquisição de bens de consumo por via de uma compra e venda.

---

[2] CALVÃO DA SILVA, *Venda de Bens de Consumo. Decreto-Lei n.º 67/2003, de 8 de Abril. Directiva 1999/44/CE. Comentário*, Coimbra, 2003, p. 21, afirma mesmo que o diploma se encontra «estreitamente agarrado ao texto da Directiva europeia em causa, que procura reproduzir de forma quase literal e servil».

2. Referências directas e indirectas à empreitada

I. Não obstante o campo privilegiado de aplicação da Directiva e do Decreto-Lei ser a compra de bens de consumo, o seu âmbito não se circunscreve a este tipo contratual.

II. Na Directiva, através de uma deficiente equiparação, há uma extensão de regime, nos termos da qual as soluções nela consagradas se aplicam igualmente a outros «(...) contratos de fornecimento de bens de consumo (...)» (art. 1.º, n.º 4, da Directiva), entre os quais se inclui, em particular, a empreitada.

Na Directiva encontram-se referências directas e indirectas ao contrato de empreitada, que determinam a sua aplicação neste domínio contratual.

Como referências directas importa indicar as duas equiparações, que correspondem a uma ficção de alargamento do conceito de compra e venda, mas que seria preferível entendê-las como hipóteses de extensão de regime. Em primeiro lugar, no art. 1.º, n.º 4, da Directiva dispõe-se que «(...) são igualmente considerados contratos de compra e venda os contratos de fornecimento de bens de consumo a fabricar ou a produzir». Por outro lado, no art. 2.º, n.º 5, da Directiva estabelece-se que «(...) a falta de conformidade de má instalação do bem de consumo é equiparada a uma falta de conformidade do bem quando a instalação fizer parte do contrato de compra e venda e tiver sido efectuada pelo vendedor, ou sob sua responsabilidade (...)». Do art. 1.º, n.º 4, da Directiva resulta que o fornecimento de bens de consumo ajustado por contrato de empreitada fica sujeito a este regime; por outro lado, do art. 2.º, n.º 5, da Directiva depreende-se que a empreitada de instalação subsequente à venda de bens de consumo rege-se pelo disposto na directriz comunitária.

Cabe ainda aludir a uma referência indirecta à empreitada constante da parte final do art. 2.º, n.º 3, da Directiva, quando se exclui a falta de conformidade no caso de «(...) esta decorrer dos materiais fornecidos pelo consumidor». Situação que poderá ocorrer no caso de, por convenção ou uso, os materiais necessários à execução da obra serem fornecidos pelo respectivo dono (art. 1210.º, n.º 1, do Código Civil [CC]).

A Directiva aplica-se também a determinado tipo de contratos de empreitada, até porque, por vezes, pode haver alguma dificuldade de delimitação entre o âmbito de aplicação dos contratos de compra e venda e de empreitada[3].

---

[3] Sobre a questão, vd. ROMANO MARTINEZ, *Direito das Obrigações (Parte Especial) Contratos*, 2.ª edição, Coimbra, 2001, pp. 333 e ss.

Concluindo, no que respeita à Directiva, dir-se-á que importa atender ao regime da empreitada por aplicação directa, em razão de uma indiferenciação contratual, e por via de uma extensão de regime.

III. A situação é idêntica no que respeita ao Decreto-Lei n.º 67/2003.

Em vez da equiparação e, portanto, sem recorrer a uma ficção, no art. 1.º, n.º 2, do Decreto-Lei n.º 67/2003, determina-se que «O presente diploma é aplicável, com as necessárias adaptações, aos contratos de fornecimento de bens de consumo a fabricar ou a produzir (...)».

Além disso, no n.º 4 do art. 2.º do Decreto-Lei n.º 67/2003, a má instalação – que pode pressupor a execução de um contrato de empreitada – é equiparada a uma falta de conformidade do bem nas circunstâncias previstas neste preceito.

Ainda como referência à empreitada cabe aludir ao n.º 3 do art. 2.º do Decreto-Lei n.º 67/2003, na parte que respeita à falta de conformidade dos materiais fornecidos pelo consumidor para a realização da coisa.

Posto isto, as conclusões indicadas a propósito da Directiva valem quanto ao diploma que a transpôs: importa atender ao regime da empreitada por aplicação directa e por via de uma extensão de regime.

3. Crítica à transposição da Directiva no que respeita ao contrato de empreitada

Apesar de a Directiva ter sido elaborada para os contratos de compra e venda dirigidos a consumidores, tendo em conta o seu âmbito de aplicação (art. 1.º, n.º 4, e art. 2.º, n.º 5, da Directiva), também podem ser abrangidos certos tipos de contratos de empreitada. Concretamente, sempre que se esteja perante bens móveis corpóreos a fabricar ou a produzir para consumidores, o negócio jurídico ajustado com o consumidor pode ser um contrato de empreitada; a isto acresce que a obrigação de instalar o bem de consumo pode implicar que o contrato de fornecimento e instalação se qualifique como de empreitada. Em tais casos, não obstante se estar perante um contrato de empreitada, aplicar-se-á a Directiva, pelo que a sua transposição pressuporia também adaptações no domínio do contrato de empreitada, o que não ocorreu.

É necessário, porém, ter em conta que a Directiva não prevê a sua aplicação à maioria dos contratos de empreitada, mormente aos de construção de imóveis, mas o Decreto-Lei n.º 67/2003 alargou esse âmbito, nele se incluindo a empreitada de construção de imóveis[4]. Ficou de fora do campo de aplicação do diploma a empreitada de reparação, pois nele só se incluem «os contratos de fornecimento de bens de consumo a *fabricar* ou a *produzir*».

Atendendo ao âmbito alargado de aplicação do diploma, na transposição da Directiva dever-se-ia ter tomado em linha de conta as consequências em sede de contrato de empreitada. De facto, passam a coexistir dois regimes distintos, consoante se trate de empreitada de construção ou de instalação de bens de consumo ou de empreitada que não tenha por objecto a construção ou instalação de bens de consumo. A assinalada dificuldade é, todavia, atenuada pelo facto de o regime, constante dos arts. 1207.º e ss. do CC, à excepção de pequenas diferenças, ser idêntico ao que resulta do Decreto-Lei n.º 67/2003.

Assim sendo, quanto à transposição, teria sido mais ajustado adaptar o regime da compra e venda de coisas defeituosas (arts. 874.º e ss., em particular arts. 905.º e ss. e arts. 913.º e ss. do CC), com extensão a determinados contratos equiparados, em que se incluem alguns tipos de empreitada, como foi feito em 1994 na alteração introduzida nos arts. 916.º, n.º 3, e 1225.º, n.º 4, do CC. Esta teria sido a solução mais adequada, aproveitando o ensejo para expurgar o regime da compra e venda de coisas defeituosas (arts. 913.º e ss. do CC) de algumas soluções pouco consentâneas com a realidade, sem necessidade de introduzir conceitos novos, como o de falta de conformidade[5].

Acresce que se introduziram modificações na Lei de Defesa do Consumidor – que, em regra, tutelava melhor o consumidor do que a Directiva –, tendo sido alterados os respectivos artigos 4.º e 12.º; modificação esta que implicou uma redução da protecção que era conferida ao consumidor, como se explicará adiante.

A finalizar, refira-se que as alterações introduzidas pelo Decreto-Lei n.º 67/2003 não se justificavam no âmbito do contrato de empreitada, porquanto, ainda que com formulações diversas, o sistema jurídico português anterior ao diploma em análise conduzia às mesmas soluções, que

---

[4] Cfr. CALVÃO DA SILVA, *Venda de Bens de Consumo*, cit., pp. 46 e ss., no que respeita ao alargamento do âmbito de aplicação aos bens imóveis.

[5] Quanto a críticas a algumas soluções constantes do regime da compra e venda de coisas defeituosas, apresentando soluções alternativas, *vd.* ROMANO MARTINEZ, *Cumprimento Defeituoso, em especial na Compra e Venda e na Empreitada*, reimpressão, Coimbra, 2001, respectivamente, pp. 261 e ss. e pp. 474 e ss.

deveriam ter sido preservadas, até porque conferiam maior protecção ao dono da obra (consumidor). De facto, o regime resultante do Decreto-Lei n.º 67/2003 fica aquém do que dispunha a Lei de Defesa do Consumidor (Lei n.º 24/96, de 31 de Julho), por um lado, porque não se aplica à reparação de coisas e, por outro, na medida em que não visa a tutela em caso de prestação de serviços fornecidos ao consumidor; acresce que o novo regime reduz a protecção conferida ao dono da obra no Código Civil, na medida em que lhe reduz os prazos de exercício de direitos.

II. COMPRA E VENDA E EMPREITADA: DIFICULDADE DE DELIMITAÇÃO ENTRE OS DOIS CONTRATOS E A EQUIPARAÇÃO CONSTANTE DO REGIME DA VENDA DE BENS DE CONSUMO

I. Os contratos de compra e venda e de empreitada apresentam-se como distintos, pois o empreiteiro está adstrito a uma prestação de facto (*de facere*), enquanto sobre o vendedor impende uma prestação de coisa (*de dare*)[6]. Por outro lado, a compra e venda é um contrato real *quoad effectum*, porque os efeitos reais, translativos da propriedade, se produzem por mero efeito do contrato (art. 408.º do CC), ao passo que a empreitada constitui um negócio consensual do qual emergem efeitos obrigacionais[7]. Mesmo quando o cumprimento de um contrato de empreitada acarrete a transferência da propriedade sobre uma coisa, esta transferência segue regras diferentes das da compra e venda (arts. 1212.º e 408.º do CC)[8].

---

[6] Cfr. J. C. MOITINHO DE ALMEIDA, «A Responsabilidade Civil do Projectista e o seu Seguro», BMJ, 228 (1973), p. 14; DIAS JOSÉ, *Responsabilidade Civil do Construtor e do Vendedor pelos Defeitos*, Lisboa, 1984, p. 46; PIRES DE LIMA/ANTUNES VARELA, Comentário 4 ao art. 1207.º, *Código Civil Anotado*, II, 4.ª edição, Coimbra, 1997, p. 865; RESCIGNO, *Manuale del Diritto Privato Italiano*, 7.ª edição, Nápoles, 1987 n.º 229, p. 812. Acerca da distinção entre as duas figuras, consulte-se o estudo de JOSÉ MANUEL VILALONGA, «Compra e Venda e Empreitada. Contributo para a distinção entre os dois Contratos», ROA 1997, I, pp. 183 e ss.

[7] Cfr. J. C. MOITINHO DE ALMEIDA, «A Responsabilidade Civil do Projectista ...», cit., p. 15; Dias JOSÉ, *Responsabilidade Civil*, cit., p. 46; RUBINO, *L'Appalto*, 4.ª edição, Turim, 1980, n.º 14, p. 18.

[8] Cfr. PIRES DE LIMA/ANTUNES VARELA, Comentário 4 ao art. 1207.º, *Código Civil Anotado*, II, cit., p. 866.

Por último, há a ter em conta que, na compra e venda, a iniciativa e o plano do objecto a executar cabem ao que constrói ou fabrica a coisa, ao passo que o empreiteiro realiza uma obra que lhe é encomendada, devendo executá-la segundo as directrizes e fiscalização daquele que lha encarregou.

Apesar destas diferenças, torna-se difícil distinguir a empreitada da compra e venda, principalmente no caso de alguém se obrigar a construir uma coisa com a obrigação de fornecer os materiais necessários à realização dessa obra. O facto de a obrigação de fornecer os materiais impender sobre o empreiteiro não é, só por si, decisiva para caracterizar o contrato como sendo de compra e venda de bens futuros[9], e perante casos concretos, podem levantar-se dificuldades de qualificação[10].

II. Numa sinopse por alguma jurisprudência, verifica-se que se considerou que era de empreitada o contrato pelo qual alguém se comprometia a fornecer e montar uma caldeira nova[11]. Foi igualmente qualificado como sendo de empreitada o contrato mediante o qual uma das partes se obrigara a fazer uma casa pré-fabricada, com materiais por si subministrados, e mediante certa retribuição proporcional à quantidade de trabalho[12]. De igual forma, considerou-se que era de empreitada o contrato por força do qual uma empresa se obrigara a fornecer e montar tectos falsos pré-fabricados[13]. Do mesmo modo, também já se qualificou como sendo de empreitada o contrato através do qual uma empresa, que se dedicava à comercialização de elevadores, se obrigava não só a fornecer como também a instalar um elevador no imóvel do adquirente[14]. Na realidade, se do

---

[9] Cfr. PEREIRA DE ALMEIDA, *Contrato de Empreitada*, Lisboa, 1983, p. 15; PIRES DE LIMA/ANTUNES VARELA, Comentário 4 ao art. 1207.º, *Código Civil Anotado*, II, cit., p. 866.

[10] Sobre a questão, veja-se ROMANO MARTINEZ, *Direito das Obrigações. Contratos*, cit., pp. 334 e ss.. Quanto a uma indicação de critérios de distinção entre os dois contratos, vd. JOSÉ MANUEL VILALONGA, «Compra e Venda e Empreitada ...», cit., pp. 198 e ss.; mas o autor, para a mencionada contraposição, opta por apresentar várias situações tipo: construção de imóvel, construção de móvel e contrato de fornecimento e instalação (pp. 202 e ss.).

[11] Ac. STJ de 14/06/1972, RLJ, 106 (1973/74), p. 185.

[12] Ac. STJ de 16/03/1973, BMJ, 225 (1973), p. 210.

[13] Ac. Rel. Pt. de 14/01/1992, CJ, XVII (1992), T. I, p. 224.

[14] Ac. STJ de 15/03/1974, BMJ, 235 (1974), p. 271. No mesmo sentido, Ac. STJ de 06/07/1993, CJ (STJ), I (1993), T. II, p. 182; Ac. STJ de 17/11/1994, CJ (STJ) II (1994), T. III, p. 143; Ac. STJ de 14/2/1995, CJ (STJ) 1995, T. I, p. 88; Ac. STJ de 6/4/1995, CJ (STJ) 1995, T. II, p. 33; Ac. Rel. Lx. de 12/05/1988, BMJ, 377 (1988), p. 542; Ac. Rel. Lx. de 20/05/1993, CJ, XVIII (1993), T. III, p. 110; Ac. Rel. Lx. de

bem em causa só se pode retirar utilidade depois de ter sido montado, e se essa montagem carece de uma determinada preparação técnica, não se pode qualificar o contrato como de compra e venda; é o que se passa, designadamente, no exemplo do fornecimento e instalação de elevadores. Sendo a prestação de montagem, apesar de acessória, indispensável para o uso do bem, o contrato, por via de regra, será de empreitada[15]. A solução passará, em última análise, pela interpretação da vontade e correspondentes interesses das partes.

III. É de concluir, pois, que o contrato pelo qual alguém se obriga a realizar certa obra é, em princípio, uma empreitada, e o fornecimento pelo empreiteiro das matérias necessárias à sua execução não vai, por via de regra, alterar a natureza do contrato. Deve, então, qualificar-se como de empreitada o contrato em que o subministro de material constitui um meio para a realização da obra. Em contrapartida, enquadra-se na noção de com-

---

7/12/1993, CJ XVIII, T. V, p. 137; Ac. Rel. Lx. de 17/3/1994, CJ XIX, T. II, p. 86; Ac. Rel. Év. de 26/9/1996, CJ XXI, T. IV, p. 282.

Em sentido oposto, nos Ac. Rel. Lx. de 07/12/1989, BMJ, 392 (1990), p. 499, Ac. Rel. Lx. de 18/01/1990, CJ, XV (1990), T. I, p. 146 e Ac. Rel. Pt. de 12/01/1993, CJ, XVIII (1993), T. II, p. 175, qualificou-se como contrato de compra e venda idêntica situação de facto. A posição sustentada nestes últimos arestos não parece de aceitar, na medida em que os elevadores antes de serem montados – e, por via de regra, o dono da obra não tem capacidade para proceder à instalação de elevadores – não têm qualquer utilidade para aquele que os encomendou, pelo que o factor trabalho (instalação) se apresenta como mais relevante do que o mero fornecimento.

Nos arestos citados estava em causa a apreciação de validade de uma cláusula de reserva de propriedade (art. 409.º do CC) estabelecida pelos fornecedores de elevadores em seu benefício; nas situações em apreço, tal cláusula não parece ter qualquer sentido, pois os elevadores, depois de incorporados no prédio, passam a ser partes integrantes (ou até componentes) do mesmo, perdendo a consequente autonomia para efeito de objecto de situações jurídicas (sobre esta questão cfr. Ac. STJ de 06/07/1993, CJ (STJ), I (1993), T. II, p. 183 e Ac. Rel. Lx. de 20/05/1993, CJ, XVIII (1993), T. III, p. 109). A solução defendida nos acórdãos que se critica parece assentar num raciocínio tópico: pretende-se proteger os credores quanto ao recebimento do preço dos elevadores fornecidos que, de outra forma, dificilmente obteriam de empreiteiros em risco de falência; é mais seguro exigir-se esse pagamento aos actuais proprietários dos andares. Mas esta solução só aparentemente se apresenta como equitativa, pois os condóminos acabam por pagar duas vezes os mesmos elevadores.

[15] Considerando que se trata, normalmente, de dois contratos, que podem estar em coligação, vd. JOSÉ MANUEL VILALONGA, «Compra e Venda e Empreitada ...», cit., pp. 207 e ss.

pra e venda o contrato mediante o qual alguém se obriga a fornecer um bem fabricado em série[16] ou por encomenda com base em amostra ou catálogo, desde que não haja que proceder a adaptações consideráveis[17].

Mas será, em última análise, a vontade real dos contraentes que, sobrepondo-se a todos os critérios de distinção, vai determinar o tipo de contrato e o seu regime[18].

IV. Independentemente da qualificação – contrato de compra e venda ou de empreitada –, sendo fornecido um bem de consumo aplica-se o disposto na Directiva e no Decreto-Lei n.º 67/2003.

Como resulta da designada equiparação de regime constante do art. 1.º, n.º 4, da Directiva, há um alargamento do âmbito de aplicação nos termos do qual as regras estabelecidas para a venda de bens de consumo aplicam-se em caso de empreitada de fornecimento de bens a consumidores. Deste modo, as dificuldades de qualificação ficam superadas, pois o regime é o mesmo[19]. Assim, por exemplo num caso de duvidosa qualificação em que uma empresa se obriga a fornecer e instalar um sistema de ar condicionado em casa de um consumidor, não é necessário verificar se se trata de uma compra e venda ou de uma empreitada para efeito de aplicação do regime constante da Directiva.

O mesmo se diga no que respeita ao regime resultante do Decreto-Lei n.º 67/2003, atendendo ao alargamento constante do n.º 2 do art. 1.º e à equiparação feita no n.º 4 do art. 2.º; se o bem de consumo for fabricado ou produzido pelo empreiteiro ou instalado pelo seu fornecedor aplicam-se as regras constantes do citado diploma. A isto acresce o alarga-

---

[16] Entendendo que se o bem é fabricado em série o contrato será de compra e venda, cfr. Ac. Rel. Lx. de 21/11/1996, CJ XXI, T. V, p. 109.

[17] Cfr. Ac. STJ de 30/11/2000, CJ (STJ) 2000, T. III, p. 150, onde se qualificou o contrato como de compra e venda, porque o trabalho desenvolvido não era relevante e o preço foi estabelecido tendo em conta a coisa.

[18] Neste sentido, veja-se o Ac. STJ de 25/6/1998, CJ (STJ) 1998, T. II, p. 138, onde, depois de se considerar que a situação era duvidosa, se optou por recorrer à vontade das partes a determinar em função das respectivas declarações negociais. Todavia, no caso em apreço, em que estava em causa o fabrico de 50 000 contentores segundo as especificações técnicas e controlo do beneficiário, o contrato devia ser qualificado como de empreitada, como se concluiu no acórdão, porque correspondia à realização de uma obra segundo modelo do respectivo dono.

[19] Vd. PAULO MOTA PINTO, «Conformidade e Garantias na Venda de Bens de Consumo. A Directiva 1999/44/CE e o direito português», *Estudos de Direito do Consumidor*, n.º 2, 2000, pp. 219 e ss.

mento introduzido pelo Decreto-Lei n.º 67/2003 relativamente à Directiva fonte, ao permitir a aplicação do regime nele instituído à construção de imóveis.

Resta concluir que, sendo o bem de consumo, as dificuldades de qualificação do contrato (entre compra e venda e empreitada) ficam, em parte, superadas; subsistindo, contudo, as situações relacionadas com a reparação de bens – situação não incluída no alargamento constante do n.º 2 do artigo 1.º do Decreto-Lei n.º 67/2003 – em que a diferente qualificação (compra e venda ou empreitada) leva a aplicação de regras diferentes.

Noutro plano, ainda que o bem seja fornecido em execução de um contrato de empreitada, por via de uma adaptação do art. 6.º do Decreto-Lei n.º 67/2003, o dono da obra pode recorrer a uma acção directa contra o vendedor (que vendeu ao empreiteiro) de bens incorporados na obra (p. ex., termóstato instalado na caldeira montada em casa do consumidor)[20].

Claro que, não se tratando de bens de consumo, isto é, não sendo o comprador ou o dono da obra consumidores nos termos definidos no n.º 1 do art. 2.º da Lei de Defesa do Consumidor, mantêm-se as indicadas dificuldades de qualificação com as consequentes divergências de regime.

III. ÂMBITO DE APLICAÇÃO DOS DIPLOMAS

1. Objecto do contrato de empreitada e obras não abrangidas no regime da venda de bens de consumo

I. Como resulta do art. 1207.º do CC, o empreiteiro fica adstrito a realizar certa obra, a obter um resultado. Importa determinar em que sentido se deve entender a expressão «certa obra»; isto é, se ela comporta somente coisas corpóreas ou também incorpóreas e, ainda, se nesse conceito se incluem os serviços.

A solução deste problema é importante porquanto, tendo-se optado por uma interpretação ampla, aos contratos cujo objecto corresponda a realização de uma obra incorpórea ou a prestação de um serviço, aplicam-

---

[20] Sobre a acção directa, veja-se ROMANO MARTINEZ, *Direito das Obrigações. Contratos*, cit., pp. 417 e ss.

-se as regras da empreitada, caso contrário, prevalecem as normas que regulam o contrato de mandato, na medida em que se estaria perante um contrato atípico de prestação de serviço (art. 1156.° do CC)[21].

II. No art. 1207.° do CC, na sequência do art. 1396.° do Código Civil precedente, optou-se por uma definição restrita. No objecto do contrato de empreitada não se incluem os serviços não materializáveis numa coisa corpórea (p. ex., transporte, representação teatral)[22].

Não obstante a referida noção restrita, tem-se discutido se a empreitada, no seu objecto, apesar de se encontrar excluída a prestação de serviços não identificados como obra, abrange as obras incorpóreas[23]. Mas, independentemente desta polémica, para efeito de aplicação da Directiva e do Decreto-Lei n.° 67/2003, importa atender aos possíveis tipos de objecto da empreitada, que se podem enquadrar em cinco modalidades: construção de bens imóveis; construção de bens móveis; modificação ou reparação de bens imóveis; modificação ou reparação de bens móveis; realização de obras incorpóreas.

A primeira modalidade (construção de bens imóveis), que constitui a situação paradigmática de empreitada, encontra-se excluída na directriz comunitária, por via do disposto no art. 1.°, n.° 2, alínea b), da Directiva, onde se determina que o bem de consumo é «(...) qualquer bem móvel corpóreo (...)». Não assim no que respeita ao âmbito de aplicação do diploma nacional, onde não se distinguem os bens de consumo, entre coisas móveis e imóveis; deste modo, à construção de bens de consumo imóveis aplica-se o regime fixado no Decreto-Lei n.° 67/2003.

A segunda modalidade (construção de bens móveis) inclui-se no âmbito de aplicação tanto da Directiva como do Decreto-Lei n.° 67/2003. Quanto à empreitada de construção de obras móveis corpóreas há uma

---

[21] Sobre a questão, vd. BRITO PEREIRA, «Do Conceito de *Obra* no Contrato de Empreitada», ROA, 54 (1994), II, pp. 569 e ss. Para um estudo de direito comparado, consulte-se ROMANO MARTINEZ, *Direito das Obrigações. Contratos*, cit., pp. 386 e ss.

[22] No Ac. STJ de 29/09/1998, CJ (STJ), 1998, T. III, p. 34, concluiu-se que não era contrato de empreitada, mas de prestação de serviços, aquele em que alguém se obriga a zelar pela conservação e asseio de um jardim. Sobre as razões, nomeadamente históricas, que justificam esta solução, veja-se ROMANO MARTINEZ, *Direito das Obrigações. Contratos*, cit., pp. 388 e s.

[23] Sobre a questão, considerando que, tendencialmente, não se inclui no objecto do contrato de empreitada a realização de obras incorpóreas, vd. ROMANO MARTINEZ, *Direito das Obrigações. Contratos*, cit., pp. 389 e ss.

multiplicidade de situações a atender. A título exemplificativo, pode indicar-se o fornecimento de um fato por medida ou de um sistema de ar condicionado ou a construção de uma mobília.

A terceira modalidade (modificação ou reparação de bens imóveis) não se inclui no âmbito da Directiva, que respeita só a coisas móveis (art. 1.º, n.º 2, alínea b), da Directiva), nem no campo de aplicação do Decreto-Lei n.º 67/2003, que incide sobre bens a fabricar ou a produzir, mas não a reparar (art. 1.º, n.º 2, do Decreto-Lei n.º 67/2003). Estão, portanto, excluídos deste regime os contratos de empreitada de modificação ou de reparação de imóveis, por exemplo de reconstrução de uma casa, ainda que seja bem de consumo. A solução é discrepante, pois se a casa (bem de consumo) é construída de raiz aplica-se o regime do diploma; se a casa (bem de consumo) foi totalmente reparada o contrato fica sujeito ao regime comum. Refira-se, contudo, que se a modificação ou reparação em imóvel corresponder à instalação de um bem de consumo já se aplica o regime em análise (art. 2.º, n.º 4, do Decreto-Lei n.º 67/2003).

Na quarta modalidade (modificação ou reparação de bens móveis) a solução é idêntica à que resulta da hipótese anterior. Sendo bens móveis estariam abrangidos na Directiva, mas tanto na directriz (art. 1.º, n.º 4, da Directiva) como no diploma nacional (artigo 1.º, n.º 2) a extensão do campo de aplicação aos contratos de empreitada respeita unicamente àqueles que implique o *fabrico* ou a *produção* de bens de consumo; não a modificação ou reparação desses bens. Estão, assim, excluídas, nomeadamente a reparação de um electrodoméstico ou de um automóvel, a limpeza de um tapete ou de um casaco e a encadernação de um livro[24]. De modo diverso, inclui-se no âmbito do diploma a modificação ou reparação resultante da instalação de bens de consumo (art. 2.º, n.º 4, do Decreto-Lei n.º 67/2003).

Refira-se, a terminar, que a quinta modalidade (realização de obras incorpóreas) se encontra excluída do âmbito da Directiva, onde se define bem de consumo como «bem móvel corpóreo» (art. 1.º, n.º 2, alínea b), da Directiva), não sendo igualmente incluída no campo de aplicação do diploma nacional tendo em conta a noção de bem de consumo subjacente,

---

[24] Como refere CALVÃO DA SILVA, *Venda de Bens de Consumo*, cit., p. 53, «(...) excluídos do âmbito de aplicação da nova legislação estão os contratos de mera reparação, conservação ou manutenção de bens que o consumidor já possua, bem como as demais prestações de serviços (...)».

associada à compra e venda e pressupondo, mormente, a entrega do bem (art. 3.º do Decreto-Lei n.º 67/2003)[25] e a sua reparação ou substituição (art. 4.º do Decreto-Lei n.º 67/2003). Estaria, deste modo, fora do âmbito de aplicação da Directiva e do Decreto-Lei n.º 67/2003, por exemplo a tradução de um trecho, a pintura de um quadro ou a elaboração de um projecto[26].

2. Aplicação no tempo do regime da empreitada de bens de consumo

O Decreto-Lei n.º 67/2003 não tem norma especial de aplicação no tempo, limitando-se o legislador, no art. 14.º, a estabelecer a data de entrada em vigor (9 de Abril de 2003)[27], razão pela qual dever-se-á recorrer às regras gerais constantes do Código Civil.

A questão tem particular relevância, não tanto relativamente aos contratos de empreitada em execução, mas em particular para aqueles que já foram executados e se encontra em curso o prazo de garantia.

Atendendo ao disposto no art. 12.º, n.º 1, do CC, ainda que tivesse sido atribuída eficácia retroactiva ao diploma, «(...) ficam ressalvados os efeitos já produzidos pelos factos que a lei se destina a regular». Deste modo, por exemplo, mesmo que tivesse sido atribuída eficácia retroactiva ao disposto no Decreto-Lei n.º 67/2003, não poderia ser exigida a reparação do defeito da obra se o prazo de garantia tivesse terminado antes de 9 de Abril de 2003.

A aplicação do disposto no diploma só se coloca relativamente a contratos de empreitada que se encontravam em execução nessa data (1.ª hipótese) ou cujo prazo de garantia ainda não terminara a 9 de Abril (2.ª hipótese).

Do n.º 2 do art. 12.º do CC depreende-se que o Decreto-Lei n.º 67/2003 se aplica ao conteúdo dos contratos de empreitada, celebrados antes da sua entrada em vigor, mas que se encontrem em execução a 9 de

---

[25] No n.º 2 do art. 3.º do Decreto-Lei n.º 67/2003 alude-se à «entrega de coisa móvel corpórea», não qualificando a coisa imóvel, que será necessariamente corpórea.

[26] Importa reiterar que, quanto ao âmbito de aplicação e relacionando com as mencionadas terceira, quarta e quinta modalidades de empreitada, a Directiva e o Decreto--Lei n.º 67/2003 ficam aquém do que dispõe a Lei de Defesa do Consumidor (Lei n.º 24/96, de 31 de Julho), que, por um lado, se aplica tanto à construção como à reparação de coisas e, por outro, tem em vista bens e serviços fornecidos ao consumidor.

[27] Excepto quanto ao regime constante do art. 9.º (Garantias voluntárias), cuja entrada em vigor foi fixada para 7 de Julho de 2003.

Abril de 2003. Portanto, às situações incluídas na mencionada 1.ª hipótese aplica-se a lei nova (Decreto-Lei n.º 67/2003).

As situações abrangidas pela designada 2.ª hipótese pressupõem que o contrato de empreitada já foi cumprido: procedeu-se à aceitação da obra e ao pagamento do preço. Contudo, atendendo ao regime constante do Código Civil (arts. 1220.º e ss., em particular, arts. 1224.º e 1225.º) e da Lei de Defesa do Consumidor (arts. 4.º e 12.º), não obstante se ter verificado o cumprimento das prestações, subsistem obrigações relacionadas com o cumprimento defeituoso durante determinados prazos, nomeadamente o designado período de garantia. A responsabilidade por cumprimento defeituoso inclui-se na expressão «conteúdo de certas relações jurídicas» (art. 12.º, n.º 2, do CC), pelo que a lei nova se lhe aplica; deste modo, a responsabilidade emergente da falta de conformidade de uma obra cujos prazos de exercício de direitos estivessem em curso a 9 de Abril de 2003 fica sujeita ao regime da lei nova (Decreto-Lei n.º 67/2003).

Assentando neste pressuposto de se aplicar a lei nova, importa atender ainda ao disposto no art. 297.º do CC, relativamente à alteração de prazos. A questão só tem relevância relativamente aos prazos que foram aumentados ou encurtados no Decreto-Lei n.º 67/2003, concretamente o prazo de denúncia de defeitos e o de exercício judicial do direito.

No primeiro caso, em que houve um alargamento de trinta para sessenta dias, aplica-se o novo prazo mas computa-se nele o tempo decorrido desde o seu início (art. 297.º, n.º 2, do CC). No segundo caso, em que se reduziu o prazo de exercício judicial de um ano para seis meses, aplica-se o novo prazo que só se começa a contar a partir da entrada em vigor do Decreto-Lei n.º 67/2003, excepto se, antes de 9 de Abril, já tivessem decorrido mais de seis meses, caso em que se aplica a lei antiga (art. 297.º, n.º 1, do CC).

IV. REGIME DE NÃO CONFORMIDADE ESTABELECIDO NO CÓDIGO CIVIL PARA O CONTRATO DE EMPREITADA EM CONFRONTO COM AS REGRAS CONSTANTES DA DIRECTIVA E DO DECRETO-LEI N.º 67/2003

1. Aspectos gerais

I. As soluções propostas na Directiva e transpostas no Decreto-Lei n.º 67/2003 assemelham-se bastante às contidas no regime estabelecido, em 1966, para o contrato de empreitada. De facto, no regime constante dos arts. 1218.° e ss. do CC, apesar de o Direito português ser normalmente desconhecido fora das fronteiras nacionais, encontram-se as mesmas soluções consagradas numa Directiva aprovada quase trinta e cinco anos depois do Código Civil português e que, em desconhecimento deste, foram transpostas para o Direito nacional pelo Decreto-Lei n.° 67/2003.

Há, contudo, alguns aspectos distintos que importa salientar.

II. No Direito português, a responsabilidade do empreiteiro por cumprimento defeituoso é subjectiva, ainda que com culpa presumida (art. 799.°, n.° 1, do CC)[28], enquanto o regime constante da Directiva assenta numa responsabilidade independente de culpa, objectiva (art. 3.°, n.° 1, da Directiva); razão pela qual no art. 1223.° do CC se impõe ao empreiteiro a obrigação de indemnizar, sendo a Directiva omissa neste aspecto.

O art. 3.°, n.° 1, do Decreto-Lei n.° 67/2003 não é claro neste ponto, diferentemente do art. 12.°, n.° 1, da Lei de Defesa do Consumidor (antes da alteração introduzida pelo art. 13.° do diploma em apreço) onde se dispunha que «O consumidor (...) pode exigir, independentemente de culpa do fornecedor do bem, a reparação da coisa, a sua substituição, a redução do preço ou a resolução do contrato». E, tal como na Directiva, atendendo à falta de culpa, no mencionado preceito da Lei de Defesa do Consumidor não se aludia ao dever de indemnizar, que constava, depois, do n.° 5.

O art. 3.°, n.° 1, do Decreto-Lei n.° 67/2003, transcrevendo literalmente a Directiva, não resolveu o problema. Poder-se-á entender que o legislador nacional pretendeu não só transcrever a Directiva como transpor para a ordem jurídica interna as concepções em que esta assenta, em particular a responsabilidade sem culpa do vendedor (extensível ao empreiteiro)[29]. Mas, em sentido diverso, poder-se-á entender que a transposição insere-se nas concepções jurídicas nacionais, onde a responsabilidade do vendedor e do empreiteiro por cumprimento defeituoso é subjectiva[30].

---

[28] Vd. ROMANO MARTINEZ, Direito das Obrigações. Contratos, cit., pp. 461 e ss. Todavia, a responsabilidade objectiva do empreiteiro valia na ordem jurídica portuguesa, além de outras situações pontuais, sempre que se aplicava a Lei de Defesa do Consumidor (art. 12.º, n.º 1, da Lei n.º 24/96).

[29] Com outros argumentos, mas entendendo que a responsabilidade é objectiva, vd. CALVÃO DA SILVA, Venda de Bens de Consumo, cit., pp. 80 e s.

[30] A este propósito refira-se que, apesar da distinção estrutural, a prática demonstra não haver uma diferença substancial entre situações de responsabilidade objectiva e de culpa presumida.

III. Em segundo lugar, na Directiva estabeleceu-se uma presunção de falta de conformidade em relação a defeitos detectados nos seis meses seguintes à data da entrega do bem (art. 5.°, n.° 3, da Directiva). A mesma ideia consta do art. 3.°, n.° 2, do Decreto-Lei n.° 67/2003, onde também se estabelece uma presunção de falta de conformidade, com duas modificações: primeiro, o prazo pelo qual perdura a presunção (dois anos) coincide com o de garantia; e foi alargada a presunção aos bens imóveis. Esta segunda particularidade tem todo o sentido atendendo ao âmbito de aplicação do diploma, que, diversamente da directriz fonte, não se circunscreve aos bens móveis.

Mas igualar o prazo de presunção de falta de conformidade com o prazo de garantia pode corresponder uma solução demasiado onerosa para o empreiteiro, que a Directiva não preconiza, pois estabelece um prazo de presunção de seis meses sendo a garantia de dois anos. Atendendo ao Código Civil, vigora em sede de empreitada o regime comum de repartição do ónus da prova, em que cabe ao dono da obra a prova do defeito, apesar de este poder ser subsequente ao cumprimento[31]. O regime da prova do defeito pelo dono da obra associado com a presunção de culpa do empreiteiro (art. 799.°, n.° 1, do CC) não conduzirá, muitas vezes, a soluções diferentes das estabelecidas no art. 3.°, n.° 2, do Decreto-Lei n.° 67/2003; todavia, nalguns casos, sendo difícil a prova negativa (da ausência de defeito à data da entrega da obra) o novo regime pode implicar um alargamento (injustificado) da responsabilidade do empreiteiro.

Por outro lado, o regime constante dos arts. 1218.° e ss. do CC é, por via de regra, supletivo, estando na disponibilidade das partes estabelecer soluções diversas das previstas na lei[32]; não assim na Directiva, em que se pretende constituir um regime propensamente imperativo com vista à protecção do consumidor (art. 7.°, n.° 1, da Directiva), solução que foi seguida no art. 10.° do Decreto-Lei n.° 67/2003.

IV. Refira-se ainda que a obrigação de verificar a conformidade da obra e a consequente irresponsabilidade do empreiteiro (arts. 1218.° e 1219.° do CC) têm um regime diverso na Directiva e no Decreto-Lei n.° 67/2003.

---

[31] Sobre os defeitos subsequentes e a repartição do ónus da prova, veja-se ROMANO MARTINEZ, *Cumprimento Defeituoso*, cit., pp. 236 e ss. e pp. 319 e ss.

[32] O carácter injuntivo valerá, porém, no caso de empreitada a que se aplique a Lei de Defesa do Consumidor (Lei n.º 24/96).

Na directriz comunitária, o empreiteiro desresponsabiliza-se se o consumidor conhecia ou não podia razoavelmente ignorar a falta de conformidade (art. 2.º, n.º 3, da Directiva), sem se lhe impor a verificação dessa conformidade. O diploma que transpôs a directriz comunitária segue idêntico caminho e, no art. 2.º, n.º 3, do Decreto-Lei n.º 67/2003, não se responsabiliza o empreiteiro sempre que «(...) o consumidor tiver conhecimento dessa falta de conformidade ou não poder razoavelmente ignorá-la (...)», não impondo ao dono da obra (consumidor) a verificação da conformidade.

Às situações enunciadas, como casos de irresponsabilidade do empreiteiro, acresce a falta de conformidade que decorre dos materiais fornecidos pelo dono da obra (consumidor), como se prevê no n.º 3 do art. 2.º da Directiva e no art. 2.º, n.º 3, do Decreto-Lei n.º 67/2003. Mas a falta de conformidade causada pelos materiais fornecidos pelo dono de obra tem de ser apreciada atendendo à capacidade para o empreiteiro detectar as deficiências desses materiais.

2. Defeito *versus* falta de conformidade

I. No Código Civil, o defeito da obra determina o cumprimento defeituoso da prestação do empreiteiro. Na empreitada, o cumprimento ter-se-á por defeituoso quando a obra tenha sido realizada com deformidades ou com vícios. As deformidades são as divergências relativamente ao plano convencionado (p. ex., encomendou-se uma mesa com três metros de comprimento e foi realizada uma mesa com dois metros e meio de comprimento). Os vícios são as imperfeições que excluem ou reduzem o valor da obra ou a sua aptidão para o uso ordinário ou o previsto no contrato (art. 1208.º do CC), designadamente, por violação de regras especiais de segurança[33]. Ao conjunto das deformidades e dos vícios o Código Civil chama defeitos.

II. Por seu turno, a Directiva recorre à noção de falta de conformidade, onde inclui a desconformidade com a qualidade acordada (art. 2.º, n.º 2, alínea *a)*, da Directiva) ou com a qualidade normal (art. 2.º, n.º 2,

---

[33] *Vd.* RUI SÁ GOMES «Breves notas sobre o cumprimento defeituoso no contrato de empreitada», *Ab Uno Ad Omnes. 75 Anos da Coimbra Editora*, Coimbra, 1998, pp. 592 e ss.

alínea d), da Directiva) e a desadequação ao uso específico (art. 2.º, n.º 2, alínea b), da Directiva) ou ao uso habitual (art. 2.º, n.º 2, alínea c), da Directiva)[34].

A terminologia é idêntica no diploma que transpôs a directriz, onde se alude também à conformidade com o contrato (art. 2.º do Decreto-Lei n.º 67/2003), numa quase transcrição da Directiva. Há, contudo, uma diversa formulação: enquanto a Directiva recorre a uma noção de conformidade pela positiva, «Presume-se que (...) são conformes com o contrato (...)» (art. 2.º, n.º 2, da Directiva), o diploma de transposição optou pela formulação negativa «Presume-se que (...) não são conformes com o contrato (...)» (art. 2.º, n.º 2, do Decreto-Lei n.º 67/2003).

Apesar de as formulações serem diversas, há uma uniformidade de conteúdo. O cumprimento defeituoso do contrato de empreitada funda-se na ideia de que o empreiteiro está adstrito a uma obrigação de resultado. Ele está obrigado a realizar a obra conforme o acordado e segundo os usos e regras da arte. Se a obra se apresenta com defeitos não foi alcançado o resultado prometido e há uma desconformidade do cumprimento. Do mesmo modo, haverá cumprimento defeituoso da prestação do empreiteiro em caso de falta de conformidade com o contrato, pelo que talvez fosse desnecessário importar uma expressão diversa das utilizadas no Código Civil.

III. Os defeitos podem ser aparentes e ocultos.

Os defeitos aparentes são aqueles de que o dono da obra se deveria ter apercebido, usando da normal diligência[35]. Para efeitos de exclusão da responsabilidade do empreiteiro, equiparam-se os defeitos aparentes àqueles relativamente aos quais o dono da obra tinha conhecimento ao tempo da aceitação (art. 1219.º do CC); a lei estabelece, assim, uma ficção de conhecimento com respeito aos vícios aparentes.

A solução não é coincidente na directriz comunitária, onde, apesar de se equipararem os defeitos aparentes aos conhecidos para efeito de exclusão de responsabilidade, não se impõe ao dono da obra (consumidor) o dever de verificar a qualidade do bem (art. 2.º, n.º 3, da Directiva). O

---

[34] Para maiores desenvolvimentos, vd. PAULO MOTA PINTO, «Conformidade e Garantias na Venda de Bens de Consumo ...», cit., pp. 231 e ss.

[35] Cfr. Ac. Rel. Pt. de 17/11/1992, CJ, XVII (1992), T. V, p. 224, no qual se considerou que, sendo a errada localização da escadaria facilmente perceptível, até porque não coincidia com o que fora fixado no projecto, o defeito deve-se qualificar como aparente. Veja-se também Ac. STJ de 4/7/1995, CJ (STJ), III, (1995), T. II, p. 161.

mesmo ocorre no diploma nacional, em que o art. 2.º, n.º 3, do Decreto-Lei n.º 67/2003, excluindo a responsabilidade do empreiteiro caso o dono da obra (consumidor) tenha conhecimento da falta de conformidade ou não possa razoavelmente ignorá-la, não lhe impõe a verificação dessa conformidade.

São ocultos os defeitos desconhecidos do dono da obra e não detectáveis pelo *bonus pater familias*. Este critério objectivo deve ser apreciado atentas as circunstâncias do caso – como acontece nos termos do art. 487.º, n.º 2, do CC –, na medida em que será de ter em conta, nomeadamente, o facto de o dono da obra ser ou não um especialista. Mesmo que o dono da obra não seja um técnico daquele ramo, se tiver contratado um perito para proceder à verificação da obra, dever-se-á ter por base a capacidade média de um técnico quanto à determinação da existência dos defeitos[36]. Mas para a empreitada de consumo, a Directiva e o Decreto-Lei n.º 67/2003 assentam no pressuposto da ausência de preparação técnica do consumidor – que não é um técnico nem um conhecedor dessa arte –, e a falta de conformidade que este não pode razoavelmente ignorar tem de ser entendida nesse parâmetro.

3. Reparação do defeito

Segundo o regime constante do Código Civil, o empreiteiro está obrigado à eliminação ou reparação do defeito (art. 1221.º, n.º 1, do CC), desde que as respectivas despesas não sejam desproporcionadas (art. 1221.º, n.º 2, do CC).

A directriz comunitária segue nesta senda, determinando que, em primeiro lugar, o consumidor pode exigir a reparação do bem, a menos que a exigência seja desproporcionada, presumindo-se essa falta de proporção se implicar custos não razoáveis (art. 3.º, n.º 3, da Directiva).

Além disso, na sequência do princípio *ad impossibilia nemo tenetur*, esclarece-se (desnecessariamente) que o empreiteiro não é obrigado a reparar defeitos cuja eliminação seja impossível (art. 3.º, n.º 3, da Directiva).

Mais uma vez, a transposição ficou aquém do regime comum e da proposta de directriz comunitária. Do art. 4.º resulta que o empreiteiro é obrigado a eliminar o defeito da obra (n.º 1), «(...) salvo se tal se mostrar

---

[36] Cfr. Ac. Rel. Lx. de 21/02/1991, CJ, XVI (1991), T. I, p. 161.

impossível ou constituir abuso de direito (...)» (n.º 5). A excepção de impossibilidade era desnecessária até porque seria impensável que o legislador impusesse a uma das partes o cumprimento de uma obrigação impossível, razão pela qual, do art. 1221.º do CC não consta idêntica excepção. A crítica de fundo respeita à omissão da exigência de proporcionalidade, constante do n.º 2 do art. 1221.º do CC e do n.º 3 do art. 3.º da Directiva, que surge substituída pela referência ao abuso de direito (art. 4.º, n.º 5, do Decreto-Lei n.º 67/2003). Para evitar pretensões desequilibradas e, portanto, injustas, a alusão ao abuso de direito deverá ser entendida no sentido de «despesas desproporcionadas em relação ao proveito».

Resta ainda analisar o dever de o empreiteiro proceder à reparação num prazo razoável (art. 3.º, n.º 3 (3), da Directiva e art. 4.º, n.º 2, do Decreto-Lei n.º 67/2003); recorre-se a um conceito indeterminado «prazo razoável», de molde a que o empreiteiro não protele injustificadamente a reparação. Na obrigação de eliminar o defeito, imposta no art. 1221.º do CC, não foi feita alusão a um prazo razoável para o seu cumprimento, mas o mesmo princípio é oponível ao empreiteiro, no âmbito do Código Civil, por via da regra geral da boa fé no cumprimento (art. 762.º, n.º 2, do CC); independentemente da imposição de reparação do defeito num prazo razoável, o empreiteiro não pode protelar a eliminação injustificadamente, sob pena de violar o princípio do cumprimento das obrigações de boa fé.

No que respeita à exigência de reparação do defeito, tendo em conta a interpretação enunciada quanto à proporção entre as despesas de eliminação e o proveito, verifica-se uma coincidência de soluções entre o disposto no Código Civil, na Directiva e no Decreto-Lei n.º 67/2003.

4. Eliminação do defeito mediante a realização de nova obra

I. Não sendo possível a simples eliminação do defeito, o empreiteiro fica adstrito a substituir a coisa, realizando nova obra (art. 1221.º, n.º 1, do CC), desde que as correspondentes despesas não sejam desproporcionadas (art. 1221.º, n.º 2, do CC).

A mesma solução surge na directriz comunitária, determinando que o dono da obra (consumidor), sendo possível, pode exigir a substituição do bem, a menos que a exigência seja desproporcionada, presumindo-se essa falta de proporção se implicar custos não razoáveis (art. 3.º, n.º 3, da Directiva).

De modo diverso, do art. 4.º do Decreto-Lei n.º 67/2003 resulta que o empreiteiro é obrigado a substituir o bem (n.º 1) – realizando nova obra –, «(...) salvo se tal se mostrar impossível ou constituir abuso de direito (...)» (n.º 5). Como se indicou no número anterior, a excepção de impossibilidade era desnecessária e a crítica de fundo respeita à omissão da exigência de proporcionalidade, constante do n.º 2 do art. 1221.º do CC e do n.º 3 do art. 3.º da Directiva, que surge substituída pela referência ao abuso de direito (art. 4.º, n.º 5, do Decreto-Lei n.º 67/2003). Tal como se preconizou no número anterior, para evitar pretensões desequilibradas e, portanto, injustas, principalmente quando está em causa a realização de uma nova obra, a alusão ao abuso de direito deverá ser entendida no sentido de «despesas desproporcionadas em relação ao proveito».

O dever de o empreiteiro proceder à substituição – realização de nova obra – num prazo razoável (art. 3.º, n.º 3 (3), da Directiva e art. 4.º, n.º 2, do Decreto-Lei n.º 67/2003), apesar de não constar do art. 1221.º do CC, já era oponível ao empreiteiro, no âmbito do Código Civil, por via da regra geral da boa fé no cumprimento (art. 762.º, n.º 2, do CC). Registe-se, porém, que o «prazo razoável» para a substituição, nas situações em apreço, será o período ajustado para o empreiteiro realizar nova obra.

Também no que respeita à exigência de eliminação do defeito (realização de nova obra), verifica-se uma coincidência de soluções entre o disposto no Código Civil, na Directiva e no Decreto-Lei n.º 67/2003.

II. Apesar de na Directiva e no Decreto-Lei n.º 67/2003 se aludir à reparação ou substituição, não parece que o consumidor (dono da obra) possa exercer esses direitos em alternativa. Tal como resulta do regime da empreitada, em que há uma sequência lógica[37], a realização de nova obra depende da inviabilidade da eliminação do defeito. A mesma ideia deve ser sustentada em relação ao disposto na Directiva, até atendendo à segunda razão que justifica a desproporcionalidade, onde se fala na possibilidade de solução alternativa (art. 3.º, n.º 3 (2), da Directiva)[38].

Eventualmente, atendendo à letra do n.º 5 do art. 4.º do Decreto-Lei n.º 67/2003, onde se afirma que «O consumidor pode exercer qualquer dos direitos (...)», e o facto de se ter omitido a referência à proporcionalidade poder-se-ia concluir que o legislador conferiu ao dono de obra tal opção. Esta interpretação não parece razoável, primeiro, porque quem

---

[37] Vd. ROMANO MARTINEZ, Cumprimento Defeituoso, cit., pp. 389 e ss.

[38] A ideia de hierarquia, com contornos ligeiramente diversos, é defendida por CALVÃO DA SILVA, Venda de Bens de Consumo, cit., pp. 82 e s. e pp. 86 e s. Em sentido diverso, considerando não haver qualquer precedência, vd. PAULO MOTA PINTO, «Conformidade e Garantias na Venda de Bens de Consumo ...», cit., p. 259.

tem conhecimentos técnicos para saber se o defeito pode ser eliminado é o empreiteiro e, segundo, na medida em que a exigência de realização de nova obra, que pressupõe, muitas vezes, a demolição da anterior, será normalmente demasiado onerosa para o empreiteiro, em especial se o defeito for eliminável.

Assim, a opção entre reparar o defeito ou realizar nova obra não é livre, mas condicionada às circunstâncias do caso.

5. Redução do preço

Não sendo eliminados os defeitos ou construída de novo a obra, pode ser exigida a redução do preço da empreitada (art. 1222.°, n.° 1, do CC, art. 3.°, n.° 5, da Directiva e art. 4.°, n.°s 1 e 4, do Decreto-Lei n.° 67/2003). Neste caso, à similitude de base entre os três diplomas apontam-se duas pequenas divergências: na Directiva admite-se que o emprei-teiro se furte à redução do preço oferecendo «(...) outra solução num prazo razoável (...) sem grave inconveniente para o consumidor», hipótese não prevista no Código Civil nem no Decreto-Lei n.° 67/2003; por outro, o art. 1222.°, n.° 2, do CC determina, por remissão, o critério para proceder à redução do preço, sendo a Directiva e o Decreto-Lei n.° 67/2003 omissos neste ponto. Perante a omissão, o critério para a redução do preço continuará a ser o fixado, por remissão, no Código Civil.

6. Resolução do contrato

Há uma diferença terminológica entre a Directiva e o Código Civil, na medida em que a mesma figura é denominada por rescisão na directriz comunitária e por resolução na lei e na doutrina civilística. O Decreto-Lei n.° 67/2003, correctamente, na sequência da terminologia nacional, alude à resolução do contrato.

Para além da diferença já assinalada a propósito da redução do preço quanto à possibilidade de o empreiteiro inviabilizar a «rescisão» oferecendo «(...) outra solução num prazo razoável (...) sem grave inconveniente para o consumidor», hipótese não prevista no Código Civil nem no Decreto-Lei n.° 67/2003, os pressupostos das figuras são idênticos.

Na directriz comunitária, a «rescisão» encontra-se na dependência da inviabilidade da reparação do defeito e da substituição da obra (art. 3.°, n.º 5, da Directiva), por um lado, e da gravidade da falta de conformidade (art. 3.º, n.º 6, da Directiva). A situação é similar no Código Civil, em que a resolução depende de não terem sido eliminados os defeitos ou construída de novo a obra e de os defeitos tornarem a obra inadequada ao fim a que se destina (art. 1222.º, n.º 1, do CC). Com formulações diversas, as soluções da Directiva e do Código Civil equiparam-se.

Diferentemente, no art. 4.º do Decreto-Lei n.º 67/2003, a resolução do contrato de empreitada não se encontra na dependência do preenchimento de pressupostos, especialmente previstos. Poder-se-ia entender, na sequência de uma interpretação literal do art. 4.º, n.º 5, do Decreto--Lei n.º 67/2003, que o dono da obra (consumidor) «pode exercer qualquer dos direitos»; isto é, que pode livremente optar pela resolução do contrato. Esta interpretação não é razoável porque a resolução do contrato será sempre a última hipótese e, nos termos gerais, depende do preenchimento de pressupostos comuns (*v. g.*, não cumprimento definitivo, gravidade). Assim sendo, o disposto no n.º 5 do art. 4.º do Decreto-Lei n.º 67/2003 tem de ser enquadrado nos termos gerais, pelo que a opção do dono da obra (consumidor) pela resolução do contrato encontra-se condicionada pelo preenchimento dos pressupostos comuns, devendo, para tal, atender-se ao disposto nos arts. 432.º e ss., 801.º, n.º 2, 808.º, n.º 1 e 1222.º, n.º 1, do CC.

7. Prazos

a) Denúncia do defeito

O prazo de trinta dias (ou de um ano) após a sua descoberta para denúncia dos defeitos ao empreiteiro, estabelecido no art. 1220.º, n.º 1, do CC (art. 1225.º, n.º 2, do CC), não encontra consagração imperativa na Directiva, constando do art. 5.º, n.º 2 que, na transposição, «[O]s Estados--Membros podem determinar que, para usufruir dos seus direitos, o consumidor deve informar o vendedor (empreiteiro) da falta de conformidade num prazo de dois meses a contar da data em que esta tenha sido detectada».

Para não tutelar a inércia do consumidor e facilitar uma rápida intervenção do empreiteiro que pretende eliminar o defeito, na sequência do disposto no art. 1220.º, n.º 1, do CC e da permissão constante do art. 5.º, n.º 2, da Directiva, no Decreto-Lei n.º 67/2003 (art. 5.º, n.º 3) impôs o dever de o dono da obra (consumidor) denunciar a falta de conformidade no prazo de dois meses ou de um ano após a descoberta, consoante se trate de bens móveis ou de imóveis.

Comparando com o regime constante do Código Civil, verifica-se que a diferença respeita tão-só ao alargamento do prazo de denúncia do defeito de coisas móveis, que é de trinta dias no n.º 1 do art. 1220.º do CC, mantendo-se a regra da denúncia dentro do prazo de um ano após a descoberta para os imóveis (art. 1225.º, n.º 2, do CC)[39].

b) Exercício de direitos

Para fazer valer os direitos de eliminação dos defeitos, redução do preço, resolução do contrato e indemnização, do art. 1224.º do CC constam prazos de caducidade de um e de dois anos. O prazo de caducidade é de um ano a contar da manifestação de vontade do dono da obra em três hipóteses: se houve recusa de aceitação da obra (art. 1224.º, n.º 1, do CC); se houve aceitação da obra com reserva (art. 1224.º, n.º 1, do CC); e se houve denúncia do defeito posterior à aceitação da obra (art. 1224.º, n.º 2, do CC). De modo algo diverso, a Directiva estabelece simplesmente um prazo de dois anos a contar da entrega do bem (art. 5.º, n.º 1, da Directiva), não estabelecendo qualquer diferença de prazos para o exercício dos direitos. O Decreto-Lei n.º 67/2003, na mesma senda, estabelece prazos de dois ou de cinco anos a contar da entrega consoante a coisa seja móvel ou imóvel (art. 5.º, n.º 1), mas, de modo diverso da Directiva, impõe um prazo de seis meses para o exercício judicial do direito, caso o consumidor tenha denunciado o vício (art. 5.º, n.º 4).

No Código Civil, o prazo regra de caducidade é, tal como na Directiva e no Decreto-Lei n.º 67/2003, de dois anos a contar da entrega da obra para os defeitos ocultos – não conhecidos nem detectáveis à data da aceitação da obra – que só tenham sido descobertos no final deste período (art. 1224.º, n.º 2, do CC)[40]; tratando-se de imóveis destinados por sua

---

[39] Importa, ainda, atender a uma pequena diferença: no Decreto-Lei n.º 67/2003 a distinção é feita entre bens móveis e imóveis, enquanto no regime da empreitada contrapõem-se as coisas, em geral, aos imóveis destinados por sua natureza a longa duração. Assim, numa obra imóvel não destinada a longa duração (situação pouco habitual) como se aplica o regime comum do Código Civil, a diferença com a solução do diploma em análise será significativa.

[40] Para uma explicação mais desenvolvida, vd. ROMANO MARTINEZ, *Direito das Obrigações. Contratos*, cit., pp. 492 e ss.

natureza a longa duração, o prazo é alargado para cinco anos (art. 1225.º, n.º 1, do CC), devendo, em qualquer caso, a acção judicial para exercício dos direitos ser intentada no período de um ano após a recusa de aceitação da obra, a aceitação com reserva ou a denúncia do defeito (arts. 1224.º e 1225.º, n.º 2, do CC).

Comparando as soluções do Código Civil com o regime instituído pelo Decreto-Lei n.º 67/2003 verifica-se que os prazos de garantia são os mesmos, tendo, contudo, o prazo de um ano para o dono da obra fazer valer os seus direitos sido reduzido para seis meses, ficando o dono de obra (consumidor) numa situação menos protegida; na realidade, o dono de obra não consumidor tem o dobro do prazo para fazer valer judicialmente o seu direito.

O NOVO REGIME
DA VENDA DE BENS DE CONSUMO

Luís Manuel Teles de Menezes Leitão

1. Generalidades

O regime civil tradicional relativo às perturbações da prestação no contrato de compra e venda tem vindo sucessivamente a perder aplicação no âmbito das relações de consumo[1]. Efectivamente, o regime clássico consagrado nos diversos códigos civis para o cumprimento defeituoso do contrato de compra e venda apresenta quase sempre distorções em prejuízo dos consumidores. A primeira distorção consiste na própria noção do cumprimento defeituoso que deveria ser puramente equiparado ao incumprimento, quando pela lei é tratado ainda como cumprimento. A segunda distorção consiste em excluir a responsabilidade do vendedor quando ele não tenha tido culpa no defeito da prestação fazendo assim recair sobre o comprador esse risco, a que acresce o facto de normalmente o vendedor não ser responsabilizado pelos vícios aparentes da coisa, sujeitando-se assim o comprador a um excessivo ónus de verificação das qualidades e idoneidade da coisa para o fim previsto (*caveat emptor*),

---

[1] O presente estudo corresponde a uma actualização do nosso anterior artigo, "*Caveat venditor?* A Directiva 1999/44/CE do Conselho e do Parlamento Europeu sobre a venda de bens de consumo e garantias associadas e suas implicações no regime jurídico da compra e venda", em António Menezes Cordeiro/Luís Menezes Leitão/Januário da Costa Gomes, *Estudos em homenagem ao Prof. Doutor Inocêncio Galvão Telles*, I – *Direito Privado e Vária*, Coimbra, Almedina, 2002, pp. 263-303, igualmente publicado na *RDConsum* 43 (Julho-Setembro 2002), pp. 21-56. Destina-se igualmente à actualização do nosso III volume de *Direito das Obrigações*.

quando a tutela da confiança provocada pelo vendedor deveria antes instituir uma garantia edilícia contra defeitos da coisa[2].

Nos negócios jurídicos de consumo a tutela do consumidor é, por esse motivo, assegurada de uma forma distinta do que corresponde ao modelo clássico do cumprimento defeituoso[3]. No Direito português há bastante tempo que rege neste aspecto a Lei 24/96, de 31 de Julho, recentemente alterada pelo D.L. 67/2003, de 8 de Abril, a qual reconhece ao consumidor no seu art. 4.° um direito à qualidade dos bens ou serviços destinados ao consumo, direito esse que é objecto de uma garantia contratual injuntivamente imposta (art. 16.°), no âmbito da qual "os bens e serviços destinados ao consumo devem ser aptos a satisfazer os fins a que se destinam e a produzir os efeitos que se lhes atribuem, segundo as normas legalmente estabelecidas ou, na falta delas, de modo adequado às legítimas expectativas do consumidor". Temos aqui a imposição de uma garantia de qualidade, não apenas em face das disposições legalmente estabelecidas mas ainda em relação às legítimas expectativas do consumidor, garantia essa que vem a ser concretizada pelo Decreto--Lei 67/2003, de 8 de Abril, que transpôs a Directiva 1999/44/CE, do Conselho e do Parlamento Europeu, relativa às garantias que tenham por objecto bens de consumo[4].

---

[2] Cfr. CARLOS FERREIRA DE ALMEIDA, *Os Direitos dos consumidores*, Coimbra, Almedina, 1982, pp. 123-124 e JOÃO CALVÃO DA SILVA, *Responsabilidade civil do produtor*, Coimbra, Almedina, 1990, pp. 277 e ss. O primeiro autor questiona se em paralelo o comprador alguma vez ficaria exonerado se sem culpa efectuasse o pagamento com moeda falsa...

[3] Cfr. ROMANO MARTINEZ, *Direito das Obrigações (Parte especial). Contratos. Compra e venda, locação, empreitada*, 2ª ed., Coimbra, Almedina, 2001, p. 148.

[4] Sobre os antecedentes e a aprovação da Directiva, cfr. detalhadamente, EWOUD H. HONDIUS, "Consumer Guarantees: Towards a European Sale of Goods Act" (1996), disponível em http://www.cnr.it/CRDCS/frames18.htm, n.º 1, ROBERT BRADGATE, "Consumer Guarantees: the EC's draft Directive" em 1997 *Web Journal of Current Legal Issues*, 1, disponível em http://webjcli.ncl.ac.uk/1997/issue1/bradgate1.html, KLAUS TONNER, "Verbrauchsgüterkauf-Richtlinie und Europäisierung des Zivilrechts", em *BB* 1999, pp. 1769-1774 (1770-1771) e PAULO MOTA PINTO, "Conformidade e garantias na venda de bens de consumo. A Directiva 1999/44/CE e o direito português" em FACULDADE DE DIREITO DA UNIVERSIDADE DE COIMBRA, *Estudos de Direito do Consumidor*, n.º 2, 2000, pp. 197-331 (198 e ss.). Foi este autor que elaborou o anteprojecto de transposição da Directiva, que se pode ver em ID, *Cumprimento defeituoso do contrato de compra e venda. Anteprojecto de transposição da Directiva 1999/44/CE para o Direito Português. Exposição de motivos e articulado*, Lisboa, Instituto do Consumidor, 2002. Para uma

Essa Directiva mostra aliás uma grande tendência para seguir as regulamentações constantes da Convenção de Viena sobre a Venda Internacional de Mercadorias de 1980, que assim lhe serve em grande parte de modelo[5]. No entanto, a sua extensão é muito mais limitada do que esta convenção, uma vez que não abrange a formação e os efeitos do contrato de compra e venda de bens de consumo, nem sequer a indemnização pelos prejuízos resultantes da falta de conformidade, que continua a ser regulada pelas legislações internas (cfr. entre nós, os arts.

---

comparação das soluções da Directiva com as do Direito actual, cfr. CARLOS FERREIRA DE ALMEIDA, "Orientações de política legislativa adoptadas pela Directiva 1999/44/CE sobre venda de bens de consumo. Comparação com o Direito Português vigente" na *Themis*, ano II, n.º 4 (2001), pp. 109-120.

[5] Cfr. igualmente JORGE SINDE MONTEIRO, "Proposta de Directiva do Parlamento Europeu e do Conselho relativa à venda e às garantias dos bens de consumo", *RJUM* 1 (1998), pp. 461-479 (462), DÁRIO MOURA VICENTE, "Desconformidade e garantias na venda de bens de consumo: A Directiva 1999/44/CE e a Convenção de Viena de 1980" na *Themis*, ano II, n.º 4 (2001), pp. 121-144, e JERÔME FRANK, "Directive 1999/44 du 25 Mai 1999 sur certains aspects de la vente et des garanties des biens de consommation JOCE L 171, 7 Juillet 1999" em FACULDADE DE DIREITO DA UNIVERSIDADE DE COIMBRA, *Estudos de Direito do Consumidor*, n.º 2, 2000, pp. 159-180 (172 e ss.). Para uma comparação das soluções, cfr. WOLF MICHAEL NIETZER / ANTONIA STEIN, "Richtlinie zum Verbrauchersguterkauf – Auswirkungen in Deutschland und Frankreich" in *ZvglRWiss* 99 (2000), pp. 41-50 e ULRICH MAGNUS "Der Stand der internationalen Überlegungen: Die Verbrauchsgüterkauf-Richtlinie und das UN-Kaufrecht", em STEFAN GRUNDMANN/DIETER MEDICUS/WALTER ROLLAND (org.), *Europäisches Kaufgewährleistungsrecht: Reform und Internationalisierung des deustchen Schuldrechts*, Köln/Berlin/Bonn/München, Heymanns, 2000, pp. 79-91. CHRISTIAN TWIGG-FLESNER/ROBERT BRADGATE, "The E.C. Directive On Certain Aspects of the Sale of Consumer Goods and Associated Guarantees – All Talk and No Do?", em 2000*Web Journal of Current Legal Issues*, 2, disponível na internet em http://webjcli.ncl.ac.uk/2000/issue2/flesner2.html pronunciam-se, no entanto, contra uma tentativa de interpretar a Directiva a partir da Convenção de Viena, que consideram injustificada, não apenas porque a Convenção de Viena ainda não foi ratificada por todos os Estados membros (falta ser ratificada pela Irlanda, Reino Unido e Portugal), mas também porque o equilíbrio de interesses entre vendedor e comprador numa venda internacional de mercadorias é naturalmente diferente daquele que deve ser estabelecido numa venda ao consumidor, a qual, aliás, é expressamente excluída do âmbito da Convenção de Viena (art. 2.º a)). Já KLAUS TONNER, *BB* 1999, p. 1770, defende, pelo contrário, que a experiência existente na aplicação da Convenção de Viena deve ser aproveitada para efeitos de interpretação da Directiva. Uma análise interessante da jurisprudência existente nos diversos países sobre a Convenção de Viena pode ser encontrada em BURGHARD PILZ, "Neue Entwicklungen in UN-Kaufrecht", em *NJW* 2000, pp. 553-560.

913.º, 908.º a 910.º, 915.º e 1223.º do Código Civil, bem como o art. 12.º da LDC)[6].

2. Âmbito de aplicação da garantia contratual sobre bens de consumo

O âmbito de aplicação da garantia contratual de bens de consumo aparece-nos referido no art. 1.º do Decreto-Lei 67/2003, referindo o n.º 1 a hipótese da venda de bens de consumo, tutelando os interesses dos consumidores, tal como definidos pelo art. 2.º, n.º 1, da Lei 24/96, e determinando ainda o n.º 2 a sua aplicação com as necessárias adaptações "aos contratos de bens de consumo a fabricar ou a produzir e de locação de bens de consumo"[7]. Abrangem-se, portanto aqui, não apenas os contratos relativos à transmissão de bens[8], mas também os que envol-

---

[6] Sobre as matérias excluídas da Directiva, cfr. detalhadamente PAULO MOTA PINTO, *EDC* 2 (2000), pp. 210 e ss.

[7] O legislador português vai, assim, mais longe do que a Directiva que no seu art. 1.º, n.º 4 se limita a estabelecer que "para efeitos da presente directiva, são igualmente considerados contratos de compra e venda os contratos de fornecimento de bens de consumo a fabricar ou a produzir". Na proposta original da Comissão, de onde resultam os arts. 1.º, n.º 1, e 1.º, n.º 2 c) é manifesto que esta Directiva apenas se referia à venda de bens de consumo (cfr. *RJUM*, I (1998), n.º 1, pp. 475-479. No entanto, o Parlamento Europeu apresentou uma proposta de alteração por forma a estendê-la aos contratos de empreitada, aliás à semelhança do que faz o art. 3.º, n.º 1 da Convenção de Viena sobre a Venda Internacional de Mercadorias, tendo essa proposta sido aceite, quer pelo Parlamento, quer pelo Conselho. Cfr. DIRK STAUDENMAYER, "Die EG-Richtlinie über den Verbrauchsgüterkauf", na *NJW* 1999, pp. 2393-2397 (2394), retomado em "EG-Richtlinie 1999/44/EG zur Verienheilichung des Kaufgewährleistungsrechts", em STEFAN GRUNDMANN/DIETER MEDICUS/WALTER ROLLAND (org.), *Europäisches Kaufgewährleistungsrecht: Reform und Internationalisierung des deustchen Schuldrechts*, Köln/Berlin/Bonn/München, Heymanns, 2000, pp. 27-47 (32).

[8] Apesar da omissão legal, parece-nos que outros contratos onerosos de transmissão de bens de consumo, para além da compra e venda podem ser abrangidos pela garantia contratual. Em sentido contrário, cfr., no entanto, CHRISTIAN TWIGG--FLESNER/ROBERT BRADGATE, *loc. cit.*, para os quais a Directiva apenas pode incluir a compra e venda em sentido técnico, uma vez que quando se afasta deste conceito, como no art. 1.º, n.º 4, o diz expressamente, pelo que não poderia abranger os contratos ingleses de *barter* e *hire purchase*, correspondentes entre nós à troca e à locação-venda. É manifesto, no entanto, que não se poderia ter introduzido no nosso sistema um desvio de regimes há muito equiparados pelos arts. 939.º e 936.º do Código Civil.

vam o seu fabrico e produção, incluindo portanto contratos típicos de empreitada[9], e ainda a locação de bens de consumo[10].

Conforme resulta da remissão do art. 1.º, n.º 1, do D.L. 67/2003, para o art. 2.º, n.º 1, da Lei 24/96, de 31 de Julho, esta garantia é, no entanto, restrita aos contratos celebrados entre pessoas que fornecem bens de consumo com carácter profissional no exercício de uma actividade económica que visa a obtenção de benefícios e consumidores, pessoas que adquirem bens de consumo com fins não profssionais. Daqui resulta que se exclui do âmbito de aplicação deste regime três tipos de contratos: 1) os contratos celebrados entre profissionais (ex: venda entre comerciantes ou empresas); 2) os contratos celebrados entre não profissionais (ex: vendas de bens em segunda mão por um consumidor a outro; e 3) os contratos de "venda de bens de consumo invertida", em que um profissional compra um objecto a um consumidor, podendo ou não vender-lhe simultaneamente outro bem[11].

Estão assim em causa os negócios que se estabeleçam entre profissionais, actuando no âmbito da sua actividade e pessoas que actuem fora do âmbito da sua actividade profissional, dos quais resulte a aquisição de bens, destinados a uso não profissional[12]. Tem sido controvertida a

---

[9] Conforme refere taxativamente PAULO MOTA PINTO, *EDC* 2 (2000), pp. 219-220 esta equiparação "visa incluir contratos mistos de compra e venda e empreitada (designadamente o *"Werklieferungsvertrag"* alemão) e mesmo contratos apenas de empreitada, ainda que o preço seja determinado em função sobretudo dos serviços e não da coisa, ou que a maioria ou todos os materiais sejam fornecidos pelo consumidor". No mesmo sentido, cfr. PEDRO ROMANO MARTINEZ, "Empreitada de consumo", na *Themis*, ano II, n.º 4 (2001), pp. 155-171, CALVÃO DA SILVA, *Compra e venda de coisas defeituosas. Conformidade e segurança*, Coimbra, Almedina, 2001, pp. 136 e ss. e HORST EHMANN/ULRICH RUST, "Die Verbrauchsguterkaufrichtlinie", em *JZ* 1999, pp. 853-864 (856).

[10] A referência à locação de bens de consumo não consta do texto originário da Directiva, tendo sido introduzida pelo legislador português. Defende, no entanto, expressamente a aplicação da Directiva à locação financeira FRANCESCO A. SCHURR, "Die neue Richtlinie 99/44/EG über den Verbrauchsgüterkauf und ihre Umsetzung – Chancen und Gefahren für das deutsche Kaufrecht" em *ZfRV* 1999, 6, pp. 222-229 (224).

[11] Cfr. GERT BRUGGEMEIER, "Zur Reform des deutschen Kaufsrechts – Herausforderung durch die EG-Verbrauchsguterkaufrichtlinie", em *JZ* 2000, pp. 529-538 (530).

[12] Deve, porém, referir-se que a proposta original da Comissão era a de que a Directiva viesse a abranger qualquer alienação efectuada por um profissional a uma pessoa física que adquirisse um bem para utilização final, mesmo que esse bem viesse a ser

questão da aplicação deste regime aos casos de bens adquiridos com fins simultaneamente profissionais e não profissionais[13], mas parece-nos que qualquer aplicação profissional do bem, mesmo que não exclusiva, implicará a não aplicação do regime desta garantia. Também parece que esta garantia não se poderá aplicar a casos de aquisição de um bem de consumo a um profissional, quando este não esteja a actuar no âmbito da sua actividade normal[14].

O âmbito de aplicação do regime da garantia contratual de bens de consumo, instituído pelo D.L. 67/2003, vai, no entanto, muito mais longe do que o da Directiva 1999/44/CE, a cuja transposição procedeu. Ectivamente, esta Directiva abrange apenas os bens móveis corpóreos, (cfr. art. 205.º do nosso Código Civil), sejam eles novos ou usados, duradouros ou não duradouros, excluindo-se os bens objecto de venda judicial, o fornecimento de água e gás, quando não forem postos à venda em volume determinado, ou em quantidade determinada e o fornecimento de electricidade (art. 1.º, n.º 2 b) da Directiva). Os fornecimentos continuados de bens essenciais são assim excluídos da Directiva, a qual apenas permite abranger a sua compra em quantidades determinadas (ex: garrafas de água mineral ou botijas de gás)[15]. O nosso legislador não apenas previu expressamente a aplicação desta garantia a bens imóveis

---

utilizado numa actividade profissional. Essa extensão foi, porém, rejeitada pelo Conselho e Parlamento, que preferiu o âmbito tradicional. Cfr. HONDIUS, op. cit., n.º 5 e DIRK STAUDENMAYER, NJW 1999, p. 2393 e em GRUNDMANN/MEDICUS/ROLLAND, op. cit., p. 31.

[13] Vide sobre a questão PAULO MOTA PINTO, EDC 2 (2000), p. 215.

[14] Assim, por exemplo, se um advogado vende a um particular um computador usado do seu escritório, não parece que esta garantia se possa aplicar. Cfr. ROBERT BRADGATE, loc. cit. e CHRISTIAN TWIGG-FLESNER/ROBERT BRADGATE, loc. cit. Conforme salientam estes autores, a Directiva irá contrariar uma tendência existente, no âmbito do Direito Inglês, para estender a aplicação da protecção da garantia contra defeitos da coisa vendida a casos em que a actuação do profissional não coincide com a sua actividade normal, como na hipótese de um pescador vender o seu barco, referida em "Stevenson v Rogers [1999] 1 All ER 613", em que a expressão "in the course of a business", constante do Sale of Goods Act 1979, s14(2), foi interpretada de forma a abranger este tipo de situação. Cfr. ainda L. S. SEALY, "When is a sale made "in a course of a business"?", em The Cambrigdge Law Journal 1999, pp. 276-278 e ELIZABETH MACDONALD, "'In the course of a business' – a fresh examination" em 1999 Web Journal of Current Legal Issues, disponível em http://webjcli.ncl.ac.uk/1999/issue3/macdonald3.html3 .

[15] Cfr. CHRISTIAN TWIGG-FLESNER, "The E.C. Directive on Certain Aspects of the Sale of Consumer Goods and Associated Guarantees", em Consumer Law Journal, 1999, pp. 177-192 (178).

(cfr. art. 3.º, n.º 2 do D.L. 67/2003), como também não efectuou qualquer das exclusões acima referidas, o que implica naturalmente que fiquem abrangidas pela garantia contratual. Essa garantia passa abranger igualmente a venda ao consumidor de animais defeituosos, entre nós exceptuada do regime geral da garantia contra vícios da coisa pelo art. 920.º do Código Civil[16], ainda que anteriormente já se pudesse considerar abrangida pela Lei de Defesa do Consumidor[17].

A Directiva vem ainda a prever no art. 1.º, n.º 3, a possibilidade de dela serem excluídos os bens de consumo em segunda mão adquiridos em leilão, quando os consumidores tenham oportunidade de assistir pessoalmente à venda. Esta possibilidade de exclusão foi introduzida por proposta da Presidência Inglesa do Conselho, visando conferir aos Estados membros a possibilidade de regular em termos específicos os leilões públicos destes bens[18]. O nosso legislador não utilizou essa faculdade, pelo que a venda destes bens de consumo fica igualmente abrangida pela garantia contratual, ainda que se admita que as partes possam convencionar uma redução do prazo, nos termos do art. 5.º, n.º 2 do D.L. 67/2003.

3. A imposição da conformidade do bem entregue com o contrato

3.1. *A conformidade como garantia nos contratos com os consumidores*

Do Decreto-Lei 67/2003 resulta primordialmente a imposição de uma obrigação de entrega dos bens de consumo em conformidade com o contrato (art. 2.º, n.º 1), estabelecendo-se assim uma garantia contratual relativamente aos bens de consumo consistente na imposição da sua conformidade com as descrições constantes do contrato. Trata-se de um critério que tem vindo a ser adoptado para unificar a nível internacional as

---

[16] O regime especial da garantia contra vícios redibitórios na venda ou troca de animais domésticos consta ainda hoje dos art. 49.º e ss. do Decreto de 16 de Dezembro de 1886.

[17] Cfr. PAULO MOTA PINTO, *EDC* 2 (2000), p. 218.

[18] Cfr. STAUDENMAYER, *NJW* 1999, p. 2394 e em GRUNDMANN/MEDICUS/ROLLAND, *op. cit.*, p. 33. Critica a exclusão, ANA PRATA, "Venda de bens usados no quadro da Directiva 1999/44/CE" na *Themis*, ano II, n.º 4 (2001), pp. 145-153 (148 e ss.).

diversas soluções existentes nos vários ordenamentos sobre a garantia edilícia, constando quer da Convenção da Haia de 1964 sobre a compra e venda internacional de mercadorias (cfr. arts. 19.°, n.° 1 e 33.° e ss.), quer da Convenção de Viena de 1980 sobre a venda internacional de mercadorias (arts. 35.° e ss.), e que a Directiva 1999/44/CE agora transposta decidiu igualmente adoptar como critério de uniformização dos ordenamentos jurídicos internos dos Estados membros. Os trabalhos preparatórios da Directiva demonstram ter sido o art. 35.° da Convenção de Viena a sua principal inspiração[19], ainda que por vezes este critério já tenha sido usado nas legislações internas de alguns Estados membros, como a Holanda, Irlanda, Dinamarca, Suécia e Reino Unido[20].

Para interpretar adequadamente o art. 2.° haverá que esclarecer o que se entende por conformidade. Nas palavras de FERREIRA DE ALMEIDA, "se um objecto é descrito essa referência não indica, ou não indica só, *qual é* e *como é*, mas qual *deve ser* e *como deve ser* esse objecto". A conformidade consiste assim "numa relação deôntica entre o referente, segundo o texto e objecto do acto executivo"[21]. A falta de conformidade não pressupõe, por isso, uma apreciação negativa da situação como sucede com o conceito de defeito da coisa, referido no art. 913.°, havendo, por exemplo, falta de conformidade, quando se encomenda um veículo fabricado este ano e é entregue um modelo do ano anterior[22]. Neste âmbito, e ao contrário do que se entendia no regime da venda de coisas defeituosas, parece existir igualmente falta de conformidade se é entregue um objecto diferente da coisa vendida (*aliud pro alio*)[23], hipótese que entre nós seria qualificada pura e simplesmente como incumprimento. Alguma doutrina tem defendido que a Directiva 1999/44/CE não poderia abranger a situação da venda de bens onerados (art. 905.°), uma vez que

---

[19] Cfr. TWIGG-FLESNER/ROBERT BRADGATE, *loc. cit.*

[20] Cfr. WOLFGANG FABER, "Zur Richtlinie bezüglich Verbrauchsgüterkauf und Garantien für Verbrauchsgüter" em *JBl* 1999, pp. 413-433 (416 e ss. e notas, sendo que nas notas 26 a 29 encontra-se a transcrição e tradução das correspondentes dos arts. 7.17 e 7.18 do Código Civil Holandês, §§ 16 e 19 da *Konsumentkoplag* sueca e da Secção 13 da *Sale of Goods Act* inglesa de 1979, revista em 1994).

[21] Cfr. CARLOS FERREIRA DE ALMEIDA, *Texto e enunaciado na teoria do negócio jurídico*, I, Coimbra, Almedina, 1992, p. 639.

[22] Cfr. SINDE MONTEIRO, *RJUM*, I, 1998, 1, p. 465, nota (15).

[23] Neste sentido, vide EHMANN/RUST, *JZ* 1999, pp. 856-857 e PAULO MOTA PINTO, *EDC* 2 (2000), p. 233, nota (85). Este autor decidiu não inserir esta figura no anteprojecto de transposição. Cfr. ID, *Cumprimento*, p. 25.

os remédios nela previstos como a reparação e a substituição da coisa seriam manifestamente incompatíveis com esta figura[24]. No entanto, a definição de reparação constante do art. 1.º, n.º 1 f) da Directiva: "em caso de falta de conformidade, a reposição do bem de consumo em conformidade com o contrato de compra e venda" parece adequada a abranger a expurgação dos ónus ou encargos a que se refere o art. 907.º, pelo que consideramos pelo menos duvidosa essa exclusão. Em qualquer caso, em face do art. 2.º do D.L. 67/2003, parece-nos claro que a venda de bens onerados constituirá uma hipótese de desconformidade.

A imposição ao vendedor da garantia de conformidade implica uma alteração substancial bastante importante no regime da compra e venda de bens de consumo, na medida em que vem afastar a solução tradicional do *caveat emptor*, segundo ao qual caberia sempre ao comprador aquando da celebração do contrato, assegurar que a coisa adquirida não tem defeitos e é idónea para o fim a que se destina. Face ao novo regime da venda de bens de consumo, esta averiguação deixa de ser imposta ao consumidor para ser objecto de uma garantia específica, prestada pelo vendedor, cabendo a ele o ónus da prova, segundo as regras gerais, de ter cumprido essa obrigação de garantia.

3.2. Presunção de não conformidade

Essa garantia, no entanto, é objecto de uma presunção ilidível relativamente às situações mais correntes (cfr. considerando 8 da Directiva 1999/44/CE,) estabelecida no art. 2.º, n.º 2, da Directiva e agora transposta pelo art. 2.º, n.º 2 do Decreto-Lei 67/2003. Esta norma alterou, no entanto, a técnica da presunção instituída pela Directiva, na medida em que enquanto esta instituía uma presunção de conformidade caso os bens revestissem certos requisitos, o nosso legislador optou antes por instituir uma presunção de não conformidade, caso se verificasse o facto de não possuirem esses requisitos. A opção parece-nos ser, no entanto, contestável, na medida em que não se vê como se pode presumir uma situação em resultado de um facto negativo, quando cabe por conta do vendedor o ónus da prova de ter cumprido a obrigação de entrega dos bens em conformidade com o contrato.

Em qualquer caso, convém referir que mesmo que se verifique que os bens de consumo possuem todas as características referidas no art. 2.º,

---

[24] Cfr. PAULO MOTA PINTO, *EDC* 2 (2000), p. 234.

n.º 2, tal não demonstrará o cumprimento da obrigação de conformidade com o contrato referida no art. 2.º, n.º 1, mas antes funcionará como presunção de existência dessa conformidade, aligeirando-se assim o ónus da prova que recai sobre o vendedor relativamente ao cumprimento da obrigação prevista. Para além disso, na medida em que a Directiva impõe a referência a todos estes elementos, obtém-se a certeza de que em todos os Estados membros eles são considerados no âmbito da responsabilidade pelos defeitos da coisa, obtendo-se assim a harmonização deste regime, que de outra forma seria difícil atendendo aos múltiplos entendimentos que o conceito de "falta de conformidade" poderia ter nos diversos Estados[25].

O art. 2.º, n.º 2 vem assim estabelecer que se presume que os bens de consumo não são conformes com o contrato, se verificar algum dos seguintes factos:

a) não serem conformes com a descrição que deles é feita pelo vendedor ou não possuirem as qualidades do bem que o vendedor tenha apresentado ao consumidor como amostra ou modelo;
b) não serem adequados ao uso específico para o qual o consumidor os destine e do qual tenha informado o vendedor quando celebrou o contrato e que o mesmo tenha aceitado;
c) não serem adequados às utilizações habitualmente dadas aos bens do mesmo tipo;
d) não apresentarem as qualidades e o desempenho habituais nos bens do mesmo tipo e que o consumidor pode razoavelmente esperar, atendendo à natureza do bem e, eventualmente, às declarações públicas sobre as suas características concretas feitas pelo vendedor, pelo produtor ou pelo seu representante, nomeadamente na publicidade ou na rotulagem.

Conforme resulta do texto da lei – e era pressuposto pelo considerando 8 da Directiva – basta que se verifique algum destes factos negativos para que logo se presuma a não conformidade com o contrato. Se as circunstâncias do caso tornarem algum ou algum dos elementos manifestamente inapropriado, continuarão a aplicar-se os restantes elementos que constituem a presunção. Como se pode verificar – e a

---

[25] Cfr. o considerando (7) da Directiva e MICHAEL LEHMANN, "Informationsverantwortung und Gewährleistung für Werbeangaben bei Verbrauchsgüterkauf", em *JZ* 2000, pp. 280-293 (282).

própria Directiva o afirma no seu considerando 8 – a presunção é construída por forma a não excluir da garantia qualquer variação das características e função do bem com o estabelecido pelas partes, pelo que ocorrendo qualquer variação dessa ordem, presume-se o incumprimento da obrigação estabelecida no art. 2.º, n.º 1. Nestes termos, a aplicação da presunção de não conformidade acaba por funcionar como um indício de violação da garantia edilícia, que passa assim a ser definida em termos bastante mais rigorosos do que os que resultavam dos direitos dos Estados--membros[26].

Examinemos então quais são os casos em que a presunção deixa de se aplicar por faltar algum dos elementos nela previstos:

1) Relativamente ao primeiro elemento, ele consiste numa situação em que o vendedor assegura certo tipo de qualidades em relação à coisa vendida, sendo que esse assegurar de qualidades pode resultar da própria descrição do bem efectuada pelo vendedor ou da sua comparação com uma amostra ou modelo exibidas na contratação. Estão neste caso em causa apenas declarações do vendedor e não de terceiros, sendo que estas últimas apenas podem ser abrangidas pela alínea d). Face à forma como se refere este elemento, parece claro que não se exige que essa enunciação de qualidades seja acordada pelas partes e integre o conteúdo do contrato. O mero facto da descrição do vendedor ou da comparação com a amostra é suficiente para determinar o assegurar das qualidades descritas pelo vendedor ou constantes da amostra, mesmo que essas situações só tenham ocorrido na fase pré-contratual. Não se exige assim uma estipulação negocial, bastando para a responsabilização do vendedor meras declarações de ciência ou mesmo comportamentos fácticos[27].

A protecção do consumidor em resultado desta disposição é assim muito mais ampla do que no actual regime legal. No âmbito do Código Civil, é considerada venda de coisa defeituosa aquela em que faltam as qualidades asseguradas pelo vendedor (cfr. art. 913.º), entendendo-se na venda sobre amostra que o vendedor assegura a existência na coisa vendida de qualidades iguais às da amostra (art. 919.º), mas em qualquer dos casos a vinculação do vendedor pressupõe uma declaração dele, ainda que tácita, relativa à garantia das referidas qualidades[28]. Para além disso,

---

[26] Cfr. PAULO MOTA PINTO, *EDC* 2 (2000), p. 226 e CALVÃO DA SILVA, *Compra e venda*, p. 141.
[27] Cfr. W. FABER, em *JBl* 1999, p. 420.
[28] Cfr. PAULO MOTA PINTO, *EDC* 2 (2000), p. 236.

a lei admite como *dolus bonus* as sugestões e artifícios considerados legítimos, segundo as concepções dominantes do comércio jurídico (art. 253.°, n.° 2), bem como que da convenção ou dos usos resulte que a amostra serve apenas para indicar de modo aproximado as qualidades do objecto (art. 919.°, *in fine*). Uma vez que a alínea a) do n.° 2 do art. 2.° não ressalva qualquer destas situações, parece claro a sua verificação não deixa de excluir a responsabilidade do vendedor. Há, no entanto, que considerar que em certas situações o vendedor pode emitir reservas às suas declarações, como por exemplo, na hipótese de à pergunta do consumidor referir: "por aquilo que sei é essa a situação" ou indicar: "ninguém me informou que o bem não tem essa característica". Nesses casos, tem-se considerado que o vendedor não pode ser responsabilizado em caso de desconformidade do bem com as características questionadas, uma vez que se limitou a enunciar o seu conhecimento limitado sobre o assunto, o que não constitui descrição do bem, já que não implica uma indicação segura das suas características[29].

2) O segundo elemento da presunção de não conformidade ocorre quando o bem de consumo não é idóneo para o uso específico a que o consumidor o destine e do qual tenha informado o vendedor quando celebrou o contrato e que o mesmo tenha aceite. A destinação da coisa a um fim específico não tem necessariamente que fazer parte do conteúdo contratual, nem sequer que ser estipulada acessoriamente a este. Efectivamente o art. 2.°, n.° 2 b) apenas exige que essa destinação corresponda a uma informação prestada pelo consumidor, a qual tenha recebida pelo vendedor, que a ela não tenha manifestado oposição aquando da celebração do contrato[30].

---

[29] Cfr. W. FABER, em *JBl* 1999, p. 421.
[30] Para STAUDENMAYER, *NJW* 1999, p. 2394 e em GRUNDMANN/MEDICUS/ROLLAND, *op. cit.*, p. 35, que interpreta o requisito da concordância do vendedor como uma estipulação contratual, este requisito apareceria como redundante face ao art. 2.º, n.º 1 da Directiva, tendo sido inserido apenas para corresponder às preocupações de alguns Estados membros. A nosso ver, o que se visa é antes que a destinação unilateral de fim comunicada pelo comprador ao vendedor, sem rejeição deste, possa integrar o conteúdo da garantia, o que dificilmente se pode considerar redundante. Efectivamente, conforme referem TWIGG-FLESNER/ROBERT BRADGATE, *loc. cit.*, o critério deverá ser a situação de confiança criada no consumidor. Assim, se o consumidor pretender usar um aparelho para determinado fim e o comunica ao vendedor que omite qualquer resposta ou responde que nunca o usou para esse fim, mas que supõe que o aparelho deva suportar essa utilização,

No âmbito do Código Civil também se considera que o facto de a coisa não poder desempenhar o fim específico a que é destinada corresponde a um defeito da coisa, segundo a concepção subjectiva deste conceito (art. 913.º), admitindo-se ainda a possibilidade de as partes estipularem uma condição relativamente a esse fim específico, no âmbito da venda sujeita a prova (art. 925.º). No entanto, caso nada se estipule a lei manda atender à função normal das coisas da mesma categoria (cfr. art. 913.º, n.º 2), a qual tem que ser necessariamente genérica. O regime do Decreto-Lei 67/2003 baseia-se, porém, numa cada vez maior especialização das funções dos bens de consumo, admitindo-se que por acordo entre o vendedor e o comprador estes possam ser destinados a um fim específico, tornando defeituosa a coisa sempre que esta não possa prencher esse fim específico.

Ao contrário do que se consagrou na Convenção de Viena (35.º, n.º 2 c)) e era previsto no projecto inicial, não se estabeleceu na versão definitiva da Directiva a possibilidade de o vendedor elidir essa responsabilidade com a demonstração de que resultaria das circunstâncias que o comprador não confiou na competência e apreciação do vendedor ou que não era razoável da sua parte fazê-lo. Efectivamente, não se justificaria estabelecer uma exclusão desse tipo no âmbito dos contratos com os consumidores[31], até porque se essa exclusão pode ocorrer com alguma frequência no âmbito da compra e venda internacional, será seguramente de verificação rara em caso de contratos celebrados com os consumidores[32].

3) O terceiro elemento da presunção de não conformidade ocorre quando os bens não forem adequados às utilizações habitualmente dadas a bens do mesmo tipo. Encontra-se uma previsão muito semelhante no art. 35.º, n.º 2 a) da Convenção de Viena. Neste âmbito, consagra-se a concepção objectiva de defeito, igualmente prevista no art. 913.º, n.º 2 do Código Civil. No entanto, ao contrário dessa norma, que apenas refere esse critério a título supletivo, o art. 2.º, n.º 2 c) do D.L. 67/2003 estabelece-o em termos cumulativos[33], presumindo-se assim a falta de conformidade

---

pode-se dizer que apesar da não aceitação expressa pelo vendedor, a não rejeição dessa comunicação parece suficiente para que se possa integrar o conteúdo da garantia.

[31] Cfr. JORGE SINDE MONTEIRO, *RJUM* 1998, p. 465-466, nota (16).

[32] Cfr. STAUDENMAYER, *NJW* 1999, p. 2394 e em GRUNDMANN/MEDICUS/ROLLAND, *op. cit.*, p. 34, e PAULO MOTA PINTO, *EDC* 2 (2000), p. 240.

[33] Cfr. PAULO MOTA PINTO, *EDC* 2 (2000), p. 239.

sempre que inexista essa adequação, independentemente do fim específico referido pelo comprador. Para além disso, ao se referir a uma pluralidade de utilizações, parece que quando os bens tiverem mais do que uma utilização habitual terão que ser idóneos para todas elas. O critério será, no entanto, excessivo em certos casos, já que se o consumidor declarar ao vendedor que pretender utilizar a coisa para determinado fim, e se verificar que ela é idónea para esse fim, mas não para outros fins para que habitualmente servem coisas do mesmo tipo, poderá mesmo assim reclamar falta de conformidade[34].

Para além disso, enquanto o art. 35.º, n.º 2 a) da Convenção de Viena e o art. 913.º, n.º 2, do Código Civil fazem referência a um critério de normalidade da utilização, o art. 2.º, n.º 2 c) aponta antes para um critério de habitualidade. A alteração não deixa de ser significativa, uma vez que enquanto o primeiro critério aponta no sentido de uma regularidade da utilização, de acordo com a função que lhe é atribuída pelo produtor, o segundo critério adopta antes uma formulação mais próxima da frequência da utilização, de acordo com a perspectiva do consumidor. Ora, como muitas vezes os produtos são utilizados para fins diferentes daqueles para que são fornecidos, parece que esta disposição vem abrir a porta a reclamações dos consumidores relativamente à não adequação do bem para utilizações estranhas àquelas para que foi fabricado[35].

4) O último elemento da presunção de não conformidade ocorre quando os bens de consumo não apresentarem as qualidades e o desempenho habituais nos bens do mesmo tipo e que o consumidor pode razoavelmente esperar, atendendo à natureza do bem e, eventualmente, às declarações públicas sobre as suas características concretas feitas pelo vendedor, pelo produtor ou pelo seu representante, nomeadamente na publicidade ou na rotulagem.

Conforme se pode verificar, neste caso estão em causa dois critérios, sendo o primeiro a correspondência das qualidades e desempenho com o habitual em bens do mesmo tipo e o segundo as expectativas razoáveis do consumidor, face à natureza do bem e, eventualmente, às declarações

---

[34] Cfr. TWIGG-FLESNER/ROBERT BRADGATE, *loc. cit.*

[35] Cfr. TWIGG-FLESNER/ROBERT BRADGATE, *loc. cit.* Estes autores apontam como exemplo a chave de parafusos, que tendo por função apertar parafusos, é muitas vezes usada como alavanca para abrir tampas de latas. Uma chave que se deteriorasse com essa utilização não deixaria de colocar o problema da aplicação do art. 2.º, n.º 2 c) do D.L. 67/2003.

públicas sobre as suas características concretas. Uma das questões suscitadas pela Directiva é a de saber se estes dois critérios são cumulativos – no sentido de que só com a sua não verificação conjunta se presume a não conformidade – ou se encontram em relação de alternatividade, pelo que não se verificando um deles, já se presumirá essa falta de conformidade. Pessoalmente, e por razões de protecção do consumidor, parece-me que se deverá preferir a segunda solução, ainda que não seja essa a opinião maioritária da doutrina que já se pronunciou sobre o assunto[36]. Assim, se o consumidor poderia razoavelmente esperar em face da natureza do bem e das declarações públicas do vendedor, produtor ou representante sobre ele, que ele teria certas qualidades e desempenho não parece que possa excluir-se a presunção de falta de conformidade apenas com base no critério da habitualidade das qualidades e desempenho dos bens do mesmo tipo[37].

Enquanto na alínea a) se fazia referência às declarações do vendedor em diálogo particular com o comprador, nesta alínea d) estão em causa declarações públicas, quer do vendedor, quer do produtor ou seu representante, vindo o vendedor a ser responsabilizado igualmente pelas declarações destes últimos. Trata-se de uma solução bastante coerente, uma vez que hoje em dia os consumidores formulam as suas decisões de compra (designadamente em relação a automóveis ou electrodomésticos) muito mais em função da publicidade e rotulagem emitida pelo fabricante do que em função do diálogo pessoal com o vendedor. Trata-se, no entanto, de uma opção que levanta algumas dificuldades dogmáticas, uma vez que, em relação ao vendedor, a verdade é que a publicidade e rotulagem por ele elaborada não chega a ser estipulada pelas partes como fazendo parte do acordo contratual e, em relação à publicidade e rotulagem do produtor e seu representante, verifica-se a introdução no conteúdo do

---

[36] Cfr. W. FABER, em *JBl* 1999, p. 422 e PAULO MOTA PINTO, *EDC* 2 (2000), pp. 240 e ss. que entendem que a introdução desta expressão visou limitar o critério das expectativas razoáveis pelo da habitualidade do desempenho do bem, evitando-se assim que o consumidor que visa uma utilização incomum do bem possa criar expectativas razoáveis apenas com base na publicidade e na rotulagem.

[37] Tem-se argumentado contra este entendimento que a versão francesa e italiana da Directiva utilizam um pronome relativo para juntar os dois critérios (*auxquelles* e *che*, respectivamente) em vez da conjunção copulativa. O argumento literal parece inaceitável num texto com versões oficiais em tantas línguas e é claramente reversível, já que tanto a versão portuguesa como as versões inglesa e alemã utilizam, pelo contrário a conjunção copulativa.

contrato de estipulações que tiveram origem em terceiro[38]. O D.L. 67/2003 estabelece, no entanto, um critério objectivo de relevância dessas mensagens para efeitos da garantia prestada pelo vendedor, que não pressupõe qualquer estipulação contratual, presumindo-se sempre que as partes tomaram essas características como assegurando certas características da coisa comprada[39]. A solução não é, aliás, totalmente nova entre nós, uma vez que no art. 7.°, n.° 5 da LDC já se prevê que as informações concretas incluídas nas mensagens publicitárias integram o conteúdo dos contratos de consumo. No D.L. 67/2003 não se vai, porém, tão longe, uma vez que a sua integração no âmbito da garantia apenas ocorre se corresponderem a expectativas razoáveis do consumidor, o que seguramente não se poderá afirmar relativamente a toda e qualquer declaração encontrada na publicidade ou na rotulagem[40].

É, no entanto, de referir que, segundo o art. 2.°, n.° 4 da Directiva 1999/44/CE, essas declarações públicas deixam de vincular o vendedor se este demonstrar que: a) não tinha conhecimento nem podia razoavelmente ter conhecimento da declaração em causa; b) até ao momento da celebração do contrato a declaração em causa fora corrigida; e c) a decisão de comprar o bem de consumo não poderia ter sido influenciada pela declaração em causa. Daqui resulta, portanto, que, segundo a Directiva, para serem relevantes para efeitos da garantia de conformidade, as declarações públicas teriam que ser imputáveis ao vendedor pelo menos em termos da obrigação de as conhecer ou da omissão da sua correcção e tenham sido determinantes da conclusão do contrato por parte do consumidor. O nosso legislador não procedeu, porém, à transposição desta exclusão para o direito interno, o que implica que o vendedor, por virtude do 2.°, n.° 2 d), do D.L. 67/2003 passa a ser sujeito a responder por declarações de terceiro, nas quais não teve intervenção, tendo assim uma

---

[38] Cfr. W. FABER, *Jbl*.1999, p. 423.
[39] Cfr. LEHMANN, *JZ* 2000, p. 283.
[40] Conforme salienta LEHMANN, *JZ* 2000, pp. 283 e ss., é o critério das expectativas razoáveis do consumidor que constitui o elemento decisivo para o estabelecimento da responsabilidade do vendedor por informações. Para este autor a Directiva toma em consideração um consumidor médio, que sabe que a publicidade visa promover a aquisição de produtos e que por isso não pode ser encarada acriticamente e não um consumidor ingénuo, irrazoável ou crédulo, que considera qualquer mensagem publicitária como "dinheiro em caixa". Não estão para além disso em causa neste critério as expectivas individuais de cada consumidor, mas antes as expectativas gerais de um consumidor razoável.

responsabilidade absolutamente objectiva por facto de terceiro neste domínio.

O facto de não ter sido preenchido nenhum dos factos negativos, de onde o legislador faz presumir a não confomidade com o contrato, não impede o consumidor de demonstrar que, apesar disso, se verifica alguma desconformidade com o contrato. É designadamente o que acontecerá se as partes estabelecerem cláusulas contratuais de conformidade mais exigentes do que os critérios que integram a presunção[41].

3.3. A garantia de conformidade nos bens objecto de instalação

O art. 2.°, n.° 4 do D.L. 67/2003 vem instituir uma extensão da garantia de conformidade a prestar pelo vendedor aos bens objecto de instalação, estabelecendo que "a falta de conformidade resultante da má instalação do bem de consumo é equiparada a uma falta de conformidade do bem quando a instalação fizer parte do contrato de compra e venda e tiver sido efectuada pelo vendedor, ou sob sua responsabilidade, ou quando o produto, que se prevê seja instalado pelo consumidor, for instalado pelo consumidor e a má instalação se dever a incorrecções existentes nas instruções de montagem". Neste caso, o objecto da garantia estende-se além do próprio bem vendido, para abranger situações de prestações de serviços conexas com esse bem como a instalação pelo vendedor ou a prestação de informações sobre como proceder a essa instalação.

3.4. Exclusão da garantia de conformidade

A garantia pela conformidade vem a ser objecto de exclusão quando, no momento em que é celebrado o contrato, o consumidor tiver conhecimento da falta de conformidade ou não puder razoavelmente ignorá-la ou se esta decorrer dos materiais fornecidos pelo consumidor (art. 2.°, n.° 3 do D.L. 67/2003, que transpõe idêntica norma da Directiva). Esta norma, que se inspira claramente no art. 35.°, n.° 3 da Convenção de Viena sobre a Venda Internacional de Mercadorias, institui assim uma exclusão

---

[41] Já não será, porém, lícito às partes estabelecerem cláusulas de conformidade menos exigentes, face ao que dispõe o art. 10.°, n.º 1, do D.L. 67/2003.

da garantia de conformidade em relação a defeitos aparentes ou conhecidos do consumidor ou que possam ser imputáveis a materiais por ele fornecidos, em termos algo próximos do nosso Código Civil, já que os arts. 913.° e ss. pressupõem a existência de um erro do comprador e o art. 1219.° exclui a responsabilidade do empreiteiro pelos defeitos aparentes ou conhecidos pelo dono da obra. No entanto, a nossa Lei de Defesa do Consumidor já tinha ido mais longe, uma vez que o art. 12.°, n.° 1, da LDC, antes da sua alteração pelo D.L. 67/2003, apenas excluía a garantia do bom estado e do bom funcionamento da coisa conferida pelo art. 4.°, quando o consumidor a quem seja fornecida a coisa com defeito dela tenha sido previamente informado e esclarecido antes da celebração do contrato. Verifica-se assim que, enquanto na anterior redacção da Lei de Defesa do Consumidor não existia qualquer ónus de o comprador examinar a coisa comprada, para se assegurar da existência de defeitos, esse ónus passou a ser instituído pelo D.L. 67/2003. Efectivamente, se o vendedor colocar a coisa à disposição do consumidor para este a examinar e se certificar da não existência de defeitos e o consumidor decidir não fazer uso dessa faculdade, parece que o vendedor poderá ficar isento de responsabilidade ao abrigo do art. 2.°, n.° 3 do D.L. 67/2003. Confirmam-se, por isso, os receios de que a transposição deste regime levasse a estabelecer um ónus de exame da coisa adquirida por parte do consumidor, o que representa uma regressão na protecção do consumidor[42]. A doutrina tem, no entanto, procurado atenuar esta solução, propugnando que a exclusão de responsabilidade seja limitada a casos de culpa grave do consumidor, sem abranger as situações de culpa leve, conforme se tem discutido em face da norma inspiradora do art. 35.°, n.° 3 da Convenção de Viena[43]. A verdade, no entanto, é que o nosso legislador não tinha qualquer necessidade de introduzir esta exclusão na legislação interna, como acbou por fazer, uma vez que o art. 8.°, n.° 2 da Directiva admite que os Estados-membros disposições que estabeleçam maior protecção ao consumidor[44]. Na recente reforma do Direito das Obrigações alemão optou-se por consagrar apenas a exclusão relativa ao conhecimento do comprador ou à sua culpa grave no desconhecimento do defeito, cessando ainda a exclusão nesta última situação, caso tenha havido dolo do

---

[42] Cfr. TWIGG-FLESNER/ROBERT BRADGATE, *loc. cit.*
[43] Cfr. STAUDENMAYER, *NJW* 1999, p. 2394 e em GRUNDMANN/MEDICUS/ROLLAND, *op. cit.*, p. 36.
[44] Defenderam solução semelhante perante o Direito Alemão EHMANN/RUST, *JZ* 1999, p. 857.

vendedor na celebração do contrato (novo § 442 BGB). É, por isso, de criticar a solução que o D.L. 67/2003 acabou por consagrar neste âmbito.

3.5. Momento relevante para a verificação da conformidade

De acordo com o que resulta do art. 3.º, n.º 1, do D.L. 67/2003, a conformidade deve verificar-se no momento em que a coisa é entregue ao consumidor, o que implica passarem a correr por conta do vendedor os riscos relativos a defeitos da coisa ocorridos entre a venda e a entrega ao consumidor[45]. Tal parece implicar uma derrogação, neste âmbito, quer do regime geral do art. 796.º, n.º 1, que faz correr o risco por conta do adquirente a partir da celebração do contrato, exceptuando-se apenas os defeitos que possa ser imputáveis ao incumprimento da obrigação de custódia do vendedor, estabelecida nos arts. 882.º, n.º 1 e 918.º, quer do regime da promessa de envio (art. 797.º) que admite a transferência do risco com a sua simples entrega ao transportador, quer mesmo do regime da mora do credor (art. 814.º, n.º 1), que admite que a mora faça reagir sobre o credor todo o risco que não seja imputável a dolo do devedor. Em face do art. 3.º, n.º 1 do D.L. 67/2003, ao se estabelecer a exigência da conformidade no momento da entrega parece fazer-se correr por conta do vendedor todo o risco ocorrido até essa data[46]. Ora, como todas aquelas normas fazem correr por conta do comprador riscos verificados antes da entrega, parece resultar da transposição da Directiva uma alteração às regras relativas à distribuição do risco na venda de bens de consumo.

No entanto, a verdade é o considerando 14 da Directiva parece posicionar-se contra esta interpretação ao referir que "as referências à data da entrega não implicam que os Estados membros devam alterar as suas normas sobre transferência do risco". Pareceria, assim, que a Directiva não teria pretendido afectar os regime específicos internos de transferência do risco, designadamente em caso de recolha dos bens no domicílio do vendedor, promessa de envio ou mora do credor. Tem sido por isso defendido que o conceito de entrega para efeitos da Directiva

---

[45] Diferente é a solução do art. 36.º da Convenção de Viena que determina que a conformidade se deve verificar no momento da transferência do risco.
[46] Cfr. JORGE SINDE MONTEIRO, *RJUM* I (1998), 1, p. 466 e PAULO MOTA PINTO, *EDC* 2 (2000), p. 249.

seria mais vasto do que o da simples entrega fáctica do bem ao consumidor[47], aliás à semelhança do que também se prevê no art. 31.º da Convenção de Viena.

No entanto, apesar disso têm surgido na doutrina estrangeira propostas no sentido de se alterar o regime da transferência do risco na venda de bens de consumo, através do estabelecimento de uma presunção de que neste tipo de venda o risco se transfere para o consumidor apenas após a entrega fáctica do bem[48], ou que interpretam esta norma no sentido de estabelecer que a responsabilidade do vendedor existe até à entrega independentemente o momento em que se verifica a transferência do risco[49]. Efectivamente, parece dificilmente compatível com o art. 3.º, n.º 1, da Directiva, considerar-se que correria por conta do consumidor o risco de avaria de uma televisão, que sofre um curto-circuito devido a uma sobrecarga de corrente eléctrica no estabelecimento do vendedor, após ter sido vendida e antes de entregue (por exemplo, no curto período em que o consumidor se desloca a ir buscar o carro para a transportar), e entre o considerando (14) e a imposição do art. 3.º, n.º 1 da Directiva haverá que dar prevalência a esta última[50]. No âmbito da reforma do Direito das Obrigações alemão já se estabeleceu a não aplicação do regime da transferência do risco na promessa de envio à venda de bens de consumo (novo § 474, II BGB), o que implica o reconhecimento de que a aplicação da Directiva não pode efectuar-se sem alguma alteração das regras sobre a transmissão do risco, pelo que, apesar do silêncio do nosso legislador na

---

[47] Neste sentido STAUDENMEYER, *NJW* 1999, p. 2395 e em GRUNDMANN/ /MEDICUS/ROLLAND, *op. cit.*, p. 37. Este autor pretende que este conceito mais vasto do que a entrega se encontra claramente formulado no art. 3.º, n.º 1 da Directiva, uma vez que na versão alemã se utilizou *Lieferung* (fornecimento) e não a expressão tradicional *Übergabe* (entrega). Mas a verdade é que nas outras versões se utilizou sempre as expressões tradicionais para designar a entrega. Assim temos *delivered* na versão inglesa; *délivrance* na versão francesa; *entrega* an versão espanhola e *consegna* na versão italiana.

[48] Cfr. TWIGG-FLESNER, *Consum. L. J.* 1999, p. 179 e TWIGG-FLESNER/ROBERT BRADGATE, *loc. cit.*

[49] Assim, EHMANN/RUST, *JZ* 1999, p. 857.

[50] TWIGG-FLESNER, *Consum. L. J.* 1999, p. 179 explica a referência do considerando (14) com uma preocupação sobre a competência das instituições comunitárias nesta matéria. Efectivamente, o art. 295.º do Tratado da União Europeia determina que o Tratado não pode afectar as normas sobre o regime da propriedade nos Estados membros, e como a transmissão do risco é associada à transferência da propriedade, pareceria que a União Europeia não teria poderes para actuar nesta matérias.

transposição da Directiva, parece dever ser essa igualmente a melhor interpretação do art. 3.º, n.º 1, do D.L. 67/2003[51].

A prova de que a falta de conformidade já existia no momento da entrega do bem cabe ao consumidor. No entanto, o art. 3.º, n.º 2 do D.L. 67/2003 vem estabelecer uma presunção de que as faltas de conformidade que se verifiquem num prazo de dois ou de cinco anos a contar da data da entrega de coisa móvel corpórea ou de coisa imóvel, respectivamente, já existiam nessa data, salvo quando essa presunção for incompatível com a natureza do bem ou com as características da falta de conformidade[52]. Nestes casos, existe assim uma presunção específica a estabelecer a responsabilidade do vendedor por cumprimento defeituoso do contrato, relativamente a defeitos que ocorram no período de dois ou de cinco anos após a entrega da coisa, consoante se trate de móvel ou imóvel, presunção essa que é aliás inderrogável pelas partes, nos termos do art. 10.º, n.º 1, e que talvez se possa considerar uma excessiva solução, ditada apenas por considerações amigas do consumidor[53]. A parte final desta disposição admite, no entanto, alguma correcção pela jurisprudência que possa atenuar o rigor do seu entendimento literal.

4. Direitos do consumidor perante a falta de conformidade

O art. 4.º do D.L. 67/2003, na sequência do art. 3.º da Directiva 1999/44/CE vem admitir os seguintes direitos do consumidor perante a falta de conformidade do bem adquirido:

a) reparação
b) substituição
c) redução do preço
d) resolução do contrato.

---

[51] Era esta, aliás, a proposta constante do anteprojecto. Cfr. PAULO MOTA PINTO, *Cumprimento*, p. 37, e a nova proposta de redacção do art. 913.º, a pp. 78.

[52] O legislador vai, quanto a esta presunção, mais longe que a Directiva que, sendo restrita a móveis, limitava-se a estabelecer um prazo de seis meses.

[53] EHMANN/RUST, *JZ* 1999, p. 857 criticam esta norma, considerando-a uma decisão de equidade em benefício do consumidor, baseada no pressuposto de que "a velha senhora pobre tem sempre razão". Pelo contrário, JERÔME FRANK, *EDC* 2, (2000), pp. 174--175, aplaude a solução, considerando-a idónea para resolver a controvérsia existente na jurisprudência francesa sobre esta questão.

A estes direitos acresce ainda a indemnização, nos termos estabelecidos pelo art. 12.º, n.º 1 da Lei 24/96 na redacção do D.L. 67/2003, de 8 de Abril.

A Directiva 1999/44/CE procede a um escalonamento dos primeiros quatro direitos, distinguindo dois níveis de reacção do consumidor. No primeiro nível são colocados a reparação ou substituição da coisa, e no segundo nível a redução do preço ou a resolução do contrato. Esta hierarquização, que não constava da proposta inicial da Directiva, parece, no entanto, lógica, já que o princípio do aproveitamento dos negócios jurídicos deve impor a prevalência das soluções que conduzem à integral execução do negócio sobre soluções que implicam uma sua ineficácia total ou parcial.

O regime constante do art. 4.º, n.º 5, do D.L. 67/2003 não efectua, porém, a mesma hierarquização que consta da Directiva, referindo que o consumidor pode exercer qualquer dos quatro direitos, salvo se tal se manifestar impossível ou constituir abuso de direito, nos termos gerais. Este regime afasta-se assim bastante da solução do Código Civil, cujo art. 914.º apenas admite a substituição em lugar da reparação, se tal for necessário e apenas relativamente a coisas fungíveis, excluindo-a em qualquer caso sempre que o vendedor ignorar sem culpa o vício ou a falta de qualidade de que a coisa padece. No regime do D.L. 67/2003, o consumidor apenas deixa de poder escolher qualquer destes remédios quando se verifique que a sua execução é impossível ou constitui abuso de direito. No entanto, como esta última restrição não constava da versão anterior do art. 12.º da LDC, parece que este regime se situa a um nível intermédio entre o regime do Código Civil e o anterior regime da LDC.

Examinando em primeiro lugar a questão da impossibilidade ela corresponde à inviabilidade da solução para efeitos de reposição da conformidade com o contrato. Em relação à impossibilidade de reparação, esta ocorrerá sempre que o bem se tenha tornado inaproveitável para o consumidor, mesmo após qualquer intervenção do vendedor. Em relação à impossibilidade da substituição, parece claro que, ao contrário do disposto no art. 914.º do Código Civil, ela não decorrerá automaticamente da natureza infungível do bem, ainda que esta na maioria dos casos possa efectivamente originar a impossibilidade de substituição[54]. Admite-se,

---

[54] Neste sentido, PAULO MOTA PINTO, *EDC* 2 (2000), pp. 258. Já EHMANN/RUST, *JZ* 1999, p. 858, entendem que a natureza infungível do bem constitui sempre um caso de impossibilidade de substituição. No entanto, o facto de o nosso Código Civil determinar

porém, que devido à natureza específica de certos bens seja impossível a ocorrência da substituição, como sucederá em relação à maioria dos bens em segunda mão[55], ou relativamente aos bens construídos com materiais fornecidos pelo consumidor. Também pode ocorrer a impossibilidade de substituição por outros motivos, como na hipótese de o bem se encontrar esgotado no mercado. A reparação também se pode considerar impossível, nos casos, por exemplo, de fornecimento de *aliud pro alio*.

Relativamente à hipótese de a solução constituir abuso de direito, nos termos gerais, verifica-se que o legislador português considerou suficiente para a transposição do conceito de desproporcionalidade, constante da Directiva, a mera remissão para o art. 334.° do Código Civil, o que não consideramos correcto, uma vez que o conceito da Directiva é bastante mais preciso, assentando numa ponderação dos custos para ambas as partes[56].

O art. 4.° do D.L. 67/2003 esclarece qual a forma de cumprimento da reparação ou substituição, informando que qualquer delas ser realizada sem encargos, ou seja, suportando o vendedor as despesas necessárias para repor a conformidade do bem, designadamente as despesas de transporte, de mão-de-obra e material (art. 4.°, n.° 3), dentro de um prazo razoável, e sem grande inconveniente para o consumidor, tendo em conta a natureza do bem e o fim a que o consumidor o destina (art. 4.°, n.° 2).

Em lugar da reparação ou substituição da coisa, o consumidor poderá pedir uma redução adequada do preço ou a resolução do contrato (art. 4.°, n.° 1 do D.L. 67/2003, *in fine*), a menos que tal seja manifestamente impossível ou constituir abuso de direito (art. 4.°, n.° 5). Dado que o legislador português não transpôs a solução da Directiva que veda ao consumidor optar pela rescisão do contrato quando a falta de conformidade seja insignificante (art. 3.°, n.° 6), parece que a opção pela resolução do contrato não fica condicionada por esse critério, apenas sendo excluída no caso de ser impossível ou constituir abuso de direito.

A opção por qualquer destas soluções não se apresenta como imperativa para as partes, já que, conforme resulta do considerando (12) da Directiva 1999/44, o vendedor pode sempre oferecer qualquer outra solução ao vendedor que, se for por este aceite, derroga o regime do art. 4.° do D.L. 67/2003. Para além disso, deve referir-se que a não conformidade do bem pode desencadear, segundo a legislação nacional, remédios que não são abrangidos por este regime específico, mas que naturalmente não se pretende excluir. Pense-se na indemnização ao comprador (arts. 908.°, 909.° e 918.° do Código Civil e art. 12.° da

LDC) ou na excepção de não cumprimento do contrato (art. 428.° do Código Civil).

5. Prazos.

O art. 5.°, n.° 1 da Directiva vem estabelecer um prazo de dois anos, a contar da data da entrega do bem, durante o qual se tem que manifestar a falta de conformidade[57]. O art. 5.°, n.° 1, do D.L. 67/2003 estabelece um

---

o conceito de coisas fungíveis em concreto, face à estipulação das partes (cfr. art. 207.º e MENEZES CORDEIRO, *Tratado de Direito Civil Português*, I – *Parte Geral*, t. 2 – *Coisas*, Coimbra, Almedina, 2000, pp. 151 e ss.), parece não tornar absolutamente impossível uma substituição de coisas infungíveis.

[55] O considerando (16) da Directiva esclarece que o direito de substituição do comprador não tem cabimento em relação a bens em segunda mão, uma vez que a sua natureza específica torna impossível a sua reposição. No entanto, conforme salientam TWIGG-FLESNER/ROBERT BRADGATE, *loc. cit.*, não será necessariamente assim, já que se o bem de segunda mão for de natureza fungível e vendedor dispuser de outro exemplar da mesma série, não se vê o que possa impedir a substituição.

[56] Efectivamente, de acordo com o art. 3.º, n.º 3 da Directiva, presumir-se-á que uma solução é desproporcionada quando ela implique para o vendedor custos que, em comparação com a outra solução, não sejam razoáveis, tendo em conta:
– o valor que o bem teria, se não existisse falta de conformidade;
– a importância da falta de conformidade;
– a possibilidade de a solução alternativa ser concretizada sem grave inconveniente para o consumidor.

Esta norma deve ser, porém, conjugada com o considerando (11) da Directiva, que dispõe que "a desproporção deve ser determinada objectivamente; que uma solução é desproporcionada se impuser custos excessivos em relação à outra solução; que, para que os custos sejam excessivos, devem ser significativamente mais elevados que os da outra forma de reparação do prejuízo". Desta formulação resulta em primeiro lugar que o critério determinante da irrazoabilidade da solução são os custos que ela acarreta para o vendedor, podendo assim este, caso haja uma grande desproporção de custos entre uma e outra solução, retirar ao consumidor a faculdade de opção, impondo-lhe a solução menos dispendiosa. A simples remissão para o art. 334.º é manifestamente insuficiente para fazer aplicar estes critérios.

[57] A Directiva teve dificuldades na unificação dos prazos, uma vez que eles eram muito variados nas legislações europeias. Assim, enquanto a Alemanha, Áustria, Espanha, Portugal e Grécia estabeleciam um prazo de caducidade de seis meses, a Dinamarca fixava-o em um ano, a Suécia em dois, a Inglaterra e a Irlanda em seis, e a França, Bélgica, Holanda, Luxemburgo e Finlândia admitiam a sua duração indefinida. Cfr. TONNER, *BB* 1999, p. 1774.

prazo semelhante para os móveis, o qual é, porém, fixado em cinco anos para os imóveis, sendo que, no caso de cosia móvel usada, este prazo pode ser reduzido a um ano, por acordo das partes (art. 5.°, n.° 2 D.L. 67/2003). Este prazo de dois anos não constitui, porém, um prazo de garantia do bom estado ou do bom funcionamento dos bens por esse período, uma vez que o art. 3.°, n.° 1, do D.L. 67/2003, que transpõe o art. 3.°, n.° 1 da Directiva, refere expressamente que o vendedor só é responsável por defeitos já existentes no momento da entrega do bem[58]. Há, no entanto, uma presunção estabelecida no art. 3.°, n.° 2 do D.L. 67/2003, que "as faltas de conformidade que se manifestem num prazo de dois ou cinco anos a contar da data de entrega de cosia móvel corpórea ou de coisa imóvel, respectivamente, presumem-se existentes nessa data, salvo quando tal for incompatívelo com a natureza da coisa ou com as caracterísiticas da falta de conformidade[59].

Este prazo é um prazo material relativo à manifestação da falta de conformidade, e não um prazo de caducidade, ainda que se admita a hipótese de, de acordo com a legislações nacionais, esse prazo funcionar igualmente como prazo de caducidade para o exercício dos direitos acima referidos (art. 5.°, n.° 1 da Directiva), podendo ainda essas legislações estabelecer obrigatoriamente um prazo para a denúncia da falta de conformidade, a partir do momento em que ela é detectada que é fixado em dois meses (art. 5.°, n.° 2, da Directiva)[60]. O nosso legislador utilizou essa faculdade, pelo que o art. 5.°, n.° 3, do D.L. 67/2003 vem determinar que "para exercer os seus direitos, o consumidor deve denunciar ao vendedor a falta de conformidade num prazo de dois meses, caso se trate de um bem móvel, ou de um ano, se se tratar de um bem imóvel, a contar da data em que a tenha detectado", acrescentando o n.° 4 que os direitos conferidos ao consumidor caducam findo qualquer dos prazos sem que o

---

[58] Neste sentido, vide expressamente STAUDENMEYER, *NJW* 1999, p. 2396, e em GRUNDMANN/MEDICUS/ROLLAND, *op. cit.*, pp. 39-40.

[59] Este novo regime fica aquém do anteriormente estabelecido pelo Direito Nacional que, além de admitir a estipulação com base nos usos de uma garantia de bom funcionamento (art. 921.º, n.º 1 do Código Civil) determina expressamente que, no âmbito dos contratos celebrados com os consumidores, o fornecedor de bens móveis não consumíveis é obrigado a garantir o seu bom estado e o seu bom funcionamento por período não inferior a um ano, sendo a garantia mínima de cinco anos para os imóveis" (art. 4.º, n.ºs 2 e 3 LDC, na sua anterior redacção).

[60] STAUDENMEYER, *NJW* 1999, p. 2396 e em GRUNDMANN/MEDICUS/ROLLAND, *op. cit.*, p. 41 qualifica este como um dos pontos fracos da Directiva.

consumidor tenha feito a denúncia, ou decorridos sobre esta seis meses. Esses prazos são no entanto suspensos durante o período em que o consumidor se encontrar privado do uso dos bens em virtude das operações de reparação da coisa (art. 5.°, n.° 5 D.L. 67/2003).

6. A responsabilidade directa do produtor

A Directiva 1999/44/CE não consagrou qualquer responsabilidade directa do produtor perante o consumidor pelos defeitos da coisa produzida, uma vez que o seu art. 4.° apenas admite responsabilizar o produtor por via indirecta, através do direito de regresso do vendedor sobre ele, estabelecido no art. 4.° da Directiva. Esta constitui, no entanto, uma solução intermédia, já que o considerando (23) admite como hipótese a considerar estabelecer a responsabilidade directa do produtor pelos defeitos de que é responsável, solução que constava igualmente do Livro Verde.

O nosso legislador, seguindo o anteprojecto de PAULO MOTA PINTO[61], optou, porém, por se adiantar em relação à solução da Directiva e consagrar já a responsabilidade directa do produtor perante o consumidor, o que fez no art. 6.° do D.L. 67/2003. Essa é efectivamente a solução que faz mais sentido, uma vez que os custos dos defeitos dos produtos devem ser ressarcidos por quem os causou, e na maioria dos casos é o produtor o efectivo responsável por estes, não se justificando que perante a Directiva o consumidor tenha o vendedor como único responsável pelos defeitos, o que só se pode justificar com base no velho princípio da relatividade dos contratos[62]. Na verdade, hoje em dia a concorrência estabelece-se essencialmente entre produtos e não entre vendedores, e é extremamente questionável que relativamente a erros de produção do bem o vendedor suporte sozinho a responsabilidade quando, na maioria dos casos, recebe

---

[61] Cfr. PAULO MOTA PINTO, *Cumprimento*, pp. 58 e ss.

[62] Cfr. GERT BRÜGGERMEIER, *JZ* 1999, pp. 532 e ss. que acentua o facto de a Directiva não admitir qualquer possibilidade de reacção do consumidor perante a falência do vendedor, solução que a figura da *action directe*, admitida nos direitos francês, belga, finlandês e luxemburguês permitiria resolver. Salienta, no entanto, TWIGG-FLESSNER, em *Consum.L.J.* 1999, p. 190, que em certos casos a responsabilidade do produtor seria descabida, como na hipótese do art. 2.°, n.º 2 b), em que não faz qualquer sentido que o produtor seja responsabilizado pelo destino que o consumidor quis dar ao bem e que comunicou ao vendedor.

os bens embalados e nunca os chega sequer a ver[63]. É, por isso, de aplaudir a solução instituída pelo legislador português.

O art. 6.°, n.° 1, do D.L. 67/2003 vem assim estabelecer que, sem prejuízo dos direitos que lhe assistem perante o vendedor, pode o consumidor que tenha adquirido coisa defeituosa optar por exigir do produtor, à escolha deste, a sua reparação ou substituição, acrescentando o n.° 3 que o representante do produtor no domicílio do consumidor é com este solidariamente responsável. O produtor é definido no n.° 4 em termos semelhantes aos do art. 2.° do D.L. 383/89, de 6 de Novembro, alterado pelo D.L. 131/2001, de 24 de Abril, como "o fabricante de um bem de consumo, o importador do bem de consumo no território da Comunidade qualquer outra pessoa que se apresente como produtor através da indicação do seu nome, marca ou outro sinal identificador do produtor" (art. 6.°, n.° 4, do D.L. 67/2003). É considerado representante do produtor, nos termos do art. 6.°, n.° 5, do D.L. 67/2003, "qualquer pessoa singular ou colectiva que actue na qualidade de distribuidor comercial do produtor e ou centro autorizado de serviço pós-venda, à excepção dos vendedores independentes que actuem apenas na qualidade de retalhistas".

Os direitos de exigir a restituição ou a reparação da coisa podem assim ser, em alternativa, exercidos contra o produtor solidariamente com o seu rep.° resentante, mas nesse caso cabe integralmente a estes optar entre a reparação ou a substituição da coisa. Relativamente aos outros direitos atribuídos ao consumdor pelo art. 4.° do D.L. 67/2003 (redução do preço e resolução do contrato), bem como a indemnização referida no art. 12.°, n.° 1 da LDC já não parece que possam ser exercidos contra o produtor ou o seu representante. Efectivamente, o art. 12.°, n.° 2, da LDC limita a responsabilidade do produtor aos casos previstos na lei e o D.L. 383/89, de 6 de Novembro, alterado pelo D.L. 131/2001, de 24 de Abril, apenas prevê no seu art. 8.° a responsabilidade do produtor em caso de morte ou lesão corporal e danos causados em coisa diversa do produto defeituoso, não abrangendo assim os danos no próprio produto defeituoso. A respon-sabilidade do produtor e representante é assim limitada à substituição e reparação da coisa e não à indemnização pelos danos resultantes do não aproveitamento do produto defeituoso. Ora, se faz sentido que não possam ser exercidos contra o produtor os direitos de redução do preço e resolução do contrato – uma vez que, por natureza, têm como destinatário o vendedor enquanto contraparte do contrato – não

---

[63] Cfr. LEHMANN, *JZ* 2000, p. 291.

vemos razão para excluir o exercício do direito de indemnização contra o produtor, em solidariedade com o vendedor.

Limitada assim a responsabilidade directa do produtor seu representante à reparação ou substituição da coisa, à escolha deste, essa responsabilidade vem a ser, no entanto, excluída em certas situações previstas no art. 6.º, n.º 2, do D.L. 67/2003, parcialmente coincidentes com o art. 5.º do D.L. 383/89. São estas:

a) Resultar o defeito exclusivamente de declarações do vendedor sobre a coisa e sua utilização, ou de má utilização;
b) não ter colocado a coisa em circulação;
c) Poder considerar-se, tendo em conta as circunstâncias, que o defeito não existia no momento em que colocou a coisa em circulação;
d) não ter fabricado a coisa para venda nem para qualquer outra forma de distribuição com fins lucrativos, ou não a ter fabricado ou distribuído no quadro da sua actividade profissional;
e) terem decorridos mais de dez anos sobre a colocação da coisa em circulação.

Nestas hipóteses, o produtor ou o seu representante podem assim negar-se a satisfazer a pretensão do consumidor, o que não impede que o produtor não seja responsável perante o vendedor nos termos do direito de regresso, de que falarei em seguida.

7. O direito de regresso do vendedor final

Uma inovação bastante importante do novo regime é o direito de regresso do vendedor final, consagrado no art. 4.º da Directiva 1999/44 e agora transposto pelo art. 7.º do D.L. 67/2003[64].

Efectivamente, esta norma estabelece, no seu n.º 1, que, quando o vendedor final tiver satisfeito ao consumidor um dos direitos previstos no art. 4.º bem como a pessoa contra quem foi exercido o direito de regresso

---

[64] Cfr. sobre esta nova figura RUI PINTO DUARTE, "O direito de regresso do vendedor final na venda para consumo", na *Themis*, ano II, n.º 4, 2001, pp. 173-194 e PAULO MOTA PINTO, "O direito de regresso do vendedor final de bens de consumo" na *ROA* 62 (2002), pp. 143-199, e em AAVV, *Estudos dedicados ao Prof. Doutor Mário Júlio de Almeida Costa*, Lisboa, 2002, pp. 1177-1225.

gozam de direito de regresso contra o profissional a quem adquiriram a coisa, por todos os prejuízos causados pelo exercício daqueles direitos. Verifica-se assim que, apesar de se impor ao vendedor uma responsabilidade objectiva perante o consumidor pela falta de conformidade resultante de um acto ou omissão do produtor, de um vendedor anterior da mesma cadeia contratual, ou de qualquer outro intermediário, o vendedor final que satisfaça essa obrigação tem direito de regresso contra a pessoa ou pessoas responsáveis da cadeia contratual. Nos termos do art. 7.°, n.° 3, do D.L. 67/2003, estabelece-se, porém, que o demandado pode afastar o direito de regresso provando que o defeito não existia quando entregou a coisa ou, se o defeito for posterior à entrega, que não foi causado por si. Pode-se assim, concluir que o direito de regresso do vendedor final não depende da demonstração da culpa dos demais participantes na cadeia contratual, sendo antes uma responsabilidade solidária por garantia, independente de culpa, ainda que se a culpa de alguém puder ser demonstrada recairá em último grau sobre ele a responsabilidade, de acordo com as regras gerais[65]

A Directiva 1999/44 deixou por resolver a questão de como exercer o regresso, se o vendedor tivesse sido responsabilizado com base na presunção de que os defeitos surgidos em determinado prazo após a entrega já existiam nessa data mas não conseguisse demonstrar a responsabilidade dos seus antecedentes na cadeia contratual. O art. 7.° n.° 2 do D.L. 67/2003 vem, porém, resolver esse problema, estabelecendo que a presunção do n.° 2 do art. 3.° aproveita também ao titular do direito de regresso, o que implica vir a presumir-se igualmente na relação entre produtor e vendedor que os defeitos surgidos no prazo de dois ou cinco anos após a entrega da coisa ao consumidor já existiam antes dessa data.

O art. 4.°, n.° 2, da Directiva 1999/44 vem precisar que o responsável ou os responsáveis contra quem o vendedor tem direito de regresso, bem como as respectivas acções e condições de exercício serão determinados pela legislação nacional. Conforme resulta *a contrario* do art. 7.°, n.° 1, da Directiva e é explicitado no considerando 9, este direito de regresso não é imperativo, podendo o vendedor a ele renunciar, já que a Directiva não prejudica o princípio da liberdade contratual, que continua a vigorar nas relações entre o vendedor, o produtor, um vendedor anterior ou qualquer outro intermediário. A solução da Directiva

---

[65] Cfr. EHMANN/RUST, *JZ* 1999, p. 863.

não deixou, no entanto, de suscitar a crítica de ter aberto a porta a que outros participantes na cadeia contratual venham através de cláusulas contratuais gerais a derrogar este direito de regresso, como na hipótese de fornecimento de produtos por grandes distribuidores a pequenos vendedores, caso em que seria platónica a invocação do princípio da liberdade contratual[66]. Aceitando estas críticas, o legislador português veio, no art. 7.º, n.º 4, do D.L. 67/2003 a estabelecer que "sem prejuízo do regime das cláusulas contratuais gerais, o acordo pelo qual se exclua ou limite antecipadamente o exercício do direito de regresso só produz efeitos se for atribuída ao seu titular uma compensação adequada". É assim expressamente ressalvada a aplicação da LCCG à exclusão do direito de regresso, e condiciona-se mesmo a sua exclusão ou limitação antecipada nos contratos singulares ao pagamento ao seu titular de uma compensação adequada por essa derrogação.

A Directiva deixou ainda, neste âmbito, por resolver a questão de o consumidor poder instaurar a acção no fim do prazo de garantia, caso em que sob pena de se inviabilizar o regresso, terá que se considerar que ele não é precludido pelo prazo de garantia[67]. O nosso legislador veio no art. 8.º, n.º 2, do D.L. 67/2003 resolver esta questão, determinando que o profissional pode exercer o seu direito num prazo de cinco anos a contar da entrega da coisa pelo profissional demandado, prazo esse que se suspende durante o processo em que o vendedor final seja parte (art. 8.º, n.º 4, do D.L. 67/2003). O profissional tem, no entanto, um prazo de dois meses a contar da data da satisfação do direito ao consumidor para exercer o regresso

Este direito de regresso pode ser dogmaticamente justificado com a consideração de que existe uma relação quase-contratual entre produtor e consumidor final, através da qual se estabelece o regresso.

---

[66] Cfr. FABER, em *JBl.* 1999, p. 429 e nota (140), e EHMANN/RUST, *JZ* 1999, p. 861. Estes últimos autores propuseram que passasse a ser proibida a exclusão do direito de regresso do vendedor final através de cláusulas contratuais gerais.

[67] Neste sentido, FRANCESCO A. SCHURR, em *ZfRV* 1999, 6, pp. 227. Chama, no entanto, NORBERT REICH, *NJW* 1999, p.403, a atenção para o facto de que os prazos de caducidade da garantia são estabelecidos genericamente para todas as vendas comerciais, pelo que se torna difícil ultrapassar essa regra para o caso do direito de regresso, face ao posterior exercício da garantia na venda de bens de consumo.

8. As garantias comerciais

A Directiva 1999/44 sentiu necessidade, conforme se refere no considerando (21), por razões de disciplina da concorrência e de instituição da transparência nas relações com os consumidores, de vir igualmente regular o regime das garantias comerciais[68], ou seja, os certificados de garantia que são habitualmente fornecidos aquando da compra de certos bens de consumo como electrodomésticos ou automóveis, o que levou a que o art. 6.º da Directiva disponha sobre essa matéria. Efectivamente, a prática tem demonstrado que, apesar de normalmente esses documentos nada mais estabelecerem do que a previsão da garantia legal de que o consumidor goza, quando não estabelecem mesmo restrições inadmissíveis a essa garantia, permitem, no entanto, ao consumidor exercer mais facilmente os seus direitos perante o vendedor que apenas tende a aceitar as reclamações se lhe for exibido um válido certificado de garantia[69].

Transpondo o art. 6.º da Directiva, o 9.º, n.º 1, do D.L. 67/2003, refere que "a declaração pela qual o vendedor, o fabricante ou qualquer intermediário promete reembolsar o preço pago, substituir, reparar ou ocupar-se de qualquer modo da coisa defeituosa vincula o seu autor nas condições constantes dela e da correspondente publicidade". Comparando esta norma com a definição de garantia no art. 1.º, n.º 2 e) Directiva 1999/44, que considera como tal "qualquer compromisso assumido por um vendedor ou um produtor perante o consumidor, sem encargos adicionais para este, de reembolsar o preço pago, substituir, reparar ou ocupar-se de qualquer modo de um bem de consumo, no caso de este não corresponder às condições enumeradas na declaração de garantia ou na respectiva publicidade", verifica-se que a definição de garantia do D.L. 67/2003 é mais ampla que a constante da Directiva. O regime português abrange assim não apenas garantias voluntariamente prestadas pelo produtor e vendedor que ultrapassem o conteúdo da denominada garantia legal, mas ainda as garantias que impliquem uma prestação suplementar a pagar pelo consumidor, como acontece na prática jurídica inglesa, ou as garantias prestadas por terceiro, como sucede com os contratos de

---

[68] Ainda que, conforme salienta TWIGG-FLESNER, *Consum. L. J.* 1999, p. 185, a intervenção da Directiva neste âmbito, tenha sido mais no campo procedimental do que susbstantivo, uma vez que se a Directiva contém regras sobre a eficácia e a forma de apresentação das garantias, praticamente nada dispõe sobre o seu conteúdo.

[69] Salienta este aspecto, HONDIUS, *op. cit.*, n.º 10.

seguro, quando nenhuma destas últimas realidades é abrangida pela Directiva[70].

Na sequência do art. 6.° da Directiva, o art. 9.° do D.L. 67/2003 vem assim estabelecer que estas garantias vinculam juridicamente as pessoas que as oferecem, nas condições constantes da declaração de garantia e da publicidade correspondentes. Esta eficácia das garantias oferecidas encontrava, porém, claramente instituída no nosso Direito, tendo-se defendido que ela poderia considerar-se resultante da eficácia da promessa pública, prevista no art. 459.° do Código Civil[71]. Relativamente às garantias constantes da publicidade, a sua integração nos contratos de consumo já se encontra prevista no art. 7.°, n.° 5 da Lei 24/96, de 31 de Julho.

Nos termos do art. 9.°, n.° 2, do D.L. 67/2003, a garantia deve ser entregue ao consumidor por escrito ou em outro suporte duradouro, impondo o art. 9.°, n.° 3, do D.L. 67/2003, uma série de requisiitos, por razões de transparência. Assim, as garantias devem, além de estabelecer, em linguagem clara e concisa a língua portuguesa, o conteúdo da garantia e os elementos necessários à sua aplicação, a duração e a extensão territorial dela, bem como o nome e endereço da pessoa que oferece a garantia, declarar ainda que o consumidor goza dos direitos previstos no presente diploma e especificar que esses direitos não são afectados pela garantia[72].

---

[70] Cfr. STAUDENMAYER, *NJW* 1999, p. 2394 e em GRUNDMANN/MEDICUS/ROLLAND, *op. cit.*, p. 33.

[71] Cfr. CARLOS FERREIRA DE ALMEIDA, *Texto*, II, pp. 959 e ss. Pelo contrário, no Direito Alemão, NORBERT REICH, *NJW* 1999, p. 2402, entendeu que se tornava necessário alterar a parte geral do Direito das Obrigações em ordem a estabelecer a eficácia do negócio jurídico unilateral constitutivo da garantia. A transposição efectuada pela *Gesetz zur Modernisierung des Schuldrechts*, limitou-se a regular este aspecto, quer no regime geral da compra e venda (novo § 443 BGB), quer no da venda de bens de consumo (novo § 477 BGB).

[72] Conforme demonstra TWIGG-FLESNER, *Consum. L. J.* 1999, p. 187 esta disposição abre a porta à fraude nesta área, uma vez que a garantia comercial não é normalmente prestada pelo vendedor, mas antes pelo produtor, que não é responsável perante o consumidor no âmbito da Directiva. Assim, basta ao produtor oferecer uma garantia comercial de conteúdo muito mais restrito do que o estabelecido na Directiva e estabelecer que essa garantia não prejudica os direitos do consumidor perante o vendedor, para cumprir o estabelecido nesta disposição. O consumidor, que normalmente ignora os seus direitos, tenderá a apenas usar a garantia comercial, esquecendo-se de exercer os seus direitos perante o vendedor. Não se vê, por que razão não proibiu a Directiva que as garantias comerciais fossem estabelecidas em termos inferiores à garantia legal.

Se a garantia não obedecer aos requisitos de transparência referidos, tal não afecta a sua validade, podendo o consumidor continuar a invocá-la e a exigir a sua aplicação (art. 9.º, n.º 5, D.L. 67/2003). Outra solução não faria sentido, uma vez que sendo o objectivo deste regime o fornecimento de informação ao consumidor, naturalmente que a sua infracção não poderia ter como consequência a invalidade da garantia, como se prevê genericamente no art. 220.º do Código Civil. A omissão terá, por isso, apenas como consequência a responsabilidade civil do vendedor ou oferente da garantia.

9. Carácter injuntivo do regime da venda de bens de consumo

Conforme bem se compreenderá, as disposições de protecção ao consumidor caracterizam-se pelo seu carácter injuntivo, uma vez que, sendo este uma parte mais fraca, leiga ou profana, naturalmente que seria fácil a um profissional obter dele a derrogação das normas supletivas instituídas em seu benefício. Assim, como normalmente sucede na legislação de protecção ao consumidor, também a Directiva 1999/44/CE vem estabelecer que as cláusulas contratuais e os acordos celebrados com o vendedor, antes da falta de conformidade lhe ser comunicada que, directa ou indirectamente, excluam ou limitem os direitos dela resultantes não vinculam, nos termos previstos na legislação nacional, o consumidor (art. 7.º, n.º 1 da Directiva). Transpondo esta solução, o art. 10.º do D.L. 67/2003, refere que "sem prejuízo do regime das cláusulas contratuais gerais é nulo o acordo ou cláusula contratual pelo qual antes da denúncia da falta de conformidade ao vendedor se excluam ou limitem os direitos do consumidor previstos no presente diploma". Assim, por exemplo, cláusulas como a que estabelece que o bem é "vendido no estado em que se encontra" são igualmente vedadas nesta sede uma vez que, se não excluem expressamente os direitos do consumidor, conduzem praticamente ao mesmo resultado[73].

---

[73] Cfr. FABER, em JBl 1999, p. 426 e STAUDENMEYER, *NJW* 1999, p. 2397 e em GRUNDMANN/MEDICUS/ROLLAND, *op. cit.*, p. 45. A proibição da derrogação do regime da Directiva por acordos individuais merece a crítica de CLAUS-WILHELM CANARIS, "Wandlungen des Schuldvertragsrecht – Tendenzen zu seiner "Materialisierung"" em *AcP* 200 (2000), pp. 276-364 (362 e ss.) que chega a considerar a Directiva inconstitucional perante o Direito alemão, por atentar contra a liberdade contratual.

A nulidade é, porém, atípica uma vez que apenas pode ser invocada pelo consumidor ou seus representantes (art. 10.º, n.º 2 do D.L. 67/2003 e art. 16.º, n.ºs 2 e 3 da Lei 24/96, de 31 de Julho).

Essa proibição de derrogação sofre, no entanto, uma atenuação em relação aos bens em segunda mão, já que, na sequência de um compromisso obtido no Conselho, relativamente a eles o art. 7.º, n.º 1 da Directiva admite que os Estados-membros permitam que as partes possam convencionar um encurtamento dos prazos de garantia, os quais, não pode ser, no entanto, ser estabelecidos abaixo de um ano[74], solução que o nosso legislador veio a acolher no art. 5.º, n.º 2, do D.L. 67/2003. É de referir, no entanto, que esta disposição só se refere às vendas em segunda mão efectuadas por profissionais a consumidores, uma vez que as vendas em segunda mão que frequentemente se realizam entre particulares ficam fora do âmbito de aplicação da legislação protectora do consumidor[75].

O art. 7.º, n.º 2 da Directiva tem ainda o cuidado de especificar uma proibição de o regime dela constante ser derrogado através da escolha pelas partes da lei de um Estado não membro, sempre que o contrato apresente uma conexão estreita com a lei de um dos Estados membros, determinando que os Estados as medidas necessárias para evitar essa derrogação. Esta norma, habitual neste tipo de Directivas, leva naturalmente à qualificação deste regime como correspondendo a normas de aplicação imediata deste regime, conforme aliás o art. 11.º do D.L. 67/2003 expressamente prevê.

---

[74] Conforme acima se referiu, o considerando (16) exclui o direito de substituição em relação a estes bens. É de referir, no entanto, que EHMANN/RUST, *JZ* 1999, p. 860 criticam a manutenção da injuntividade neste tipo de bens, considerando que a solução se pode revelar anti-económica, já que no mercado de carros usados o comprador poderia optar por comprar um carro com um seguro especial a assegurar o seu funcionamento ou sem esse seguro por um preço inferior. A Directiva, ao estabelecer injuntivamente a garantia implicará que os vendedores façam sempre repercutir nos compradores esse custo.

[75] Cfr. STAUDENMEYER, *NJW* 1999, p. 2397 e em GRUNDMANN/MEDICUS/ROLLAND, *op. cit.*, p. 45.

BIBLIOGRAFIA

ALMEIDA, CARLOS FERREIRA DE, *Os Direitos dos consumidores*, Coimbra, Almedina, 1982
— *Texto e enunaciado na teoria do negócio jurídico*, I, Coimbra, Almedina, 1992
— "Orientações de política legislativa adoptadas pela Directiva 1999/44/CE sobre venda de bens de consumo. Comparação com o Direito Português vigente" na *Themis*, ano II, n.º 4 (2001), pp. 109-120
BRADGATE, ROBERT, "Consumer Guarantees: the EC's draft Directive" em 1997 *Web Journal of Current Legal Issues*, 1, disponível em http://webjcli.ncl.ac.uk/1997/issue1/bradgate1.html,
BRUGGEMEIER, GERT, "Zur Reform des deutschen Kaufsrechts – Herausforderung durch die EG-Verbrauchsguterkaufrichtlinie", em *JZ* 2000, pp. 529-538
CANARIS, CLAUS-WILHELM, "Wandlungen des Schuldvertragsrecht – Tendenzen zu seiner "Materialisierung"" em *AcP* 200 (2000), pp. 276-364
CORDEIRO, ANTÓNIO MENEZES, *Tratado de Direito Civil Português*, I – *Parte Geral*, t. 2- *Coisas*, Coimbra, Almedina, 2000
EHMANN, HORST/ RUST, ULRICH, "Die Verbrauchsguterkaufrichtlinie", em *JZ* 1999, pp. 853-864
FABER, WOLFGANG, "Zur Richtlinie bezüglich Verbrauchsgüterkauf und Garantien für Verbrauchsgüter" em *JBl* 1999, pp. 413-433
FRANK, JERÔME, "Directive 1999/44 du 25 Mai 1999 sur certains aspects de la vente et des garanties des biens de consommation JOCE L 171, 7 Juillet 1999" em FACULDADE DE DIREITO DA UNIVERSIDADE DE COIMBRA, *Estudos de Direito do Consumidor*, n.º 2, 2000, pp. 159-180
HONDIUS, EWOUD H., "Consumer Guarantees: Towards a European Sale of Goods Act" (1996), disponível em http://www.cnr.it/CRDCS/frames18.htm, n.º 1,
LEHMANN, MICHAEL, "Informationsverantwortung und Gewährleistung für Werbeangaben bei Verbrauchsgüterkauf", em *JZ* 2000, pp. 280-293
LEITÃO, LUÍS MENEZES, "*Caveat venditor?* A Directiva 1999/44/CE do Conselho e do Parlamento Europeu sobre a venda de bens de consumo e garantias associadas e suas implicações no regime jurídico da compra e venda", em ANTÓNIO MENEZES CORDEIRO/LUÍS MENEZES LEITÃO/JANUÁRIO DA COSTA GOMES, *Estudos em homenagem ao Prof. Doutor Inocêncio Galvão Telles*, I – *Direito Privado e Vária*, Coimbra, Almedina, 2002, pp. 263-303, igualmente publicado na *RDConsum* 43 (Julho-Setembro 2002), pp. 21-56
MACDONALD, ELIZABETH, "'In the course of a business' – a fresh examination" em 1999 *Web Journal of Current Legal Issues*, disponível em http://webjcli.ncl.ac.uk/1999/issue3/macdonald3.html3
MAGNUS, ULRICH, "Der Stand der internationalen Überlegungen: Die Verbrauchsgüterkauf-Richtlinie und das UN-Kaufrecht", em STEFAN GRUNDMANN/DIETER MEDICUS/WALTER ROLLAND (org.), *Europäisches Kaufgewährleistungsrecht: Reform und Internationalisierung des*

deustchen Schuldrechts, Köln/Berlin/Bonn/München, Heymanns, 2000, pp. 79-91

MARTINEZ, PEDRO ROMANO, *Direito das Obrigações (Parte especial). Contratos. Compra e venda, locação, empreitada*, 2ª ed., Coimbra, Almedina, 2001

— "Empreitada de consumo", na *Themis*, ano II, n.º 4 (2001), pp. 155-171

MONTEIRO, JORGE SINDE, "Proposta de Directiva do Parlamento Europeu e do Conselho relativa à venda e às garantias dos bens de consumo", *RJUM* 1 (1998), pp. 461-479

NIETZER, WOLF MICHAEL / STEIN, ANTONIA, "Richtlinie zum Verbrauchersguterkauf – Auswirkungen in Deutschland und Frankreich" in *ZvglRWiss* 99 (2000), pp. 41-50

PILZ, BURGHARD, "Neue Entwicklungen in UN-Kaufrecht", em *NJW* 2000, pp. 553-560

PINTO, PAULO MOTA, "Conformidade e garantias na venda de bens de consumo. A Directiva 1999/44/CE e o direito português" em FACULDADE DE DIREITO DA UNIVERSIDADE DE COIMBRA, *Estudos de Direito do Consumidor*, n.º 2, 2000, pp. 197-331

— *Cumprimento defeituoso do contrato de compra e venda. Anteprojecto de transposição da Directiva 1999/44/CE para o Direito Português. Exposição de motivos e articulado*, Lisboa, Instituto do Consumidor, 2002

— "O direito de regresso do vendedor final de bens de consumo" na *ROA* 62 (2002), pp. 143-199, e em AAVV, *Estudos dedicados ao Prof. Doutor Mário Júlio de Almeida Costa*, Lisboa, 2002, pp. 1177-1225

PRATA, ANA, "Venda de bens usados no quadro da Directiva 1999/44/CE" na *Themis*, ano II, n.º 4 (2001), pp. 145-153

SCHURR, Francesco A., "Die neue Richtlinie 99/44/EG über den Verbrauchsgüterkauf und ihre Umsetzung – Chancen und Gefahren für das deutsche Kaufrecht" em *ZfRV* 1999, 6, pp. 222-229

SEALY, L. S., "When is a sale made "in a course of a business"?", em *The Cambrigdge Law Journal* 1999, pp. 276-278

SILVA, JOÃO CALVÃO DA, *Responsabilidade civil do produtor*, Coimbra, Almedina, 1990

— *Compra e venda de coisas defeituosas. Conformidade e segurança*, Coimbra, Almedina, 2001

STAUDENMAYER, DIRK, "Die EG-Richtlinie über den Verbrauchsgüterkauf", na *NJW* 1999, pp. 2393-2397

—, "EG-Richtlinie 1999/44/EG zur Verienheilichung des Kaufgewährleistungsrechts", em STEFAN GRUNDMANN/DIETER MEDICUS/WALTER ROLLAND (org.), *Europäisches Kaufgewährleistungsrecht: Reform und Internationalisierung des deustchen Schuldrechts*, Köln/Berlin/Bonn/München, Heymanns, 2000, pp. 27-47.

TONNER, KLAUS, "Verbrauchsgüterkauf-Richtlinie und Europäisierung des Zivilrechts", em *BB* 1999, pp. 1769-1774 (1770-1771)
TWIGG-FLESNER, CHRISTIAN/BRADGATE, ROBERT, "The E.C. Directive On Certain Aspects of the Sale of Consumer Goods and Associated Guarantees – All Talk and No Do?", em 2000*Web Journal of Current Legal Issues*, 2, disponível na internet em http://webjcli.ncl.ac.uk/2000/issue2/flesner2.html
— "The E.C. Directive on Certain Aspects of the Sale of Consumer Goods and Associated Guarantees", em *Consumer Law Journal*, 1999, pp. 177-192
VICENTE, "Desconformidade e garantias na venda de bens de consumo: A Directiva 1999/44/CE e a Convenção de Viena de 1980" na *Themis*, ano II, n.º 4 (2001), pp. 121-144

LEI REGULADORA
DOS CONTRATOS DE CONSUMO*

DÁRIO MOURA VICENTE
Professor da Faculdade de Direito de Lisboa

SUMÁRIO: I – Posição do problema. II – Lei reguladora da substância dos contratos de consumo. III – Lei reguladora da existência e validade substancial dos contratos de consumo. IV – Lei reguladora da forma dos contratos de consumo. V – Contratos de adesão celebrados por consumidores. VI – Contratos de consumo concluídos através da Internet. VII – Contratos de *time-sharing*. VIII – Venda de bens de consumo. IX – A revisão da Convenção de Roma.

I – POSIÇÃO DO PROBLEMA

1. Propomo-nos examinar neste estudo algumas das questões que suscita a disciplina jurídica dos contratos de consumo em situações internacionais.

Procuraremos em primeiro lugar determinar a lei ou as leis aplicáveis à substância desses contratos – i. é, à definição dos direitos e obrigações deles emergentes –, à sua existência e validade substancial e às exigências de forma a que se encontram submetidos. Centraremos a nossa análise, na dilucidação destes problemas, na principal fonte da regulação jurídica desta matéria vigente entre nós: a Convenção de Roma

---

* Texto, com actualizações, da conferência proferida na Faculdade de Direito de Lisboa, em 17 de Dezembro de 2002, no *III Curso de Pós-Graduação em Direito do Consumo*.

de 1980 sobre a Lei Aplicável às Obrigações Contratuais, a que Portugal aderiu em 1992[1] e que se encontra em vigor no nosso país desde 1 de Setembro de 1994[2].

Ocupar-nos-emos em seguida dos problemas especiais postos pela determinação da lei aplicável aos contratos de adesão celebrados por consumidores, aos contratos de consumo concluídos através da Internet, aos contratos de *time-sharing* e à venda de bens de consumo.

Concluiremos o estudo com algumas observações acerca da revisão das disposições da Convenção de Roma atinentes aos conflitos de leis em matéria de contratos de consumo.

II– LEI REGULADORA DA SUBSTÂNCIA DOS CONTRATOS DE CONSUMO

2. Entre os objectivos que dominam a Convenção de Roma avulta a protecção do contraente mais débil[3].

Esta é assegurada, entre outras disposições, pelo art. 5.º da Convenção, que define a lei aplicável a certos contratos celebrados por consumidores. O n.º 1 desse preceito delimita o universo dos contratos a que o mesmo se refere, dispondo que o que nele se estabelece vale para os contratos que tenham por objecto o fornecimento de bens móveis corpóreos ou de serviços a uma pessoa, o consumidor, para uma finalidade

---

[1] Pela convenção assinada no Funchal em 18 de Maio de 1992, ratificada pelo Decreto do Presidente da República n.º 1/94, de 3 de Fevereiro. Posteriormente, aderiram à Convenção de Roma, pela convenção celebrada em Bruxelas em 29 de Novembro de 1996, ratificada pelo Decreto do Presidente da República n.º 153/99, de 2 de Julho, a Áustria, a Finlândia e a Suécia. Esta última Convenção entrou em vigor em Portugal em 1 de Fevereiro de 2000.

[2] Cfr. o Aviso do Ministério dos Negócios Estrangeiros n.º 240/94, in *Diário da República*, I Série-A, de 19 de Setembro de 1994.

[3] Sobre o tema, vejam-se: Fausto Pocar, «La protection de la partie faible en droit international privé», *Recueil des Cours de l'Académie de la Haie de Droit International*, tomo 188 (1984-V), pp. 339 ss.; Isabelle Pingel, «La protection de la partie faible en droit international privé (du salarié au consommateur)», *Droit Social*, 1986, pp. 133 ss.; Rui de Moura Ramos, «La protection de la partie contractuelle la plus faible en droit international privé portugais», in *Droit international et droit communautaire. Actes du colloque Paris 5 et 6 avril 1990*, Paris, 1991, pp. 97 ss.; idem, «Contratos internacionais e protecção da parte mais fraca no sistema jurídico português», in António Pinto Monteiro (coordenador), *Contratos: actualidade e evolução*, Porto, 1997, pp. 331 ss.

que possa ser considerada estranha à sua actividade profissional, bem como aos contratos destinados ao financiamento desse fornecimento.

A disposição em apreço aplica-se, pois, aos fornecimentos de bens móveis corpóreos e de serviços, bem como aos financiamentos desses fornecimentos, feitos a *consumidores em sentido estrito*[4], i. é, a pessoas que adquiram tais bens ou serviços para fins alheios à sua actividade profissional. Ela não inclui no seu escopo, por conseguinte, os fornecimentos de bens e serviços feitos para consumo do próprio adquirente na sua actividade profissional – solução que, aliás, não é imune à crítica, pois em muitos casos as razões que justificam a existência de um regime especial para os consumidores *stricto sensu* valem também para os profissionais que adquirem bens de consumo destinados à actividade que desenvolvem enquanto tais[5].

Fora do âmbito do preceito em apreço ficam, além disso, certos contratos celebrados por consumidores em sentido estrito, como a locação de bens móveis, a compra e venda de valores mobiliários e os financiamentos referentes a estas; o que se afigura igualmente carecido de justificação[6].

A estas limitações acresce aqueloutra que o n.º 4 do art. 5.º da Convenção enuncia: por força do que aí se dispõe, o preceito em causa não se aplica ao contrato de transporte (salvo quando esse contrato estabeleça, por um preço global, prestações combinadas de transporte e de

---

[4] Veja-se sobre este conceito João Calvão da Silva, *Responsabilidade civil do produtor*, Coimbra, 1990, p. 59; idem, *Compra e venda de coisas defeituosa (conformidade e segurança)*, Coimbra, 2001, pp. 112.

[5] Cfr., sobre o ponto, Ole Lando, «Should Business Enterprises Benefit From Consumer Protection?», in Ingeborg Schwenzer/Günter Hager (organizadores), *Festschrift für Peter Schlechtriem zum 70. Geburtstag*, Tubinga, 2003, pp. 577 ss.

[6] Tanto mais que esses contratos se encontram abrangidos pelas regras especiais de competência judiciária em matéria de contratos celebrados por consumidores constantes do Regulamento (CE) n.º 44/2001 do Conselho, de 22 de Dezembro de 2000 relativo à competência judiciária, ao reconhecimento e à execução de decisões em matéria civil e comercial: cfr. o art. 15.º, n.º 1, alínea *c)*, desse acto e, sobre o mesmo, os nossos estudos «A competência judiciária internacional em matéria de conflitos de consumo nas Convenções de Bruxelas e de Lugano: regime vigente e perspectivas de reforma», in *Estudos do Instituto de Direito do Consumo*, Coimbra, vol. I, 2002, pp. 107 ss. (reproduzido em *Direito Internacional Privado. Ensaios*, vol. I, Coimbra, 2002, pp. 267 ss.), e «Competência judiciária e reconhecimento de decisões estrangeiras no Regulamento (CE) n.º 44/2001», in *Scientia Iuridica*, 2002, pp. 347 ss. (reproduzido em *ibidem*, pp. 291 ss.).

alojamento: art. 5.º, n.º 5), nem ao contrato de prestação de serviços, quando os serviços devidos ao consumidor devam ser prestados exclusivamente num país diferente daquele em que este tem a sua residência habitual.

Acham-se também excluídos do âmbito do art. 5.º, em razão do disposto no art. 1.º, n.º 3, da Convenção, os contratos de seguro que cubram riscos situados no território dos Estados-Membros da Comunidade Europeia[7]. O art. 5.º é, porém, aplicável aos contratos de seguro concluídos por consumidores se os riscos por eles cobertos se situarem fora daquele território.

3. O preceito em análise procura garantir ao consumidor um *standard mínimo de protecção*: aquele que lhe é conferido pelas disposições imperativas da lei da sua residência habitual, o qual não pode ser derrogado através da escolha pelas partes de uma lei diferente. É o que resulta do n.º 2, nos termos do qual «[n]ão obstante o disposto no artigo 3.º, a escolha pelas Partes da lei aplicável não pode ter como consequência privar o consumidor da protecção que lhe garantem as disposições imperativas da lei do país em que tenha a sua residência habitual».

Repare-se que não se proíbe a escolha da lei aplicável (permitida pelo artigo 3.º da Convenção) nem se manda aplicar, quando as partes escolham a lei aplicável, a totalidade das disposições da lei referida neste preceito, mas tão-só aquelas dentre essas disposições que confiram ao consumidor uma protecção superior à da lei escolhida. Por isso se nos afigura que o *favor consumatoris* consignado neste preceito se reconduz à garantia a esse sujeito de uma *protecção mínima*.

A aplicação das disposições imperativas da lei da residência habitual do consumidor tem lugar, quando tiver sido escolhida outra lei, sempre que as mesmas consagrem em benefício desse sujeito um grau de protecção mais elevado do que aquele que decorre da lei reguladora do contrato; o que pressupõe uma comparação (a *Günstigkeitsvergleich* de que falam os autores germânicos[8]), a empreender pelo julgador

---

[7] A lei aplicável a esses contratos é entre nós definida pelos arts. 188.º e seguintes do D.L. n.º 94-B/98, de 17 de Abril, que regula as condições de acesso e exercício da actividade seguradora e resseguradora no território da Comunidade Europeia, incluindo a exercida no âmbito institucional das zonas francas.

[8] Cfr., por último, Stefan Klauer, *Das europäische Kollisionsrecht der Verbraucherverträge zwischen Römer EVÜ und EG-Richtlinien*, Tubinga, 2002, pp. 16, 196 e 220 ss.

previamente à aplicação da regra de conflitos[9], e pode ter como consequência a aplicação aos contratos de consumo com carácter internacional de um *regime compósito*, resultante da combinação de preceitos extraídos de diferentes leis.

A insegurança que este sistema inevitavelmente implica é o preço da difícil conciliação dos princípios da autonomia privada e da protecção da parte mais fraca, que a Convenção procura levar a cabo.

4. Contudo, a aplicação das normas de protecção da lei do país da residência habitual do consumidor não tem lugar em todo e qualquer caso, mas tão-só quando se verifiquem certas condições, enunciadas nos parágrafos subsequentes do n.º 2 do art. 5.º, a saber: *a)* ter a celebração do contrato sido precedida, nesse país, de uma proposta que lhe foi especialmente dirigida ou de um anúncio publicitário e ter o consumidor executado nesse país todos os actos necessários à celebração do contrato; *b)* ter a outra parte ou o respectivo representante recebido o pedido do consumidor nesse país; ou *c)* consistindo o contrato numa venda de mercadorias, ter-se o consumidor deslocado a um país diverso do da sua residência habitual e aí feito o pedido, desde que a viagem tenha sido organizada pelo vendedor com o objectivo de o incitar a comprar.

No fundo, o sujeito que se visa proteger não é qualquer consumidor, mas tão-só aquele a que já se tem chamado o *consumidor passivo*[10], i. é, o consumidor que, a fim de adquirir bens ou serviços, não sai do país onde habitualmente reside (onde é procurado pelo fornecedor), ou só sai dele no âmbito de uma viagem organizada pelo próprio fornecedor.

Aos contratos celebrados por consumidores em país diverso do da sua residência habitual – *v.g.* as compras feitas por turistas em viagem por países estrangeiros – não são em princípio aplicáveis, à luz do se acabou de dizer, as normas de protecção vigentes no país da sua residência habitual.

---

[9] Cfr. Erik Jayme, «Les contrats conclus par les consommateurs et la Convention de Rome sur la loi applicable aux obligations contractuelles», in *Droit international et droit communautaire. Actes du colloque Paris 5 et 6 avril 1990*, Paris, 1991, pp. 77 ss. (p. 82).

[10] Cfr. Dieter Martiny, «Europäisches Internationales Vertragsrecht – Erosion der Römischen Konvention?», *Zeitschrift für Europäisches Privatrecht*, 1997, pp. 107 ss. (p. 121); Kurt Siehr, *Internationales Privatrecht*, Heidelberga, 2001, p. 148; Alfonso Calvo Caravaca/Javier Carrascosa González (directores), *Derecho Internacional Privado*, vol. II, 3.ª ed., Granada, 2002, p. 386; e Stefan Klauer, ob. cit. (n. 8), pp. 12, 50 e 90.

Compreende-se a razão de ser desta limitação: nessas hipóteses é, regra geral, o consumidor quem, ao deslocar-se a um país estrangeiro, onde adquire bens ou serviços, tacitamente *assume o risco* da aplicação da lei local, sendo que normalmente nenhuma expectativa digna de tutela jurídica terá na aplicação da lei do seu próprio país.

5. Pode, no entanto, suceder que os bens ou serviços que os contratos de consumo têm por objecto sejam devidos por uma pessoa singular ou colectiva cuja residência habitual, sede, administração central ou estabelecimento principal se situe no país da residência habitual do consumidor. A questão pôs-se em diversos casos julgados na última década pelos tribunais alemães, relativos a compras feitas por turistas alemães nas Canárias e em outros destinos turísticos (os *Gran Canaria--Fälle*)[11]. Tais compras haviam sido feitas em estabelecimentos comerciais locais por pessoas que a eles eram atraídas através de publicidade em língua alemã, sendo a entrega dos bens comprados devida no domicílio do adquirente por empresas sedeadas na Alemanha, a quem eram cedidos pelos vendedores os créditos adquiridos sobre os consumidores. Os contratos, redigidos também em alemão, previam a aplicação do Direito espanhol. Curava-se de saber se seria aplicável o § 1 da *Haustürwiderrufsgesetz*[12], que consagrava a favor dos consumidores um direito de revogação do contrato, ao tempo não previsto no Direito espanhol.

---

[11] Cfr., sobre esses casos, Alexander Lüderitz, «Internationaler Verbraucherschutz in Nöten», *IPRax*, 1990, pp. 216 ss.; Jochen Taupitz, «Kaffeefahrten deutscher Urlauber auf Gran Canaria: Deutscher Verbraucherschutz im Urlaubsgepäck?», *Betriebs-Berater*, 1990, pp. 642 ss.; Dagmar Coester-Waltjen, «Der Eskimo-Mantel aus Spanien – Ist der kollisionsrechtliche Verbraucherschutz zu kurz gestrickt?», in Bernhard Pfister/Michael R. Will (organizadores), *Festschrift für Werner Lorenz*, Tubinga, 1991, pp. 297 ss.; Gerald Mäsch, «Gran Canaria und kein Ende – Zur Sonderanknüpfung vorkonsensualer Elemente im internationalen Vertragsrecht nach Art. 31 Abs. 2 EGBGB», *IPRax*, 1995, pp. 371 ss.; Christoph Reithmann/Dieter Martiny, *Internationales Vertragsrecht*, 5.ª ed., Colónia, 1996, pp. 623 ss.; e Bernd von Hoffmann, *Internationales Privatrecht*, 7.ª ed., Munique, 2002, pp. 416 s.

[12] *Gesetz über den Widerruf von Haustürgeschäften und ähnlichen Geschäften*, de 16 de Janeiro de 1986. O preceito mencionado no texto corresponde ao actual § 312 do Código Civil alemão, na versão resultante da Lei para a Modernização do Direito das Obrigações (*Gesetz zur Modernisierung des Schuldrechts*), de 26 de Novembro de 2001, em vigor desde 1 de Janeiro de 2002.

Além disso, pode ocorrer que um consumidor residente habitualmente num Estado-Membro da Comunidade Europeia – por exemplo, a Alemanha – adquira bens ou serviços noutro Estado-Membro onde vigorem normas de protecção análogas às que seriam aplicáveis ao contrato no primeiro Estado – por exemplo, a França –; e que, não obstante isso, seja estipulada a aplicação da lei de um Estado ou território estranho à Comunidade Europeia, que não acolha tais regras – *v.g.* as Bahamas[13]. Nesta hipótese suscita-se a questão de saber se será legítimo recusar ao consumidor a protecção que lhe é conferida pelas únicas leis que têm com o contrato uma conexão espacial relevante.

Nenhum destes casos se encontra previsto no art. 5.º da Convenção; nem nos parece que os mesmos correspondam a lacunas susceptíveis de serem preenchidas por aplicação analógica desse preceito.

À uma, porque tal pressuporia a inexistência de um preceito directamente aplicável, o que não é o caso, como veremos em seguida.

Depois, porque as razões justificativas da aplicabilidade das normas de protecção da lei do país da residência habitual do consumidor, prevista no art. 5.º, não são procedentes nesses casos, por isso que o *papel activo* neles desempenhado pelo consumidor representa uma *nota diferenciadora* não desprezível relativamente às situações contempladas na disposição em apreço. Havemos, por isso, de concluir que esta disposição não é analogicamente aplicável a tais casos.

Nas hipóteses referidas será, no entanto, de admitir que, quando a residência habitual do consumidor se situe no Estado do foro, sejam aplicadas ao contrato as normas imperativas da lei local que lhe confiram uma protecção superior à que lhe é outorgada pela lei escolhida; e isso com fundamento na cláusula geral do art. 7.º, n.º 2, da Convenção, nos termos da qual o disposto nela «não pode prejudicar a aplicação das regras do país do foro que regulem imperativamente o caso concreto, independentemente da lei aplicável ao contrato».

Contra esta solução não pode invocar-se a consunção do art. 7.º da Convenção pelo seu art. 5.º, n.º 2.

Certo, entre os dois preceitos existe uma *relação de especialidade*[14]: referindo-se ambos a disposições imperativas, é o domínio de aplicação do

---

[13] O exemplo é de Paul Lagarde, «Le nouveau droit international privé des contrats après l'entrée en viguer de la Convention de Rome du 19 juin 1980», *Revue Critique de Droit International Privé*, 1991, pp. 287 ss. (p. 317).

[14] Vejam-se neste sentido Christian von Bar, *Internationales Privatrecht*, vol. II, Munique, 1991, p. 335, e Peter Kaye, *The New Private International Law of Contract of*

primeiro manifestamente mais extenso do que o do último, já porque o art. 7.º abrange contratos não compreendidos no âmbito do art. 5.º, já porque nele se prevê a atribuição de efeitos a disposições imperativas com primazia sobre as da lei reguladora do contrato, quer esta seja escolhida pelas partes quer seja designada por uma conexão objectiva.

No entanto, os interesses tutelados pelo art. 5.º não se contêm integralmente naqueles que o art. 7.º visa satisfazer: limitando-se a garantir à parte mais fraca na relação jurídica, no caso de ter havido escolha da lei aplicável, o *standard* de protecção assegurado pelas disposições imperativas de certa lei (a do país da residência habitual do consumidor), o art. 5.º, n.º 2, deixa por atender interesses de diversa ordem (*maxime* interesses colectivos), tutelados por disposições imperativas de outros Estados conexos com a situação a regular.

Por outro lado, nem todos os contratos celebrados por consumidores são abrangidos pelo disposto no art. 5.º, n.º 2, tão-só o sendo aqueles que preencham a previsão do n.º 1 desse preceito, hajam sido celebrados nas circunstâncias previstas no n.º 2 e não caibam em nenhuma das excepções formuladas no n.º 4.

O art. 7.º, n.º 2, da Convenção deve, por isso, ser interpretado no sentido de que faculta ao julgador a aplicação de normas imperativas do Estado do foro mesmo em matéria de contratos de consumo – desde, evidentemente, que se verifiquem na espécie os respectivos pressupostos[15].

---

the European Community, Aldershot, etc., 1993, p. 215. Tem interesse, a fim de se compreender a relação existente entre as normas mencionadas no texto, a explicação fornecida por Bernard Audit para a autonomização da segunda. Escreve este autor: «lorsqu'il existe une convergence suffisante des droits nationaux pour considérer une matière donnée comme "de police", en raison du nombre de règles impératives que l'on y trouve, le droit conventionnel européen est revenu à la méthode bilatéraliste pour assurer l'application globale de ces dispositions, et ce en formulant un rattachement spécial» (cfr. «Le Droit International Privé à fin du XXe siècle: progrès ou recul», *Revue Internationale de Droit Comparé*, 1998, pp. 421 ss., p. 443).

[15] Esta solução foi prevista pelos próprios relatores da Convenção: cfr. Mario Giuliano/Paul Lagarde, «Rapport concernant la convention sur la loi applicable aux obligations contractuelles», in *Jornal Oficial das Comunidades Europeias*, n.º C 282, de 31 de Outubro de 1980, nota 4 ao art. 7.º. Também Erik Jayme admite que o art. 29 da Lei de Introdução ao Código Civil alemão (EGBGB), preceito que corresponde ao art. 5.º da Convenção de Roma, não afasta o art. 34 da mesma (correspondente ao art. 7.º da Convenção): cfr. «Timesharing-Verträge im Internationalen Privat- und Verfahrensrecht», *IPRax*, 1995, pp. 234 ss., p. 236. Já Wulf-Henning Roth, embora reconheça que entre as

A nosso ver, essa aplicação há-de, em todo o caso, ser norteada por três ordens de preocupações fundamentais, a saber: *a)* evitar que por via dela não se frustre a ponderação de interesses que ditou a imposição de certas limitações ao âmbito da protecção reconhecida ao consumidor no art. 5.º; *b)* prevenir a contradição valorativa que adviria de se conceder ao consumidor, pelo que respeita a tipos contratuais não abrangidos pelo art. 5.º, uma protecção mais ampla do que aquela que lhe é conferida por este preceito quanto às situações por ele abrangidas; e *c)* assegurar a uniformidade da interpretação e aplicação da Convenção, consoante determina o art. 18.º desta.

Tenha-se presente, além disso, que, como verificaremos adiante, algumas das consequências mais nocivas da dita limitação à protecção

---

disposições imperativas a que se refere o art. 7.º, n.º 2, da Convenção se incluem normas de protecção dos consumidores, sustenta que no âmbito de aplicação deste preceito apenas cabem os tipos contratuais não abrangidos pelo art. 5.º (cfr. «Zum Verhältnis von Art. 7 Abs. 2 und Art. 5 des Römer Schuldvertragskonvention», *in* A. Schnyder/H. Heiss/B. Rudisch, *Internationales Verbraucherschutzrecht*, Tubinga, 1995, pp. 35 ss., pp. 42 e 49 s.). Vejam-se ainda, no sentido da aplicabilidade do art. 7.º da Convenção a contratos celebrados por consumidores: J. G. Sauveplanne, «Consumer Protection in Private International Law», *Netherlands International Law Review*, 1985, pp. 100 ss. (p. 114); Andrea Bonomi, *Le norme imperative nel diritto internazionale privato*, Zurique, 1998, pp. 179 ss.; e Stefan Klauer, ob. cit. (n. 8), p. 241. Na jurisprudência do Tribunal Federal alemão tem vingado o ponto de vista conforme o qual o art. 34 da EGBGB não é, em princípio, aplicável aos casos abrangidos pelo art. 29 desta lei: veja-se o acórdão de 26 de Outubro de 1993 (reproduzido em *IPRax*, 1994, pp. 449 ss., com anotações de Werner Lorenz em *ibidem*, pp. 429 ss., e de Wulf-Henning Roth, em *Recht der Internationalen Wirtschaft*, 1994, pp. 275 ss.). Mas isso não exclui, como se reconheceu no mesmo aresto, a aplicação do art. 34 da EGBGB às situações em que a regulamentação instituída pelo art. 29 se mostre lacunar («Eine Anwendung von Art. 34 EGBGB könnte deshalb dort erwogen werden, wo sich die Regelung des Art. 29 EGBGB als lückenhaft erweist»). Seria esse o caso, segundo afirmou aquele Tribunal no acórdão de 19 de Março de 1997 (*in Neue Juristische Wochenschrift*, 1997, pp. 1697 ss.; *Revue Critique de Droit International Privé*, 1998, pp. 610 ss., com anotação de Paul Lagarde; e *IPRax*, 1998, pp. 285 ss., com anotação de Werner Ebke, a pp. 263 ss.), de um caso em que a *Haustürwiderrufsgesetz* fosse invocada relativamente a um contrato de *time-sharing* celebrado por um consumidor – que o art. 29 não abrange, segundo aquela jurisdição –, desde que na espécie se verificasse um dos requisitos enunciados nos n.ºs 1 a 3 desse preceito, os quais correspondem aos três parágrafos do n.º 2 do art. 5.º da Convenção de Roma («Aus diesem Grund kann das Haustürgeschäftswiderrufsgesetz auf Verbraucherverträge, die – wie der hier in Rede stehende – nicht von Art. 29 I EGBGB erfasst werden, allenfalls dann über Art. 34 EGBGB Anwendung finden, wenn der Inlandsbezug die Voraussetzungen des Art. 29 I Nrn 1-3 erfüllt»).

instituída pelo art. 5.º da Convenção de Roma se acham hoje minimizadas em virtude de regras de conflitos especiais vigentes entre nós e noutros Estados-Membros da Comunidade Europeia, resultantes da transposição para as respectivas ordens jurídicas internas de Directivas comunitárias sectoriais, as quais prevalecem sobre as disposições da Convenção.

6. Se as partes não tiverem escolhido a lei aplicável, aplica-se, nos termos do n.º 3 do art. 5.º, a lei do país da residência habitual do con-sumidor, desde que se verifiquem as circunstâncias referidas no n.º 2 do mesmo artigo.

Afasta-se assim a regra geral, constante do art. 4.º da Convenção, nos termos do qual o contrato é regulado pela lei do país com o qual apresente a *conexão mais estreita* (n.º 1), «presumindo-se» que esta se verifica com o país onde o devedor da prestação característica tem, no momento da celebração do contrato, a sua residência habitual ou, se se tratar de uma sociedade, associação ou pessoa colectiva, a sua administração central, ou com o país onde se situa o seu estabelecimento principal, caso o contrato seja celebrado no exercício da actividade económica desse sujeito, ou com o país da situação de outro estabelecimento se o fornecimento da prestação for devido por este (n.º 2).

A regra do n.º 3 do art. 5.º justifica-se, a nosso ver, por dois motivos.

Em primeiro lugar, quando se verifiquem as circunstâncias referidas no n.º 2 desse preceito, dado o *enraizamento* do contrato de consumo no país da residência habitual do consumidor, a aplicação da lei deste país é conforme com o princípio da *conexão mais estreita* enunciado no n.º 1 do art. 4.º e com a salvaguarda das *legítimas expectativas* dos interessados.

Em segundo lugar, essa solução permite evitar a manipulação dos elementos de conexão referidos no n.º 2 do art. 4.º pelo co-contratante do consumidor em detrimento deste, sendo por isso conforme com o princípio da *protecção da parte mais fraca*.

Observe-se ainda a este respeito que, nos termos do art. 2.º da Convenção, a lei designada pelo art. 5.º, n.º 3, é aplicável mesmo que seja a lei de um Estado não contratante (sob reserva, bem entendido, de essa aplicação não ser manifestamente incompatível com a ordem pública do foro: art. 16.º da Convenção).

III – LEI REGULADORA DA EXISTÊNCIA E VALIDADE SUBSTANCIAL DOS CONTRATOS DE CONSUMO

7. Vejamos agora o regime da existência e validade substancial dos contratos de consumo.

No art. 8.º, n.º 1, da Convenção de Roma manda-se aplicar a essa matéria a hipotética lei reguladora da substância, i. é, a lei que será chamada a reger os efeitos obrigacionais do contrato se este tiver sido validamente celebrado.

A fim de saber, por exemplo, se a oferta ao consumidor de certos bens ou serviços corresponde a uma proposta contratual ou a um convite a contratar, há, assim, que consultar a lei designada pelo art. 5.º da Convenção.

A Convenção de Roma favorece deste modo a existência de um *estatuto contratual único*, como forma de evitar o surgimento das antinomias normativas a que o «desmembramento» das relações plurilocalizadas pode dar lugar[16].

A regra geral da aplicação da lei da substância à existência do contrato sofre, porém, uma restrição.

Na verdade, o art. 8.º, n.º 2, da Convenção de Roma submete cumulativamente a determinação do valor de um comportamento como declaração negocial à lei da residência habitual do sujeito a quem esse comportamento for imputável, se em face das circunstâncias não for razoável que o valor do mesmo seja aferido pela lei da substância.

Procura-se deste modo evitar que a uma pessoa possa ser imputada uma declaração negocial se não era esse o alcance da sua conduta ou omissão segundo a lei com cuja aplicação podia ou devia contar: a que vigora no país da sua residência habitual[17].

O preceito em apreço constitui, nesta medida, uma consagração do princípio da *tutela da confiança* nas situações plurilocalizadas[18].

---

[16] Sobre o problema vejam-se António Ferrer Correia, *Lições de Direito Internacional Privado*, vol. I, Coimbra, 2000, pp. 35 ss.; e, desenvolvidamente, Maria Helena Brito, *A representação nos contratos internacionais*, Coimbra, 1999, pp. 576 ss.

[17] Acerca deste assunto, consultem-se, na doutrina portuguesa, João Baptista Machado, *Lições de Direito Internacional Privado*, 4.ª ed., Coimbra, 1990, p. 352, e Luís de Lima Pinheiro, *Direito Internacional Privado*, vol. II, 2.ª ed., Coimbra, 2002, pp. 156 ss.

[18] Cfr. sobre o tema o nosso *Da responsabilidade pré-contratual em Direito Internacional Privado*, Coimbra, 2001, pp. 41 e ss., e a demais bibliografia aí referida.

Suponha-se, para exemplificar, que a empresa *A*, com sede em determinado país estrangeiro, propõe a *B*, residente em Portugal, a compra por este de certo bem. Na proposta indica-se que se considerará o contrato celebrado se o destinatário não a recusar dentro de certo prazo; e inclui-se nela a escolha da lei da sede de *A* para reger o contrato. De acordo com essa lei, a referida cláusula é, por hipótese, válida. Em Portugal, como se sabe, vigora a regra segundo a qual o contrato só está celebrado com a declaração de aceitação. *B* não responde à proposta, confiando na aplicação desta regra. Se aplicássemos à formação do contrato a lei de *A*, por ser esta a lei reguladora da substância do contrato caso ele se formasse validamente, como resulta do n.º 1 do art. 8.º, *B* ter-se-ia vinculado à proposta, apesar de isso ser contrário à sua natural expectativa. O art. 8.º, n.º 2, da Convenção previne semelhante resultado, submetendo a questão em apreço à lei do país da residência habitual do destinatário da proposta.

IV – LEI REGULADORA DA FORMA DOS CONTRATOS DE CONSUMO

8. O art. 9.º da Convenção prevê como regra geral, nos seus n.ºs 1 e 2, a aplicação alternativa da lei do lugar da celebração do contrato e da lei reguladora da sua substância à determinação dos requisitos de forma a que o mesmo deve obedecer. Trata-se de uma solução inspirada no princípio do *favor negotii*.

Essa regra conhece, no entanto, uma limitação pelo que respeita aos contratos celebrados por consumidores. Com efeito, segundo o n.º 5 do art. 9.º, o disposto nos números anteriores deste preceito não se aplica aos contratos que caiam no âmbito de aplicação do art. 5.º e hajam sido celebrados nas circunstâncias enunciadas no n.º 2 desse preceito. A forma desses contratos é regulada pela lei do país em que o consumidor tem a sua residência habitual.

Também esta regra visa proteger o consumidor: manda-se aplicar aos contratos por ele celebrados e que apresentem certas conexões com o país da sua residência habitual a lei deste país porque se reconheceu que a tutela do consumidor é levada a cabo não apenas através das regras que disciplinam a substância do contrato, mas também mediante as que estabelecem exigências de forma.

O que dissemos acima acerca das relações entre o art. 5.º e o art. 7.º da Convenção de Roma vale, *mutatis mutandi*, quanto ao art. 9.º, n.º 5, da Convenção, o qual, constituindo um desenvolvimento do art. 7.º no seu domínio próprio de aplicação, não implica necessariamente a exclusão deste.

V – CONTRATOS DE ADESÃO CELEBRADOS POR CONSUMIDORES

9. Uma outra ordem de limitações à aplicação aos contratos de consumo da lei escolhida pelas partes resulta entre nós do disposto no art. 23.º do Regime Jurídico das Cláusulas Contratuais Gerais, aprovado pelo D.L. n.º 446/85, de 25 de Outubro[19].

Consagra-se aí uma regra de conflitos que visa dar cumprimento ao disposto no art. 6.º, n.º 2, da Directiva 93/13/CEE, do Conselho, de 5 de Abril de 1993, relativa às cláusulas abusivas nos contratos celebrados com os consumidores[20]. Nos termos do art. 20.º da Convenção de Roma, essa regra de conflitos tem, por conseguinte, primazia sobre as deste instrumento internacional[21].

Em virtude da referida regra, sempre que o contrato celebrado por adesão apresente uma *conexão estreita* com o território português aplicam-se, independentemente da lei escolhida pelas partes a fim de regulá-lo, as proibições de certas cláusulas contratuais gerais nas relações com consumidores finais constantes da secção III do capítulo V desse diploma; se o contrato apresentar uma tal conexão com o território de outro Estado-Membro da Comunidade Europeia, aplicam-se as normas correspondentes desse Estado, desde que o Direito local assim o determine[22].

---

[19] Alterado pelo D.L. n.º 220/95, de 31 de Agosto, e pelo D.L. n.º 249/99, de 7 de Julho. Note-se que por força deste último diploma o preceito citado no texto passou a aplicar-se também às cláusulas «inseridas em contratos individualizados, mas cujo conteúdo previamente elaborado o destinatário não pode influenciar»: cfr. o art. 1.º, n.º 2, do mencionado Regime Jurídico.

[20] In *Jornal Oficial das Comunidades Europeias*, n.º L 95, de 21 de Abril de 1993, pp. 29 ss.

[21] Sobre o ponto, *vide*, por último, Michael Wilderspin/Xavier Lewis, «Les relations entre le droit communauteire et les règles de conflits de lois des États membres», *Revue Critique de Droit Internatioal Privé*, 2002, pp. 1 ss. (pp. 307 ss.).

[22] A incompatibilidade da cláusula contratual geral com as normas referidas no texto é do conhecimento oficioso dos tribunais nacionais: cfr. o acórdão proferido pelo Tribunal de Justiça das Comunidades Europeias em 27 de Junho de 2000 no caso *Océano Grupo* (publicado na *Colectânea de Jurisprudência do Tribunal de Justiça e do Tribunal*

Levanta-se, em face desse preceito, o problema de saber como concretizar o conceito de *conexão estreita* nele contido.

Supomos que para o efeito haverá que atender às regras de conflitos da Convenção de Roma[23]. Deve, assim, ter-se por verificada essa conexão com o território de um Estado-Membro da Comunidade quando a sua lei seja designada pelos arts. 4.º ou 5.º da Convenção.

A aplicação das normas imperativas de protecção do consumidor não é, pelo que respeita aos contratos abrangidos pelo diploma em apreço, colocada na estrita dependência da verificação das condições previstas no n.º 2 do art. 5.º da Convenção de Roma.

Pode, por isso, perguntar-se se o disposto no art. 23.º do D.L. n.º 446/ /85 será aplicável também aos contratos celebrados por consumidores ditos *activos* ou *móveis* – *v.g.*, aqueles que se deslocam ao país onde adquirem certo bem ou serviço. Por exemplo, se um cidadão português, residente em Portugal, comprar em Espanha um objecto para uso privado, nos termos de um contrato sujeito a cláusulas contratuais gerais segundo as quais a lei reguladora do contrato é a marroquina, a validade dessas cláusulas, caso seja submetida à apreciação de tribunal português, aferir--se-á pela lei portuguesa, pela espanhola ou pela lei escolhida?

---

de Primeira Instância, 2000, I, pp. 4941 ss.), no qual se declara: «A tutela que a Directiva 93/13/CEE do Conselho, de 5 de Abril de 1993, relativa às cláusulas abusivas nos contratos celebrados com os consumidores, garante a estes últimos implica que o juiz nacional possa apreciar oficiosamente o carácter abusivo de uma cláusula do contrato que lhe foi submetido quando examina a admissibilidade de uma acção instaurada perante os órgãos jurisdicionais nacionais».

[23] Neste sentido nos pronunciámos já em *Da responsabilidade pré-contratual em Direito Internacional Privado*, cit. (n. 18), p. 467. Cfr. ainda Erik Jayme/Christian Kohler, «L'interaction des règles de conflit contenues dans le droit dérivé de la Communauté européenne et des conventions de Bruxelles et de Rome», *Revue Critique de Droit International Privé*, 1995, pp. 1 ss. (p. 20), que invocam nesse sentido um *princípio de conciliação* entre as regras de conflitos constantes do Direito Comunitário derivado e as das convenções de Bruxelas e de Roma, o qual, no entender dos autores, deve nortear a interpretação das primeiras atenta a unidade funcional existente entre esses complexos normativos (*ibidem*, p. 16). Pode ver-se no art. 29a da Lei de Introdução ao Código Civil alemão (traduzido para português em António Marques dos Santos, *Direito Internacional Privado. Colectânea de textos legislativos de fonte interna e internacional*, 2.ª ed., Coimbra, 2002, pp. 1596 s.), aditado a esse diploma pela lei de 27 de Junho de 2000, uma regra que procura concretizar, ainda que exemplificativamente, o conceito de «conexão estreita» utilizado na Directiva 93/13/CEE à luz dos critérios de localização do contrato adoptados no art. 5.º, n.º 2, da Convenção de Roma.

Julgamos que se impõe uma interpretação do art. 23.º do D.L. n.º 446/85 que salvaguarde a unidade da ordem jurídica; o que implica subordinar a aplicação da lei do consumidor às condições para tanto exigidas na regra geral sobre a matéria, que é o art. 5.º da Convenção de Roma.

A aplicação das disposições da lei do Estado-Membro da Comunidade com o qual se verifique uma conexão estreita acha-se, além disso, subordinada à condição implícita de o nível de protecção por ela conferida ao aderente às cláusulas contratuais gerais ser *superior* à que lhe é proporcionada pela lei escolhida.

Depõe neste sentido o mencionado art. 6.º, n.º 2, da Directiva 93/13/CEE, que o art. 23.º do D.L. n.º 446/85 visa transpor para a ordem jurídica interna, o qual preceitua que «[o]s Estados-Membros tomarão as medidas necessárias para que o consumidor não seja privado da protecção concedida pela presente directiva pelo facto de ter sido escolhido o direito de um país terceiro como direito aplicável ao contrato, desde que o contrato apresente uma relação estreita com o território dos Estados-Membros».

No mesmo sentido pode invocar-se o preâmbulo do D.L. n.º 249/99, de 7 de Julho, que fundamenta naquela Directiva a nova redacção dada ao art. 23.º e reconhece que o escopo precípuo da limitação por ela imposta à autonomia privada consiste em «assegurar uma protecção mínima aos consumidores»[24].

---

[24] No sentido do texto pronunciou-se, perante a redacção anterior do preceito, Almeno de Sá, *Cláusulas contratuais gerais e directiva sobre cláusulas abusivas*, Coimbra, 1999, p. 94. Consultem-se ainda sobre a transposição da Directiva 93/13/CEE para o Direito interno português: Luís de Lima Pinheiro, «Direito aplicável aos contratos com consumidores», *Revista da Ordem dos Advogados*, 2001, pp. 155 ss. (pp. 166 ss.); *idem, Direito Internacional Privado*, cit., vol. II, pp. 223 ss.; Rui de Moura Ramos, «Remarques sur les développements récents du droit international privé portugais en matière de protection des consommateurs», in *Estudos de Direito Internacional Privado e de Direito Processual Civil Internacional*, Coimbra, 2002, pp. 21 ss. (pp. 34 ss.); e Eugénia Galvão Teles, «A lei aplicável aos contratos de consumo no "labirinto comunitário"», in António Menezes Cordeiro/Luís Menezes Leitão/Januário da Costa Gomes (organizadores), *Estudos em homenagem ao Prof. Doutor Inocêncio Galvão Telles*, vol. I, Coimbra, 2002, pp. 683 ss. (p. 704 ss.).

VI – CONTRATOS DE CONSUMO CONCLUÍDOS ATRAVÉS DA INTERNET

10. Nos últimos anos, um dos fenómenos mais salientes no domínio das relações de consumo é o alargamento a estas do chamado comércio electrónico, no qual de compreendem os actos jurídicos concluídos ou executados com recurso ao processamento e à transmissão de dados por meios electrónicos, mormente através da Internet.

Frequentemente, as relações deste modo estabelecidas têm carácter internacional, por isso que possuem conexões com mais do que um país. Trata-se de uma consequência do âmbito mundial da Internet e da facilitação do comércio internacional por esta possibilitado; e também das características técnicas desse meio de comunicação, pois a informação trocada entre dois utentes da rede que se encontrem no mesmo país pode ter de circular por um terceiro país, onde se situem, *v.g.*, os computadores do fornecedor de serviços de Internet que um ou ambos utilizam.

Suscita-se então, entre outras questões, a da lei aplicável a essas relações. É esta questão que vamos agora examinar, no que contende com os contratos de consumo.

A matéria não se encontra abrangida pela regra constante do art. 4.º, n.º 1, do D.L. n.º 7/2004, de 7 de Janeiro, que transpõe para a ordem jurídica nacional a Directiva Sobre o Comércio Electrónico[25], porquanto o que se dispõe nesse preceito – segundo o qual «[o]s prestadores de serviços da sociedade da informação estabelecidos em Portugal ficam integralmente sujeitos à lei portuguesa relativa à actividade que exercem, mesmo no que concerne a serviços da sociedade da informação prestados noutro país comunitário»[26] – não se aplica às obrigações emergentes de contratos celebrados com consumidores[27].

---

[25] Directiva 2000/31/CE do Parlamento Europeu e do Conselho, de 8 de Junho de 2000, relativa a certos aspectos legais dos serviços da sociedade da informação, em especial do comércio electrónico, no mercado interno, in *Jornal Oficial das Comunidades Europeias*, n.º L 178, de 17 de Julho de 2000, pp. 1 ss.

[26] Sobre esta solução, cfr. o nosso estudo «Comércio electrónico e responsabilidade empresarial», in *Direito da Sociedade da* Informação, vol. IV, pp. 241 ss. (reproduzido em *Direito Internacional Privado. Ensaios*, vol. I, cit., n. 6, pp. 193 ss.), e a demais bibliografia aí citada.

[27] Cfr. o art. 6.º, alínea *f)*, do citado D.L. n.º 7/2004, que tem correspondência com o art. 3.º, n.º 3, e o 6.º travessão da Directiva.

Coloca-se assim a questão de saber se a regra de conflitos consignada no art. 5.º da Convenção de Roma é aplicável aos contratos celebrados por consumidores, através da Internet, com prestadores de serviços da sociedade da informação estabelecidos na Comunidade.

Consideremos o problema, em primeiro lugar, sob o ângulo do *âmbito de aplicação material* desse preceito.

Como vimos, o n.º 1 do art. 5.º delimita as situações a que se refere, dispondo que o que nele se estabelece é aplicável aos contratos que tenham por objecto o fornecimento de bens móveis corpóreos ou de serviços a uma pessoa para uma finalidade estranha à sua actividade profissional, bem como aos contratos destinados ao financiamento desse fornecimento.

O preceito em apreço é, por conseguinte, aplicável aos contratos de prestação a consumidores de serviços da sociedade da informação. Cabem, por exemplo, no âmbito de aplicação deste preceito os contratos de prestação a consumidores de serviços de acesso à rede e de transporte e armazenamento de informação[28].

Já a venda a consumidores finais de cópias de programas de computador que se encontrem fixadas em suportes materiais (*v.g.* disquetes, CDs, etc.) se deve presentemente ter por compreendida no âmbito de aplicação material do art. 11.º do D.L. n.º 63/2003, de que nos ocuparemos adiante. A manifesta analogia entre esta situação e aquela em que um programa de computador é fornecido em linha – resultante de o objecto da prestação ser o mesmo, apenas variando o modo de fornecê-lo – justifica, a nosso ver, que também esta se tenha por incluída no âmbito de aplicação desse preceito.

Mas poderão as condições atinentes à *localização espacial do contrato*, enunciadas nos três parágrafos do n.º 2 do art. 5.º, considerar-se preenchidas em relação ao consumidor que adquire bens ou serviços através da Internet a um fornecedor sedeado em país diverso do da sua residência habitual?

Sentimos a maior relutância em responder afirmativamente[29], por duas ordens de razões.

---

[28] Neste sentido, veja-se Pedro de Miguel Asensio, *Derecho Privado de Internet*, 3.ª ed., Madrid, 2002, p. 518.

[29] Ver, porém, nesse sentido Luís de Lima Pinheiro, est. cit. (n. 24), p. 162; Elsa Dias Oliveira, *A protecção dos consumidores nos contratos celebrados através da internet*, Coimbra, 2002, pp. 232 ss. e 347; e António Marques dos Santos, «Direito aplicável aos contratos celebrados através da internet e tribunal competente», *in Direito*

Em primeiro lugar, porque não há analogia entre esse consumidor e aquele que adquire bens ou serviços depois de ter recebido no país da sua residência habitual um anúncio publicitário radiodifundido ou uma proposta que lhe foi especialmente dirigida. Uma página da Internet pode decerto constituir um anúncio publicitário para os efeitos do disposto no primeiro parágrafo do n.° 2 do art. 5.°[30]. Trata-se, porém, de uma forma *sui generis* de publicidade, pois só acede a ela quem quiser: a página *web* não é geralmente *comunicada* aos consumidores, antes é *colocada à disposição do público*, podendo os consumidores «visitá-la», individualmente e a pedido, no momento e a partir do lugar que entenderem[31]. Ela assemelha-se, por isso, muito mais a um *estabelecimento comercial* do que às formas comuns de publicidade. Daí que nos contratos celebrados por consumidores através

---

da Sociedade da Informação, vol. IV, pp. 245 ss. (pp. 266 ss.). Na doutrina estrangeira, também Peter Mankowski se pronuncia favoravelmente à aplicação do disposto no art. 29 da Lei de Introdução ao Código Civil (que corresponde ao art. 5.° da Convenção de Roma) aos negócios celebrados por consumidores através da internet: cfr. «Das Internet im Internationalen Vertrags- und Deliktsrecht», *Rabels Zeitschrift für ausländisches und internationales Privatrecht*, 1999, pp. 203 ss. (pp. 234 ss.). *De jure condendo* no mesmo sentido, *Dicey and Morris on the Conflict of Laws*, 13.ª ed., por Lawrence Collins (General Editor) e outros, Londres, 2000, vol. II, pp. 1288 s. Mais reservados mostram-se Herbert Kronke, «Applicable Law in Torts and Contracts in Cyberspace», *in* Katharina Boele-Woelki/Catherine Kessedjian (organizadoras), *Internet. Which Court Decides? Which Law Applies?*, Haia/Londres/Boston, 1998, pp. 65 ss. (p. 83); Jan Kropholler, *Internationales Privatrecht*, 4.ª ed., Tubinga, 2001, p. 462; Alfonso Calvo Caravaca/Javier Carrascosa González, *Conflictos de Leyes y Conflictos de Jurisdicción en Internet*, Madrid, 2001, pp. 96 ss.; Thomas Hoeren, *Grundzüge des Internetrechts*, 2.ª ed., Munique, 2002, pp. 214 s.; e M. Fallon/J. Meeusen, «Le commerce électronique, la directive 2000/31/CE et le droit international privé», *Revue Critique de Droit International Privé*, 2002, pp. 435 ss. (p. 446).

[30] Vejam-se, a este propósito, o conceito de publicidade constante do art. 3.° do D.L. n.° 330/90, de 23 de Outubro, e a noção de «comunicação comercial» inserta no art. 2.°, alínea *f*), da Directiva 2000/31.

[31] Também no Direito de Autor se distingue – com importantes consequências no tocante ao regime jurídico aplicável – entre a comunicação da obra ao público (que ocorre na radiodifusão) e a sua colocação à disposição do público (que tem lugar na difusão através da internet). Cfr. o art. 3.° da Directiva 2001/29/CE do Parlamento Europeu e do Conselho, relativa à harmonização de certos aspectos do direito de autor e dos direitos conexos na sociedade da informação (*in Jornal Oficial das Comunidades Europeias*, n.° L 167, de 22 de Junho de 2001, pp. 10 ss.), e o *Livro Verde* que a precedeu, intitulado *O Direito de Autor e os Direitos Conexos na Sociedade da Informação*, publicado pela Comissão Europeia em 1995 (documento COM (95) 382 final).

da Internet seja geralmente o consumidor quem procura o fornecedor – muitas vezes após ter comparado os preços e outras condições praticadas pelos que oferecem bens ou serviços através dessa rede de computadores –; e não o inverso, como pressupõe o art. 5.°, n.° 2, da Convenção.

Em segundo lugar, porque se os contratos celebrados por consumidores através da Internet fossem sistematicamente submetidos à lei da residência habitual destes, ou às normas de protecção dos consumidores dessa lei, as empresas que transaccionam bens ou serviços através da rede ficariam potencialmente sujeitas, no que diz respeito a esses contratos, às leis de todos os países do mundo onde existe acesso à rede. A execução de tais contratos tornar-se-ia muito onerosa para essas empresas, rompendo-se o equilíbrio de interesses visado no art. 5.° da Convenção de Roma, que apenas submete à lei da residência habitual do consumidor os contratos celebrados por consumidores quando o fornecedor haja *assumido o risco* da aplicação daquela lei, ao procurar o consumidor no país da sua residência.

Acresce que o art. 5.° da Convenção de Roma em alguma medida pressupõe a possibilidade de o co-contratante do consumidor *reconhecer* este último como tal; o que nem sempre é viável no que respeita aos contratos celebrados por meios electrónicos, em que geralmente não ocorre qualquer contacto directo entre as partes.

A nosso ver, a única situação em que, sem qualquer reserva, se pode aplicar o art. 5.° aos contratos em apreço é aquela em que o consumidor recebe no seu terminal de computador uma mensagem de correio electrónico contendo uma proposta ou anúncio publicitário e acede à página do fornecedor através de um *hipernexo* constante dessa mensagem.

11. Sempre que o disposto no art. 5.° da Convenção de Roma não seja aplicável aos contratos celebrados por consumidores, estes regem-se pela lei designada nos termos dos arts. 3.° e 4.° da Convenção.

O primeiro consagra, consoante referimos, o princípio da *autonomia privada*, dispondo que o contrato se encontra sujeito à «lei escolhida pelas partes». Como tal deve entender-se a ordem jurídica de um Estado (incluindo o Direito Internacional Público e o Direito Comunitário nele vigente) e não quaisquer outras realidades normativas extraestaduais[32]. A

---

[32] Neste sentido, veja-se, por todos, Paul Lagarde, «Le nouveau droit international privé des contrats après l'entrée en vigueur de la Convention de Rome du 19 juin 1980», cit. (n. 13), p. 300.

«deslocalização» do contrato, por via da eleição de uma hipotética *lex electronica*[33] como critério exclusivo de regulação do mesmo ou da sua sujeição unicamente a códigos de conduta elaborados por associações comerciais, profissionais ou de consumidores, a colectâneas privadas de princípios jurídicos ou a usos mercantis, encontra-se, assim, prejudicada.

O segundo dos mencionados preceitos manda aplicar, a título subsidiário, a lei do país com o qual o contrato apresente a *conexão mais estreita*.

Na aplicação desta cláusula geral dispõe o julgador da faculdade de se socorrer da «presunção», consignada no n.º 2 do art. 4.º, de que o contrato apresenta uma conexão mais estreita com o país onde a parte que está obrigada a fornecer a prestação característica tem a sua residência habitual, administração central ou estabelecimento.

A lei aplicável na falta de escolha pelas partes será, pois, nos contratos a que não se aplique o disposto no art. 5.º, a *lei do país da empresa*.

Está certo que assim seja, à luz de duas ordens de considerações.

Por um lado, o *princípio da confiança*: a aplicação dessa lei corresponde, na generalidade dos casos em apreço, às expectativas das partes.

Por outro, a *redução dos custos das transacções* no mercado comum: se se aplicasse sistematicamente a lei do adquirente de bens e serviços, encareceriam inevitavelmente as transacções, em detrimento do próprio consumidor e da integração económica visada pela Comunidade Europeia.

A aplicabilidade aos contratos em apreço da lei designada nos termos dos arts. 3.º ou 4.º da Convenção de Roma não prejudica, evidentemente, a possibilidade de se atribuírem efeitos a disposições internacionalmente imperativas da *lex fori*, nos termos do disposto no art. 7.º, n.º 2, da Convenção, a que aludimos acima.

Por força desta disposição, as regras de protecção dos consumidores vigentes nos Estados-Membros da Comunidade – *v.g.* as que constem das legislações nacionais que visem transpor a Directiva 2000/31/CE – poderão ser aplicadas aos contratos celebrados por consumidores domiciliados na Comunidade com prestadores de serviços da sociedade da informação nela estabelecidos, *maxime* quando haja sido escolhida para reger esses contratos a lei de um terceiro país.

---

[33] Sobre esta consulte-se por último, com amplos desenvolvimentos, Vincent Gautrais, *Le contrat électronique international*, 2.ª ed., Lovaina, 2002, pp. 229 ss.

VII – CONTRATOS DE *TIME-SHARING*

12. É controvertida a questão de saber se os contratos relativos a direitos reais de habitação periódica (*time-sharing*) estão abrangidos pelo art. 5.º da Convenção de Roma[34].
Certo, encontram-se excluídos do âmbito material deste preceito os contratos que tenham por objecto a constituição ou transferência de direitos reais sobre bens imóveis; mas aqueles contratos prevêem frequentemente a prestação ao titular dos referidos direitos de serviços de diversa ordem – *maxime* de administração e conservação dos imóveis sobre os quais os mesmos direitos incidem –, que a regra em apreço compreende no seu escopo.
Seja, porém, como for, entre nós a determinação da lei aplicável a esses contratos é regulada por regras especiais, constantes do diploma legal que aprovou o regime jurídico da habitação periódica[35], transpondo para a ordem jurídica interna a Directiva 94/47/CE[36], do Parlamento Europeu e do Conselho, relativa à protecção dos adquirentes quanto a certos aspectos dos contratos de aquisição de um direito de utilização a tempo parcial de bens imóveis.
Estabelece o art. 60.º, n.º 7, desse diploma que as disposições deste se aplicam «a todos os contratos, por períodos de tempo limitados em cada ano, relativos a direitos reais de habitação periódica e a direitos de habitação turística em empreendimentos que tenham por objecto imóveis sitos em Portugal ou em qualquer outro Estado-Membro da União Europeia».
Este preceito não indica a lei competente para regular todos os contratos de *time-sharing*, antes se limita a definir quais os casos a que se aplica a lei portuguesa.
Fá-lo, porém, de modo infeliz.
À uma, porque, de acordo com o que nele se dispõe, tais casos não são só aqueles em que os empreendimentos turísticos em questão estejam

---

[34] Cfr. sobre o ponto, com mais referências, Erik Jayme, «Timesharing-Verträge im Internationalen Privat- und Verfahrensrecht», *IPRax*, 1995, pp. 234 ss.; Reithmann/Martiny, ob. cit. (n. 11), p. 617; Siehr, ob. cit. (n. 10), p. 162; Klauer, ob. cit. (n. 8), pp. 164 ss. Na jurisprudência, veja-se o acórdão do Tribunal Federal alemão de 19 de Março de 1997, citado *supra* (n. 15).
[35] Cfr. o D.L. n.º 275/93, de 5 de Agosto, alterado pelo D.L. n.º 180/99, de 22 de Maio, e pelo D.L. n.º 22/2002, de 31 de Janeiro.
[36] Publicada no *Jornal Oficial das Comunidades Europeias*, n.º L 280, de 29 de Outubro de 1994, pp. 83 ss.

situados em Portugal, mas também aqueloutros em que os mesmos se situem nos demais Estados-Membros da União Europeia; sendo que nestes últimos não existirá, por via de regra, uma conexão com a ordem jurídica portuguesa que justifique a aplicação da nossa lei.

Depois, porque o n.º 8 do citado preceito, aditado pelo D.L. n.º 22/ /2002[37], veio acrescentar que no caso de os contratos respeitarem a direitos reais de habitação periódica e a direitos de habitação turística em empreendimentos turísticos sitos no território de outro Estado-Membro da Comunidade Europeia, por períodos de tempo limitados em cada ano, se aplicam «as disposições correspondentes desse Estado-Membro qualquer que seja o lugar e a forma da sua celebração e a lei escolhida pelas partes para regular o contrato».

É flagrante a contradição entre este preceito e o que se estabelece na parte final do n.º 7.

Como conciliar os dois preceitos?

A alteração do regime legal do *time-sharing* neste particular visou adequar o disposto no D.L. n.º 275/93 ao art. 9.º da citada Directiva 94/47/CE. Aí se estabelece, na verdade, que «[o]s Estados-Membros tomarão as medidas necessárias para que, independentemente da lei aplicável, o adquirente não seja privado da protecção instituída pela presente directiva, se o bem imóvel estiver situado no território de um Estado-Membro».

Trata-se de uma disposição que visa objectivos análogos aos que presidem ao art. 6.º, n.º 2, da Directiva 93/13/CEE, que examinámos acima, embora se distinga desta por duas razões. Em primeiro lugar, porque o adquirente é aí protegido quer a lei de um país exterior à Comunidade haja sido escolhida pelas partes quer seja aplicável por força de uma conexão objectiva. Depois, porque no art. 9.º da Directiva 94/47/CE o legislador comunitário optou, a fim de assegurar esse desiderato, por um elemento de conexão rígido – o lugar da situação do imóvel –, em vez do conceito indeterminado de «conexão mais estreita» empregado na regra homóloga constante da Directiva 93/13/CE.

A redacção original do diploma português, na medida em que apenas contemplava os empreendimentos turísticos sitos em Portugal, mandando

---

[37] Na sequência de uma proposta de António Marques dos Santos, cujo texto pode ser confrontado em «Algumas considerações sobre a autonomia da vontade no Direito Internacional Privado em Portugal e no Brasil», *in* Rui de Moura Ramos e outros (organizadores), *Estudos em homenagem à Professora Doutora Isabel de Magalhães Collaço*, vol. I, Coimbra, 2002, pp. 379 ss (p. 389, nota 34).

aplicar a lei portuguesa aos contratos de *time-sharing* a ele respeitantes, qualquer que fosse o lugar e a forma da sua celebração, não assegurava aos adquirentes de direitos sobre imóveis sitos noutros Estados-Membros a protecção instituída pela Directiva ou pelas leis nacionais de transposição.

A fim de garantir esta protecção, poder-se-ia ter seguido uma de duas vias: a aplicação sistemática da lei portuguesa a esses casos – solução que apenas faz sentido na óptica do chamado *lexforismo* –; ou a aplicação da lei do Estado-Membro da situação do empreendimento – única solução conforme com os postulados básicos em que assenta o denominado *método da conexão*[38].

Ora, o legislador nacional consagrou as duas vias: a primeira no n.º 7; a segunda, no n.º 8. Julgamos, porém, que tal se deve a lapso, pois a aplicação cumulativa das leis em presença – a portuguesa, para que remete o n.º 7, e a do Estado da situação do empreendimento, a que o n.º 8 alude – é inviável sempre que os respectivos regimes não sejam coincidentes (*v.g.* por uma delas ser mais favorável ao adquirente de um direito de habitação).

Eis por que, em nosso modo de ver, haverá que proceder a uma interpretação ab-rogatória, sacrificando um dos preceitos em questão, ou parte dele.

Atento o que se expôs acima, o resultado dessa interpretação só pode consistir em dar como inexistente a referência, constante do n.º 7 do art. 60.º, aos imóveis sitos «em qualquer outro Estado-Membro da União Europeia». Semelhante solução é, a nosso ver, a única capaz de restituir coerência ao regime legal sem pôr em causa o espírito do sistema de conflitos vigente em Portugal – que, como se sabe, assenta no método acima referido em segundo lugar.

VIII – VENDA DE BENS DE CONSUMO

13. À luz do que dissemos anteriormente, a compra e venda de bens de consumo encontra-se, em princípio, compreendida no âmbito material de aplicação da Convenção de Roma.

---

[38] Sobre estes conceitos e a problemática a eles subjacente, veja-se o nosso *Da responsabilidade pré-contratual em Direito Internacional Privado*, cit. (n. 18), pp. 28 e ss., e demais literatura aí referida. Consulte-se ainda, sobre os mesmos temas, António Marques dos Santos, *Direito Internacional Privado*, vol. I, *Introdução*, Lisboa, 2001, especialmente pp. 16 ss. e 159 ss.

Vale isto por dizer que o Direito português sobre a matéria será aplicável a esta categoria de vendas, para além dos casos em que seja escolhido pelas partes como *lex contractus*, nas hipóteses em que a residência habitual do consumidor se situe em Portugal ou em que, verificando-se um dos demais requisitos previstos no n.º 2 do art. 5.º da Convenção de Roma, o Direito português lhe seja mais favorável.

Sucede, porém, que certos aspectos da venda de bens de consumo e das garantias a ela relativas foram disciplinados na Directiva 1999/44/CE do Parlamento Europeu e do Conselho, de 25 de Maio de 1999, recentemente transposta para a ordem jurídica portuguesa pelo Decreto-Lei n.º 67/2003, de 8 de Abril.

Ora, por força do disposto no art. 7.º, n.º 2, da Directiva, o Direito nacional dos Estados-Membros da Comunidade adoptado em transposição dela pode ainda ser aplicado, se, tendo sido escolhida a lei de um terceiro Estado, o contrato apresentar uma *conexão estreita* com o território de um dos Estados-Membros e a protecção do consumidor instituída pela lei escolhida for inferior à que resulta da Directiva[39].

Esta solução foi acolhida no art. 11.º do citado Decreto-Lei, segundo o qual: «Se o contrato de compra e venda celebrado entre profissional e consumidor apresentar uma ligação estreita ao território dos Estados membros da União Europeia, a escolha, para reger o contrato, de uma lei de um Estado não membro que se revele menos favorável ao consumidor não lhe retira os direitos atribuídos pelo presente decreto-lei».

É o que ocorre, por exemplo, na hipótese de o consumidor domiciliado em Portugal adquirir um bem móvel a um profissional estabelecido no território de outro Estado-Membro da Comunidade, figurando no contrato uma cláusula de escolha da lei de um Estado estranho à Comunidade.

Na regra de conflitos constante do citado preceito (que prevalece sobre as da Convenção de Roma) não se exige a verificação, a fim de que se aplique o Direito português, das condições enunciadas no art. 5.º, n.º 2, da Convenção de Roma. Mas também este preceito deve, a nosso ver, ser

---

[39] Sobre o âmbito espacial de aplicação da Directiva, veja-se o nosso estudo «Desconformidade e garantias na venda de bens de consumo: a Directiva 1999/44/CE e a Convenção de Viena de 1980», in *Themis – Revista da Faculdade de Direito da UNL*, 2001, pp. 121 ss. (reproduzido em *Direito Internacional Privado. Ensaios*, vol. I, Coimbra, 2002, pp. 35 ss.). Acerca da transposição do art. 7, n.º 2, da Directiva, ver Erik Jayme/Christian Kohler, «Europäisches Kollisionsrecht 2002: Zur Wiederkehr des Internationalen Privatrechs», *IPRax*, 2002, pp. 461 ss. (p. 463).

interpretado no sentido de que a aplicação da lei da residência habitual do consumidor depende da verificação de uma dessas condições. Tal a solução imposta pela salvaguarda da unidade da ordem jurídica, pois nada justificaria que o âmbito da protecção conferida ao consumidor pelo Direito nacional fosse superior pelo que respeita aos contratos de compra e venda do que no tocante aos demais contratos.

IX – A REVISÃO DA CONVENÇÃO DE ROMA

14. Em Janeiro de 1999 foi anunciado, como medida a tomar no prazo de dois anos após a entrada em vigor do Tratado de Amesterdão – ocorrida em 1 de Maio do mesmo ano –, o «início da revisão, se necessário, de certas disposições da convenção sobre a lei aplicável às obrigações contratuais, tendo em conta as disposições especiais sobre normas de conflito de leis noutros instrumentos comunitários (Roma I)»[40].

Mais recentemente, foi publicado pela Comissão Europeia o *Livro verde relativo à transformação da Convenção de Roma de 1980 sobre a lei aplicável às obrigações contratuais num intrumento comunitário e sua modernização*[41].

À luz do que expusemos até aqui, afigura-se inequívoco que o art. 5.º da Convenção de Roma se encontra carecido de uma tal revisão, ou modernização[42], a qual se destinaria não apenas a clarificar a sua articulação com as regras de conflitos constantes das Directivas comunitárias em matéria de protecção do consumidor, mas também a suprir algumas

---

[40] Cfr. o «Plano de acção do Conselho e da Comissão sobre a melhor forma de aplicar as disposições do Tratado de Amesterdão relativas à criação de um espaço de liberdade, de segurança e de justiça», in *Jornal Oficial das Comunidades Europeias*, n.º C 19, de 23 de Janeiro de 1999, pp. 1 ss.

[41] Documento COM (2002) 654 final, de 14 de Janeiro de 2003, disponível em http://www.europa.eu.int.

[42] Neste sentido vejam-se Erik Jayme/Christian Kohler, «Europäisches Kollisionsrecht 2000: Interlokales Privatrecht oder universelles Gemeinschaftsrecht?», *IPRax*, 2000, pp. 454 ss. (p. 463); Catherine Kessedjian, «La Convention de Rome du 19 juin 1980 sur la loi applicable aux obligations contractuelles – Vingt ans après», in Jürgen Basedow e outros (organizadores), *Private Law in the International Arena. Liber Amicorum Kurt Siehr*, Haia, 2000, pp. 329 ss. (p. 335); e Hans Stoll, «Zur Neuordnung des internationalen Verbrauchervertragsrechts», in Jürgen Basedow e outros (organizadores), *Aufbruch nach Europa 75 Jahre Max-Planck-Institut für Privatrecht*, Tubinga, 2001, pp. 463 ss. (p. 464).

insuficiências que nele se têm revelado aquando da sua aplicação pelos tribunais nacionais e a adaptá-lo às novas realidades geradas pela evolução tecnológica[43].

Nessa revisão deveria proceder-se, em primeiro lugar, ao alargamento do âmbito material de aplicação do preceito em causa, por forma a incluirem-se nele certos tipos contratuais, acima identificados, relativamente aos quais se justifica inteiramente a atribuição de competência à lei da residência habitual do consumidor ou às normas de protecção de consumidores nela vigentes.

Além disso, a nova redacção do art. 5.º deveria esclarecer quais as circunstâncias em que os contratos de consumo celebrados por meios electrónicos são por ele abrangidos, sem romper o delicado equilíbrio de interesses conseguido na fórmula original.

Finalmente, na revisão desse preceito deveriam substituir-se as regras de conflitos resultantes da transposição das Directivas comunitárias para a ordem interna dos Estados-Membros por uma regra uniforme, que assegurasse que o consumidor domiciliado num Estado-Membro da Comunidade Europeia, que adquira bens ou serviços noutro Estado-Membro aonde se desloque para o efeito, não seja privado da protecção mínima instituída por essas Directivas, ou pelas normas nacionais resultantes da transposição delas, pelo facto de ter sido escolhida, a fim de reger o contrato, a lei de um terceiro país. Essa regra alargaria, por conseguinte, a protecção actualmente garantida ao consumidor pelo art. 5.º da Convenção de Roma – que tem como paradigma as vendas por correspondência ou ao domicílio – a certas situações típicas em que o consumidor assume um papel mais activo, fruto da maior mobilidade das pessoas proporcionada pela integração económica comunitária.

É discutível a forma que deverá revestir o acto normativo que aprovar essas novas regras[44]. A fim de preservar a uniformidade destas e

---

[43] Pode ver-se uma proposta de nova redacção do art. 5.º da Convenção de Roma, bem como a respectiva fundamentação, no relatório da 10.ª reunião do Grupo Europeu de Direito Internacional Privado, realizada entre 15 e 17 de Setembro de 2000 (texto disponível em www.drt.ucl.ac.be/gedip/gedip-reunions-10t.html).

[44] Sobre o ponto, *vide* Marc Fallon/Stéphanie Francq, «Towards Internationally Mandatory Directives for Consumer Contracts?», *in* Jürgen Basedow e outros (organizadores), *Private Law in the International Arena. Liber Amicorum Kurt Siehr*, Haia, 2000, pp. 155 ss.; e Catherine Kessedjian, «La Convention de Rome du 19 juin 1980 sur la loi applicable aux obligations contractuelles – Vingt ans après», *in ibidem*, pp. 329 ss. (pp. 334 ss.).

a possibilitar a sua entrada em vigor simultaneamente em todos os Estados-Membros, afigura-se-nos preferível que, à imagem do que sucedeu com a Convenção de Bruxelas de 1968 Relativa à Competência Judiciária e à Execução de Decisões em Matéria Civil e Comercial, a revisão da Convenção de Roma seja levada a cabo mediante um Regulamento, a adoptar ao abrigo dos arts. 61.°, alínea *c)*, 65.°, alínea *b)*, e 67.°, n.° 1, do Tratado que Institui a Comunidade Europeia.

COMÉRCIO ELECTRÓNICO E COMPETÊNCIA INTERNACIONAL*

DÁRIO MOURA VICENTE
Professor da Faculdade de Direito de Lisboa

I – OBJECTO DO ESTUDO

1. Entre as questões fundamentais suscitadas pelo chamado comércio electrónico inclui-se a da determinação do tribunal internacionalmente competente a fim de julgar os litígios dele emergentes. A importância desta questão resulta, por um lado, de essa modalidade de comércio ter facilitado muito significativamente o tráfico jurídico sobrefronteiras; e, por outro, de a sujeição dos referidos litígios a um tribunal estrangeiro ser, pelos riscos e custos que lhe são inerentes, potencialmente dissuasora da participação das empresas no comércio electrónico.

Coloca-se ainda a este respeito o problema da chamada competência internacional indirecta (a qual se contrapõe à competência internacional directa, a que acima aludimos), ou seja, da definição dos factores de que depende o reconhecimento pela ordem jurídica nacional aos tribunais de outros Estados do poder de julgarem as acções que perante eles tenham corrido, como condição necessária para que as sentenças por eles proferidas possam produzir efeitos em território nacional. Também esta questão é fundamental no contexto do comércio electrónico, pois se tais

---

* Texto, com ligeiras actualizações, da conferência proferida na Faculdade de Direito de Lisboa, em 18 de Dezembro de 2003, no *IV Curso de Pós-Graduação em Direito do Consumo*.

sentenças não puderem ser executadas nos países onde os fornecedores de bens ou serviços em linha possuem bens penhoráveis, ficará inevitavelmente comprometida a confiança que se pretende suscitar nos consumidores quanto a este modo de aquisição de bens e serviços.

São estes, em síntese, os problemas de que vamos tratar neste estudo. Fá-lo-emos dando particular ênfase aos contratos celebrados por consumidores, domínio em que os mesmos se têm colocado mais agudamente.

II – PRINCIPAIS INTERESSES EM JOGO

2. Importa, antes de mais, determinar os principais interesses em jogo nesta matéria.

Entre eles avultam, desde logo, os dos fornecedores de bens e serviços em linha, aos quais convém a atribuição de competência aos tribunais do país onde se encontram estabelecidos, em ordem a minimizar os riscos e custos da sua participação no comércio electrónico transfronteiriço.

Além destes, relevam os interesses dos consumidores, que depõem no sentido da atribuição de competência aos tribunais do país da respectiva residência habitual.

A estes interesses individuais, ou de grupo, acrescem interesses públicos.

Na verdade, o comércio electrónico assume hoje uma importância crescente no funcionamento das economias nacionais: em 2003 mais de seiscentos milhões de pessoas (ou seja cerca de dez por cento da população mundial) tinham acesso à Internet; e prevê-se que em 2004 o valor das trocas comerciais na Internet ascenda a 6.000 milhões de dólares[1].

Ora, esta nova realidade foi percebida pelos Estados como uma fonte de estímulos ao crescimento económico: haja vista, por exemplo, ao preâmbulo da Directiva Sobre o Comércio Electrónico[2], onde se lê que

---

[1] Dados divulgados pela Organização Mundial da Propriedade Intelectual, *in Intellectual Property On the Internet: A Survey of Issues*, 2002, pp. 9 e 13.

[2] Directiva 2000/31/CE do Parlamento Europeu e do Conselho, de 8 de Junho de 2000, relativa a certos aspectos legais dos serviços da sociedade da informação, em especial do comércio electrónico, no mercado interno, *in Jornal Oficial das Comunidades Europeias* (de aqui em diante *JOCE*), n.º L 178, de 17 de Julho de 2000, pp. 1 ss. Foi trans-

«[o] desenvolvimento do comércio electrónico na sociedade da informação faculta oportunidades importantes de emprego na Comunidade, particularmente nas pequenas e médias empresas, e irá estimular o crescimento económico e o investimento na inovação por parte das empresas europeias e pode igualmente reforçar a competitividade da indústria europeia, contanto que a internet seja acessível a todos» (considerando 2).

Importa, por isso, evitar que os regimes legais impeçam o crescimento do comércio electrónico. Simultaneamente, interessa aos Estados preservar algum controlo sobre a informação disponível no seu território e sobre os bens e serviços neles comercializados, em ordem a evitar que certas proibições legais (*v.g.* de venda de determinadas categorias de bens) sejam contornadas por via do seu oferecimento em rede. Daqui podem advir restrições à admissibilidade de certas formas de comércio electrónico.

III – SOLUÇÕES POSSÍVEIS

3. Duas soluções fundamentais se oferecem imediatamente quanto à determinação da competência internacional directa nesta matéria: o reconhecimento dessa competência aos tribunais do *país de origem* dos bens ou serviços disponíveis em rede e o acolhimento de idêntica solução em benefício dos tribunais do *país de destino* dos bens e serviços.

A primeira solução é, sem dúvida, a mais favorável aos fornecedores de bens e serviços disponíveis na Internet, porquanto lhes proporciona a redução dos custos em que necessariamente incorrem a fim de se defenderem das acções contra si instauradas por aqueles a quem forneçam esses bens ou serviços e lhes permite gerir melhor os riscos inerentes à actuação em mercados externos, o que evidentemente confere maior previsibilidade à sua actividade empresarial.

A segunda é a mais favorável aos consumidores, pois evita que estes tenham de demandar os fornecedores de bens ou serviços defeituosos em país estrangeiro e lhes assegura, em princípio, a protecção que lhes conferem as disposições imperativas do Direito do país da sua residência

---

posta para a ordem jurídica interna pelo D.L. n.º 7/2004, de 7 de Janeiro. Cfr. sobre a Directiva e os trabalhos preparatórios deste diploma legal o nosso estudo «Comércio electrónico e responsabilidade empresarial», in *Direito da Sociedade da Informação*, volume IV, Coimbra, 2003, pp. 241 ss. (reproduzido em *Direito Internacional Privado. Ensaios*, vol. I, Coimbra, 2002, pp. 193 ss.), e a demais bibliografia aí citada.

habitual (no pressuposto, evidentemente, de que os tribunais locais sempre as tomarão em consideração na resolução dos litígios que lhes forem submetidos).

Cada uma destas soluções envolve também certos inconvenientes.

A primeira, porque cria o risco de uma «corrida para o fundo» (*race to the bottom*), consistente em os provedores de serviços em rede se estabelecerem sistematicamente nos países cuja legislação seja mais permissiva, na expectativa de que os tribunais locais a apliquem sistematicamente quando julguem acções intentadas contra esses sujeitos.

A segunda, porque faz recair sobre as entidades que oferecem bens ou serviços na Internet – muitas das quais são pequenas e médias empresas – o ónus de, por um lado, se defenderem das acções contra si instauradas pelos adquirentes de bens ou serviços que comercializem nos países onde estes sujeitos se acham domiciliados e, por outro, se sujeitarem às normas vigentes numa multiplicidade de jurisdições – na prática, todas aquelas onde exista conexão à rede e a partir das quais, por conseguinte, os respectivos sítios Internet estejam acessíveis. Semelhante ónus pode produzir, como já se tem feito notar, um «efeito de arrefecimento» (*chilling effect*) do comércio electrónico.

4. Surgiram, por isso, mormente na jurisprudência dos tribunais norte-americanos, soluções de compromisso.

De acordo com uma delas, assente na distinção entre sítios Internet «passivos» e «interactivos», exclui-se a competência judiciária baseada na simples acessibilidade de um sítio Internet no Estado do foro, se esse sítio se limitar a veicular informação acerca dos bens ou serviços comercializados pelo seu titular (*hoc sensu,* se for um *sítio passivo*[3]). Já se o fornecedor desses bens ou serviços desenvolver a sua actividade empresarial através da Internet e celebrar contratos por via de um *sítio interactivo* com pessoas domiciliadas em outros Estados, justificar-se-á, pelo menos em certos casos, que os tribunais destes últimos sejam competentes a fim de julgarem os litígios deles emergentes[4]. Para tanto,

---

[3] Neste sentido, veja-se a sentença proferida pelo *United States District Court, W.D. Pennsylvania*, em 16 de Janeiro de 1997, no caso *Zippo Manufacturing Company v. Zippo Dot Com, Inc.*, 952 F. Supp. 1119. Aí se lê, a p. 1124: «A passive web site that does little more than make information available to those who are interested in it is not grounds for the exercise of personal jurisdiction».

[4] Assim a sentença proferida pelo *United States District Court, E.D. Virginia*, em 26 de Maio de 1999, no caso *Bochan v. La Fontaine*, 68 F. Supp. 2d 692, p. 701: «personal

será ainda necessário que a pretensão do autor resulte de actividades do réu relacionadas com o Estado do foro (*forum-related*) e que o exercício da jurisdição no caso concreto seja razoável[5].

Segundo outro ponto de vista, mais recente, a circunstância de um sítio Internet interactivo operado pelo réu ser acessível no Estado do domicílio do autor não sujeita, por si só, o primeiro à jurisdição dos tribunais do segundo[6]: exige-se ainda que o fornecedor de bens ou serviços em rede *vise especificamente* pessoas residentes no Estado do foro ou, noutra formulação, que *dirija intencionalmente a sua actividade, de forma substancial, para o Estado do foro*[7]. Nisto consiste o denominado *targeting approach*[8].

5. Relativamente à competência internacional indirecta, são também diversas as soluções possíveis: *a)* não efectuar qualquer controlo da competência internacional do tribunal de origem da sentença como condição do reconhecimento desta; *b)* verificar apenas, para este efeito, se foi violada a competência exclusiva dos tribunais do Estado do foro; *c)* aferir a competência internacional dos tribunais do Estado de origem à luz dos critérios de competência internacional vigentes nesse Estado; *d)* proceder a essa aferição segundo os critérios próprios do Estado do

---

jurisdiction exists when Internet activities involve the conduct of business over the Internet, including on-line contracting with residents of the jurisdiction or other kinds of substantial commercial interactivity».

[5] Cfr. a sentença proferida pelo *United States Court of Appeals, Ninth Circuit*, em 2 de Dezembro de 1997, no caso *Cybersell, Inc. v. Cybersell, Inc.*, 130 F. 3d 414.

[6] Ver, nesta linha, a sentença proferida em 11 de Janeiro de 2000 pelo *United States Court of Appeals for the District of Columbia* no caso *GTE New Media Services, Inc.. v. Bellsouth Corp. et al.*, 199 F3d. 1343.

[7] Cfr. a sentença proferida pelo *United States Court of Appeals, Ninth Circuit*, em 17 de Abril de 1998, no caso *Panavision International v. Dennis Toeppen*, 141 F3d 1316, na qual se afirma, a p. 1321: «no court had ever held that an Internet advertisement alone is sufficient to subject a party to jurisdiction in another state [...] In each case where personal jurisdiction was exercised, there had been "something more" to "indicate that the defendant purposefully (albeit electronically) directed his activity in a substantial way to the forum state"».

[8] Cfr. American Bar Association, *A Report on Global Jurisdiction Issues Created by the Internet*, 2000 (disponível em http://www.abanet.org/buslaw/cyber/initiatives/proj-documentation.html), pp. 28 ss. e 53 ss. Ver também Christopher Reed, *Internet Law: Text and Materials*, Londres/Edimburgo/Dublin, 2000, pp. 196 ss.; e Lawrence Street/Mark Grant, *Law of the Internet*, s/l, 2002, § 3.01 [1].

foro; e *e)* verificar se entre o Estado de origem e a lide havia um nexo espacial suficiente, à luz dos critérios gerais que presidem à regulamentação da matéria no Estado do foro[9].

A três primeiras soluções facilitam demais, a nosso ver, o reconhecimento de sentenças estrangeiras, possibilitando esse reconhecimento mesmo quanto a sentenças proferidas com base em critérios de competência exorbitantes – como é, por exemplo, a simples acessibilidade de um sítio Internet no Estado onde a sentença foi proferida.

Em contrapartida, a quarta restringe excessivamente o reconhecimento, proporcionando o surgimento de situações claudicantes.

A quinta solução apontada é, por isso, a preferível. A sua concretização pelo que respeita à matéria em apreço depende, como é bom de ver, dos critérios de competência internacional directa que o Direito do Estado do foro consagre no tocante aos litígios emergentes do comércio electrónico. É destes que cuidaremos em seguida.

IV – REGIMES VIGENTES

6. São várias as fontes normativas a considerar nesta matéria.

Avulta, antes de mais, o Regulamento (CE) n.º 44/2001 («Regulamento de Bruxelas I»)[10], que entrou em vigor em 1 de Março de 2002 e se aplica às acções em matéria cível e comercial intentadas contra pessoas domiciliadas na Comunidade Europeia, com excepção da Dinamarca, que não é parte dele.

Releva, por outro lado, a Convenção de Bruxelas de 1968[11], aplicável às mesmas acções quando o réu resida na Dinamarca.

---

[9] Para mais desenvolvimentos sobre esta matéria, que apenas podemos examinar aqui sucintamente, vejam-se: Rui Manuel Moura Ramos, *A reforma do Direito Processual Civil Internacional*, Coimbra, 1998, pp. 41 ss.; António Ferrer Correia, *Lições de Direito Internacional Privado*, vol. I, Coimbra, 2000, pp. 478 ss.; e Luís de Lima Pinheiro, *Direito Internacional Privado*, vol. III, Coimbra, 2002, pp. 349 ss.

[10] Regulamento de 22 de Dezembro de 2000, relativo à competência judiciária, ao reconhecimento e à execução de decisões em matéria civil e comercial, publicado no *JOCE*, n.º L 12, de 16 de Janeiro de 2001, pp. 1 ss. Sobre esse texto, veja-se o nosso estudo «Competência judiciária e reconhecimento de decisões estrangeiras no Regulamento (CE) n.º 44/2001», *in Scientia Iuridica*, tomo LI, Julho/Setembro 2002, pp. 347 ss. (reproduzido em *Direito Internacional Privado. Ensaios*, vol. I, pp. 291 ss.), e a demais bibliografia aí citada.

[11] Convenção de Bruxelas de 27 de Setembro de 1968 Relativa à Competência Judiciária e à Execução de Decisões em Matéria Civil e Comercial, a que Portugal aderiu

Vale ainda, entre nós, o disposto nos arts. 65.° e seguintes e 1094.° e seguintes do Código de Processo Civil, aplicáveis, respectivamente, às acções contra residentes fora do território da Comunidade e ao reconhecimento de sentenças oriundas de Estados estranhos a esta.

Por último, devemos atender, como fonte de soluções, ao disposto no Projecto de Convenção da Haia de 1999 sobre a competência e o reconhecimento de sentenças estrangeiras em matéria civil e comercial[12] (ainda não aprovado), que terá um âmbito mundial.

Ora, que soluções consagram estes instrumentos?

7. Pelo que respeita à competência internacional directa, estabelece-se no Regulamento de Bruxelas I, como regra geral, a competência do foro do domicílio do réu (art. 2.°).

Em matéria de contratos, vale ainda, alternativamente ao anterior, o foro do lugar do cumprimento, previsto no art. 5.°, n.° 1.

No tocante aos contratos celebrados por consumidores, encontramos no art. 16.° uma regra de competência especial, que lhes permite demandar um profissional no país do domicílio do consumidor.

Esta regra aplica-se, nos termos do art. 15.°, n.° 1, alínea *c)*, também aos casos em que o profissional *dirige a sua actividade* por qualquer meio ao Estado-Membro do domicílio do consumidor e o contrato seja abrangido por essa actividade.

Não se esclarece nesse preceito o que deve entender-se por «dirigir actividades».

Numa declaração relativa ao art. 15.°, o Conselho de Ministros e a Comissão excluíram que seja suficiente, a fim de se considerar preenchido esse desiderato, a simples acessibilidade de um sítio Internet a partir do Estado-Membro do domicílio do consumidor: é preciso que o sítio em

---

pela Convenção de Sán Sebastián de 26 de Maio de 1989, ratificada pelo Decreto do Presidente da República n.° 52/91, de 30 de Outubro. O texto integral de ambas as Convenções encontra-se publicado no suplemento ao *Diário da República*, I Série-A, n.° 250, de 30 de Outubro de 1991. Veja-se a respectiva versão consolidada, que incorpora as alterações introduzidas pelas convenções de adesão posteriores, no *JOCE*, n.° C 27, de 26 de Janeiro de 1998, pp. 1 ss. Cfr. sobre este instrumento internacional o nosso *Comentário à Convenção de Bruxelas de 27 de Setembro de 1968 relativa à Competência Judiciária e à Execução de Decisões em Matéria Civil e Comercial e Textos Complementares*, Lisboa, 1994 (em colaboração com o Prof. Doutor Miguel Teixeira de Sousa), com mais indicações bibliográficas.

[12] Disponível em www.hcch.net.

questão «convide à celebração de contratos à distância e que tenha efectivamente sido celebrado um contrato à distância, por qualquer meio»[13]. A este respeito, a língua utilizada e a moeda convencionada são irrelevantes.

Não é inequívoca, apesar desta declaração, a bondade da solução acolhida no art. 15.°, n.° 1, alínea *c)*, do Regulamento.

Com efeito, dessa declaração retira-se que se um sítio Internet convidar à celebração de contratos à distância e não especificar qualquer país como alvo desse convite nem excluir a celebração de contratos com consumidores domiciliados em qualquer país, o titular desse sítio «dirige as suas actividades» a qualquer país a partir do qual um consumidor possa aceder a ele, sendo por isso os tribunais locais competentes para julgar os litígios emergentes do contrato.

Não é outra a conclusão a que conduzem os trabalhos preparatórios do Regulamento.

Efectivamente, no considerando 13 da proposta de Regulamento apresentada pela Comissão Europeia em 14 de Julho de 1999[14] afirma-se que «a comercialização de bens ou serviços por um meio electrónico acessível no Estado-Membro constitui uma actividade dirigida a esse Estado». E acrescenta-se: «quando esse Estado é o do domicílio do consumidor, este deve poder beneficiar da protecção que lhe é oferecida pelo regulamento ao subscrever no seu lugar de domicílio um contrato de consumo por um meio electrónico».

Por seu turno, a proposta alterada da Comissão, de 26 de Outubro de 2000, declara que «a própria existência [de um contrato de consumo] parece, em si própria, ser já uma indicação clara de que o fornecedor de bens ou serviços dirigiu a sua actividade comercial para o Estado do domicílio do consumidor»[15].

Apenas se excluem da competência do foro do domicílio do consumidor, por conseguinte, os casos em que o profissional se tenha

---

[13] *Vide* o comunicado à imprensa relativo à 2314.ª sessão do Conselho, disponível em http://ue.eu.int/newsroom.

[14] *Proposta de Regulamento (CE) do Conselho relativo à competência judiciária, ao reconhecimento e à execução de decisões em matéria civil e comercial*, documento COM (1999) 348 final, publicado no *JOCE* n.° C376, de 28 de Dezembro de 1999, pp. 1 ss.

[15] Cfr. a Exposição de Motivos da *Proposta de Regulamento do Conselho relativo à competência judiciária, ao reconhecimento e à execução de decisões em matéria civil e comercial*, documento COM (2000) 689 final, publicado no *JOCE* n.° C62, de 27 de Fevereiro de 2001, pp. 243 ss. (n.° 2.2.2).

limitado a anunciar os seus bens ou serviços na Internet e o consumidor se tenha deslocado ao país do profissional a fim de adquiri-los – dito de outro modo, quando o consumidor haja tomado conhecimento do bem ou serviço através de um *sítio passivo*, acessível no país do seu domicílio[16].
A solução do art. 15.º aproxima-se muito, nesta medida, da mera exigência de *acessibilidade* do sítio Internet a partir do país do domicílio do consumidor, a fim de que os tribunais locais sejam competentes.

Assim sendo, havemos de concluir que essa solução é excessiva, pois pode levar à atribuição de competência aos tribunais do Estado do domicílio do consumidor apesar da ausência de qualquer conexão substantiva entre a actuação pré-contratual do profissional e esse Estado.

Por exemplo, um finlandês que adquira a um fabricante de *software* português, pela Internet, um programa de computador anunciado no sítio de que o segundo seja titular poderá demandá-lo na Finlândia pelos defeitos de que o programa alegadamente padeça, ainda que o fabricante nenhuma conexão possua com esse país nem tenha visado especificamente o mercado local na publicidade que fez dos seus programas.

Semelhante regime é claramente dissuasor da actividade das pequenas empresas que ofereçam bens ou serviços em rede.

Dir-se-á que estas podem, nas próprias páginas da Internet que utilizem, recusar o fornecimento de tais bens ou serviços a consumidores domiciliados em qualquer país onde não queiram ser demandadas. Mas semelhantes *disclaimers* levantam dificuldades de outra ordem.

À uma, porque não existem mecanismos seguros de verificação do domicílio da contraparte nos contratos celebrados por meios electrónicos, não sendo evidentemente bastantes para o efeito os nomes de domínio constantes dos endereços de correio electrónico[17].

---

[16] Ver neste sentido a Exposição de Motivos da referida Proposta de Regulamento de 14 de Julho de 1999, *sub* art. 15.º. Cfr. ainda, sobre o ponto, Markus Lubitz, «Jurisdiction and Choice of Law for Electronic Contracts: an English Perspective», *Computerrecht International*, 2001, pp. 39 ss. (p. 42); Alfonso Luis Calvo Caravaca/Javier Carrascosa González, *Conflictos de leyes y conflictos de jurisdicción en Internet*, Madrid, 2001, pp. 87 ss.; Jan Kropholler, *Europäisches Zivilprozessrecht*, 7.ª ed., Heidelberga, 2002, p. 227; Hans-Werner Moritz/Thomas Dreier, *Rechts-Handbuch zum E-Commerce*, Colónia, 2002, p. 410; Pedro de Miguel Asensio, *Derecho Privado de Internet,* 3.ª ed., Madrid, 2002, p. 478; e Ugo Draetta, *Internet et commerce électronique en droit international des affaires,* Paris/Bruxelas, 2003, pp. 213 ss.

[17] Sublinha também este aspecto Gerald Spindler, «Internationales Verbraucherschutzrecht im Internet», *Multimedia und Recht*, 2000, pp. 18 ss. (p. 21).

Depois, porque não é inequívoco que o profissional possa restringir os destinatários dos bens ou serviços que disponibiliza em rede aos consumidores domiciliados em certo ou certos Estado, impedindo o acesso aos mesmos a partir dos demais países. Há hoje, decerto, «filtros» e outras medidas tecnológicas que em alguma medida visam este desiderato; mas são falíveis, como o demonstra o caso *Yahoo!*[18], em que, instado por um tribunal francês a bloquear o acesso a partir de França aos leilões de objectos nazis realizados no seu portal Internet, o provedor de serviços *Yahoo!Inc.*, estabelecido na Califórnia, teve de banir tais objectos desse portal por (consoante alegou no processo que decorreu naquele país, assim como no que posteriormente foi instaurado na Califórnia, tendente a impedir o reconhecimento da sentença francesa) carecer dos meios tecnológicos necessários a fim de dar cumprimento àquela determinação[19].

Finalmente, porque ainda que tais medidas sejam eficazes elas cerceiam o comércio electrónico e a integração económica na Comunidade Europeia, pelo fraccionamento dos mercados a que inevitavelmente conduzem.

Poder-se-á obtemperar que a solução consagrada no art. 15.º é a que melhor protege a parte mais fraca na relação jurídica.

Mas temos hoje dúvidas de que este argumento seja decisivo. A circunstância se encontrar ao dispor dos consumidores a acção popular de certa forma iguala as relações de força entre estes e os seus fornecedores. A necessidade de protecção do consumidor através da previsão em benefício deste de um *forum actoris* não pode, por isso, ser sobrevalorizada.

Poder-se-á, por outra via, aduzir que o regime do art. 15.º constitui a contrapartida dos benefícios que os fornecedores de bens e serviços em

---

[18] Julgado em 20 de Novembro de 2000 pelo *Tribunal de Grande Instance de Paris* (sentença disponível em www.eff.org e em http://www.cdt.org/speech/international//001120yahoofrance.pdf).

[19] Veja-se a sentença do *U.S. District Court for the Northern District California, San Jose Division*, proferida em 7 de Novembro de 2001, no caso *Yahoo! Inc. v. La Ligue Contre Le Racisme Et L'Antisemitisme et al.*, 169 F. Supp. 2d 1181, reproduzida *in CRi*, 2002, pp. 13 ss., com anotação de Mark Wittow. Aí se lê, a pp. 1185 s.: «Yahoo! claims that because it lacks the technology to block French citizens from accessing the Yahoo.com auction site to view materials which could violate the French Order or from accessing other Nazi-based content of websites on Yahoo.com, it cannot comply with the French order without banning Nazi-related material from Yahoo.com altogether».

linha extraem do acesso que a Internet lhes proporciona a um mercado de âmbito mundial[20]. A verdade, contudo, é que também os consumidores beneficiam dos preços mais baixos geralmente praticados quanto aos bens e serviços oferecidos em linha. Pelo que o alargamento da competência do foro do domicílio do consumidor não tem, nesta óptica, particular justificação.

A solução do art. 15.° quanto à repartição do risco do tribunal competente (*Gerichtsstandsrisiko*) parece-nos ainda incoerente com a repartição do risco da lei aplicável (*Rechtsanwendungsrisiko*) operada no tocante aos contratos de consumo pela Convenção de Roma de 1980 Sobre a Lei Aplicável às Obrigações Contratuais[21].

De facto, enquanto que na Convenção a ênfase é posta na facilitação do comércio internacional através da atribuição à lei do país do estabelecimento do fornecedor de bens ou serviços da competência subsidiária para discipliná-los (art. 4.°, n.° 2), apenas se prevendo a aplicação imperativa das normas de protecção do consumidor vigentes no país da sua residência habitual nas hipóteses referidas no n.° 2 do art. 5.°[22] – as quais têm fundamentalmente em vista o chamado *consumidor passivo*[23] –, no Regulamento n.° 44/2001 estende-se a protecção do consumidor, mediante o reconhecimento de competência internacional aos tribunais do país de domicílio deste, a um maior número de situações, incluindo aquelas em que o consumidor assume um *papel activo*[24].

---

[20] Neste sentido, Luís de Lima Pinheiro, «Competência internacional em matéria de litígios relativos à *Internet*», in *Direito da Sociedade da Informação*, vol. IV, Coimbra, 2003, pp. 171 ss. (p. 183).

[21] A que Portugal aderiu pela Convenção do Funchal em 18 de Maio de 1992, ratificada pelo Decreto do Presidente da República n.° 1/94, de 3 de Fevereiro.

[22] A saber: *a)* ter a celebração do contrato sido precedida, nesse país, de uma proposta que lhe foi especialmente dirigida ou de um anúncio publicitário e ter o consumidor executado nesse país todos os actos necessários à celebração do contrato; *b)* ter a outra parte ou o respectivo representante recebido o pedido do consumidor nesse país; ou *c)* consistindo o contrato numa venda de mercadorias, ter-se o consumidor deslocado a um país diverso do da sua residência habitual e aí feito o pedido, desde que a viagem tenha sido organizada pelo vendedor com o objectivo de o incitar a comprar.

[23] Sobre o ponto, *vide* o nosso estudo «Lei reguladora dos contratos de consumo», n.° 4, e a demais bibliografia aí citada.

[24] Cfr., em sentido convergente, Erik Jayme/Christian Kohler, «Europäisches Kollisionsrecht 1999 – Die Abendstunde der Staatsverträge», *IPRax*, 1999, pp. 401 ss., que escrevem, a p. 405: «Die Einbeziehung auch des "aktiven" Verbrauchers in den Schutzbereich des 4. Abschnitts führt dazu, dass Anbieter im Binnenmarkt in erheblich

Os inconvenientes do art. 15.º do Regulamento poderiam, é certo, ser superados através da estipulação nos contratos celebrados com consumidores de pactos de jurisdição ou de convenções de arbitragem, nos quais se atribuísse a competência a tribunais convenientes a ambas as partes.

Mas também este caminho está hoje vedado pelo disposto no art. 17.º do Regulamento, que restringe fortemente a admissibilidade de semelhantes estipulações, as quais, não sendo oponíveis aos consumidores, na prática apenas podem funcionar em benefício destes, proporcionando-lhes, deste modo, um foro alternativo que geralmente as partes não tinham em vista[25]. O que, de resto, nos parece de duvidosa compatibilidade com o disposto no art. 17.º da Directiva Sobre o Comércio Electrónico, que manda os Estados-Membros assegurarem que a respectiva legislação não impeça a utilização, pelo que respeita aos litígios emergentes da prestação de serviços da sociedade da informação, de mecanismos de resolução extrajudicial de litígios[26].

8. Muito diferente deste é o panorama que nos oferece a Convenção de Bruxelas de 1968.

---

grösseren Masse als bisher im Verbraucherwohnsitzstaat gerichtspflichtig werden». Em sentido crítico quanto a este aspecto do Regulamento pronuncia-se também Markus Fallenböck, *Internet und Internationales Privatrecht*, Viena/Nova Iorque, 2001, p. 166. Vejam-se ainda, reconhecendo que as condições de que depende a competência do foro do domicílio do consumidor no Regulamento n.º 44/2001 são menos exigentes do que as previstas no art. 5.º da Convenção de Roma a fim de que seja aplicável a lei do país da residência habitual deste sujeito, Elsa Dias Oliveira, *A protecção dos consumidores nos contratos celebrados através da Internet*, Coimbra, 2002, p. 327, e António Marques dos Santos, «Direito aplicável aos contratos celebrados através da Internet e tribunal competente», in *Direito da Sociedade da Informação*, vol. IV, Coimbra, 2003, pp. 107 ss. (p. 155).

[25] Vejam-se, porém, no sentido de que as restrições à eficácia dos pactos de jurisdição consignadas no art. 17.º do Regulamento se justificam pela necessidade de protecção da parte mais fraca: Alexandre Dias Pereira, «Os pactos atributivos de jurisdição nos contratos electrónicos de consumo», in *Estudos de Direito do Consumidor*, n.º 3, 2001, pp. 281 ss. (p. 288); *idem,* «A jurisdição na Internet segundo o Regulamento 44/2001 (e as alternativas extrajudiciais e tecnológicas»), *BFDUC*, 2001, pp. 633 ss. (p. 662); e Elsa Dias Oliveira, «Lei aplicável aos contratos celebrados com os consumidores através da Internet e tribunal competente», in *Estudos de Direito do Consumidor*, n.º 4, 2002, pp. 219 ss. (pp. 236 s.).

[26] Veja-se também, em transposição daquela disposição da Directiva, o art. 34.º do citado D.L. n.º 7/2004.

Aí se prevê, no art. 13.°, n.° 3, um regime bastante mais restritivo quanto à possibilidade de o consumidor demandar o profissional no país do domicílio do primeiro. Tal só pode acontecer, na verdade, quando o contrato for precedido de uma proposta ou anúncio publicitário no Estado do domicílio do consumidor e este haja praticado nesse Estado todos os actos necessários à contratação.

Aplicada ao comércio electrónico, esta regra traduz-se na exigência de que o profissional *solicite o consumidor* no país do seu domicílio (por exemplo através de uma mensagem de correio electrónico que divulgue os seus bens ou serviços[27]), a fim de que possa ser demandado nesse país; o que corresponde ao *targeting approach* que vimos acima ser actualmente praticado nos Estados Unidos. Trata-se, a nosso ver, de uma solução que se justifica perfeitamente à luz da ideia de que em tais hipóteses o profissional assumiu conscientemente o risco de se sujeitar aos tribunais do país do domicílio do consumidor.

Nem o Código de Processo Civil nem o Projecto da Haia de 1999 contemplam especificamente o comércio electrónico. O primeiro acolhe, como se sabe, a competência do tribunal do lugar do cumprimento da obrigação, em alternativa ao do domicílio do réu (art. 74.°, n.° 1); o segundo estabelece no art. 7.°, n.° 1, alínea *a)*, uma regra conforme a qual o consumidor poderá demandar a contraparte perante os tribunais do Estado do seu domicílio, contanto que a conclusão do contrato em que se funda a acção se encontre ligada a actividades profissionais ou comerciais que o réu haja exercido nesse Estado ou dirigido a esse Estado. Ambos os preceitos carecem de revisão neste particular, por forma a atender à específica correlação de interesses no domínio do comércio electrónico; o que, aliás, está a ser feito no tocante ao projecto de Haia[28].

9. Pelo que diz respeito à competência internacional indirecta, o Regulamento de Bruxelas prevê no art. 35.° que não haverá reconhecimento das sentenças proferidas nos demais Estados-Membros se tiver sido desrespeitado o disposto na secção 4 do Regulamento em matéria de competência para litígios emergentes de contratos celebrados por consumidores.

---

[27] Pronuncia-se também favoravelmente ao exercício da competência judiciária nesta hipótese Hélène Gaudemet-Tallon, *Compétence judiciaire et exécution des jugements en Europe*, 3.ª ed., Paris, 2002, p. 230.

[28] Cfr. Avril Haines, *The Impact of the Internet on the Judgments Project: Thoughts for the Future*, Haia, 2002 (disponível em http://www.hcch.net).

Portanto, pode ser recusado o reconhecimento se o tribunal do país do domicílio do consumidor se tiver declarado competente apesar de o profissional não «dirigir actividades» para esse país.

Também no art. 28.º da Convenção de Bruxelas se prevê a recusa de reconhecimento por violação de regras de competência em matéria de contratos celebrados por consumidores. Como, porém, estas são bastante mais restritivas do que as que o Regulamento consagra, segue-se que as hipóteses de recusa de reconhecimento com esse fundamento são na Convenção bastante mais vastas.

No Código português a matéria é tratada no art. 1096.º, alínea *c)*. A solução hoje aí consignada franqueia a nosso ver excessivamente as portas ao reconhecimento de sentenças estrangeiras fundadas em factores de competência exorbitantes, ao ressalvar apenas os casos de violação da competência exclusiva dos tribunais portugueses[29].

No art. 26 da Convenção da Haia prevê-se também a recusa de reconhecimento com fundamento em o tribunal *a quo* ter baseado a sua competência num dos factores de competência exorbitantes enunciados no art. 18. Numa reunião de peritos realizada em Otava em 2000, foi proposto que entre esses factores se incluísse a simples acessibilidade de um sítio Internet no país onde a sentença foi proferida[30].

Caso venha ser consagrado, semelhante regime dificultará seriamente o reconhecimento de sentenças oriundas de Estados-Membros do Regulamento de Bruxelas fundadas na acessibilidade de um sítio Internet no país do domicílio do consumidor. Também por aqui se verifica a inadequação da solução consignada no art. 15.º deste Regulamento.

V – CONCLUSÕES

10. As conclusões fundamentais que retiramos destas reflexões são as seguintes:

a) O Regulamento comunitário n.º 44/2001, ao disciplinar a competência internacional em matéria de contratos celebrados

---

[29] Sobre o ponto, *vide* o nosso «A competência internacional no Código de Processo Civil revisto: aspectos gerais», *in Aspectos do novo Processo Civil*, Lisboa, 1997, pp. 71 ss. (reproduzido em *Direito Internacional Privado. Ensaios*, vol. I, pp. 243 ss.).

[30] Cfr. Katherine Kessedjian, *Commerce électronique et compétence juridictionelle internationale*, Haia, 2000 (disponível em http://www.hcch.net), p. 9.

por consumidores por meios electrónicos, não manteve o equilíbrio de interesses estabelecido quanto aos contratos de consumo nas Convenções de Bruxelas e de Roma, pois operou um importante alargamento da protecção do consumidor, estendendo a um número significativamente maior de situações a competência dos tribunais do país do domicílio do consumidor para as acções por este intentadas contra o profissional que lhe forneceu bens ou serviços: essa competência pode agora ser exercida mesmo em situações em que esse país nenhuma ligação substantiva apresente com a actuação pré-contratual daquele profissional;

b) Não é inequívoco que semelhante alargamento se justifique, pois a circunstância de o contrato de consumo ser celebrado e executado através da Internet não gera por si só uma necessidade acrescida de protecção do consumidor, sendo que, por outro lado, a dita solução se revela pelo menos dificilmente compatível com o fomento do comércio electrónico.

TUTELA DO CONSUMO
E PROCEDIMENTO ADMINISTRATIVO*

ADELAIDE MENEZES LEITÃO

Vamos iniciar a presente lição por uma tentativa de definir e delimitar a tutela do consumo para, de seguida, analisarmos que tipo de relações se podem encontrar entre a tutela do consumo e o procedimento administrativo.

1. Coordenadas, Modelos e Parâmetros Fundamentais da Tutela do Consumo

a) Coordenadas da Tutela do Consumo

Na década de sessenta do século passado iniciou-se o processo de autonomização jurídica da figura do consumidor, através de um conjunto de medidas legislativas proteccionistas, que visavam promover a sua defesa face a fenómenos sócio-económicos, que, desde então não têm parado de evoluir, tais como a produção industrial em massa, o tráfego negocial de massas, a complexidade do mercado, a agressividade das novas estratégias comerciais, o "imperialismo" da publicidade, a concen-

---

* O presente texto corresponde à conferência proferida no III Curso de Pós--Graduação em Direito do Consumo, em 3 de Dezembro de 2002. Trata-se do texto que corresponde à exposição oral, pelo que tem, por isso, sobretudo uma intenção descritiva da matéria a leccionar naquela aula. Ao convite que nos foi dirigido pelo Instituto do Consumo, cumpre-nos consignar uma palavra de agradecimento.

tração empresarial, a globalização económica, o incremento da sociedade de risco, com problemas globais de segurança[1], o desaparecimento da relação de proximidade entre o produtor e o consumidor e uma panóplia de factores económico-sociais, que contribuíram para o enfraquecimento da sua posição individual. Com efeito, o fenómeno da vulnerabilidade do consumidor, que possui causas cumulativas, reclamou e promove uma "abertura" no sistema jurídico: a criação de um complexo normativo para a sua protecção[2].

Assim, verificou-se, ao longo do século passado, uma evolução que passou pela industrialização, num primeiro momento, pela comercialização, num segundo momento e pela "consumerização", num terceiro momento. Foi a industrialização que potenciou a comercialização e esta que fomentou a "consumerização". Tratou-se de fenómenos históricos sucessivos em cadeia, cuja compreensão da sua evolução, nas diferentes fases, permite a explicação de certos fenómenos jurídicos aos mesmos associados[3].

O Direito procura, actualmente, um modelo de equilíbrio, em termos de progresso, entre estes três "vectores" sócio-económicos: a indústria, o comércio (e serviços) e o consumo, equilíbrio nem sempre é fácil de conseguir, sobretudo porque existem outras relações que se impõe articular, como as relações entre ambiente e economia[4], entre ciência e técnica, entre progresso e risco, entre igualdade social e desenvolvimento económico. A sociedade de consumo constitui um elemento fundamental da actual "sociedade de risco" (ULRICH BECK), com toda a fenomenologia que a esta está associada[5].

Ora, o problema do consumo deixou de colocar-se ao nível individual (do consumidor) e dos mecanismos tradicionais contratuais,

---

[1] JOÃO LOUREIRO, *Da sociedade Técnica à Sociedade do Risco*, Estudos em Homenagem ao Professor Doutor Rogério Soares, Coimbra Ed, 2001.

[2] JEAN CALAIS-AULOY, *Droit de la consommation*, 12.º Ed, Dalloz, 1986, 6-7, sobre as razões históricas que justificaram a protecção do consumidor, salientam-se as seguintes: evolução da economia de mercado, desequilíbrio da posição do consumidor em confronto com os produtores e os comerciantes, denúncia do enfraquecimento do consumidor através de três discursos: discurso filosófico (Marcuse, *L'homme unidimensionnel*), discurso económico (Galbraith, *L'ère de l'opulence* e Vance Pachard, *La persuasion clandestine*) e discurso político (discurso de Kennedy de 1962).

[3] ADELAIDE MENEZES LEITÃO, *Estudo de Direito Privado sobre a cláusula geral de concorrência desleal*, Almedina, Coimbra, 2000, 17 ss.

[4] ADELAIDE MENEZES LEITÃO, *O Planeamento Administrativo e a Tutela do Ambiente*, ROA, Ano 56, Janeiro 1996, 233-234.

[5] JOÃO LOUREIRO, *op. cit*, 811 ss.

ultrapassando a área do contrato e colocando-se num parâmetro colectivo, com uma dimensão de ordenação económica e de regulação da concorrência. É esta mudança que justificou o delinear de políticas proteccionistas, a criação de novos centros de decisão e de fiscalização e o emergir de legislações com novos mecanismos de reacção às lesões, i.e., o próprio surgimento do Direito do Consumo, como um ramo jurídico autónomo, composto por normas de direito civil, de direito económico, de direito administrativo, de direito penal, entre outras.

Posto isto, não se deve falar hoje de defesa do consumidor (de cariz demasiado individualista), ou de defesa dos consumidores (de pendor colectivo, mas "pensada" segundo o cânone subjectivista), deve-se, em alternativa, assumir uma "retórica da objectividade", que apela a uma tutela do consumo, enquanto bem jurídico-público, e focar a defesa do consumo, como fenómeno com uma função social incontestável na sociedade actual.

O direito do consumo emerge como espaço jurídico dogmaticamente individualizado dos demais, composto por normas de direito público e de direito privado. Tal equivale à equiparação do consumo a outros bens jurídicos fundamentais[6], como o ambiente, a saúde, a qualidade de vida, o urbanismo, o património arquitectónico. Torna-se, pois, decisiva a compreensão de que os variados "domínios de protecção" não podem ser alcançados senão de forma articulada, não fazendo sentido segmentar, em compartimentos jurídicos estanques, dimensões estruturalmente imbricadas umas nas outras.

Assim, no campo dos conjuntos jurídicos de formação mais recente, é patente a natureza transversal do seu processo de constituição e revelação jurídicas, condicionando quer a sua compreensão, quer o papel que desempenham no conjunto do ordenamento jurídico. A transversalidade do Direito do Consumo ajuda-nos a compreender que o acervo das suas normas resulta de uma pluralidade de fontes, nas quais as normas

---

[6] No mesmo sentido, promovendo uma equiparação da tutela do consumo ao nível da sua estrutura proteica, sobretudo o direito à qualidade de bens de consumo, ainda que no domínio da tutela penal, AUGUSTO SILVA DIAS, *A estrutura dos direitos ao ambiente e à qualidade dos bens de consumo e a sua repercussão na teoria do bem jurídico e das causas de justificação*, Separata de Jornadas em Homenagem ao Professor Doutor Cavaleiro Ferreira, Lisboa, 1995, 183 ss: partindo da qualificação alexyniana dos direitos fundamentais, qualifica quer o direito do ambiente, quer o direito à qualidade dos bens de consumo como direitos *"prima facie"*, na medida em que ambos pressupõem a sua submissão a esquemas de ponderação; surgem como direitos subjectivos abertos a momentos de sociabilidade.

internacionais e as normas jurídico-públicas assumem particular relevância na correcção e complementação das regulações jurídicas limitadas a uma lógica de protecção estritamente individual da parte mais fraca.

Estes "quadros jurídicos", como o direito do consumo e o direito do ambiente, de autonomização mais recente, mas, porventura, mais perene, surgem, por isso, como um aprofundamento do Estado de Direito e a sua transformação num Estado Social de Direito, com a introdução de novas formas de participação e de democracia em processos que revelam modos de materialização jurídica.

Apesar disto, o Direito do Consumo não abandonou a sua filiação nos quadros do direito privado, no qual emergiu, sendo que ainda hoje possui grande parte do seu *acquis* normativo no domínio jurídico-civil[7]. Porém, actualmente, para sua compreensão global, é necessário o recurso a outros campos jurídicos, nos quais a dimensão colectiva e institucional encontrem guarida. A dimensão internacional da protecção do consumo traduz-se no espaço jurídico europeu, do qual Portugal é parte, num conjunto de Directivas Comunitárias fundamentais que a promovem[8].

b) Modelos de tutela do consumo

No que concerne à tutela do consumo podemos discernir quatro modelos teóricos (abstractos) diferenciados, que encontram maior ou menor tradução em concretizações históricas, e que se diferenciam em função do tipo de protecção jurídica predominante:

    i) a protecção dos consumidores através de instrumentos de direito privado, essencialmente civilista, que, tendo-se iniciado num modelo liberal, na qual aquela protecção ainda não era equacionada "*qua tale*", promove o "formato" dos direitos subjectivos dos consumidores e de meios individuais de reacção inseridos essencialmente no domínio contratual;

---

[7] Entre outros o Direito do Consumo: Autonomização e Configuração Dogmática, 11-28, João Calvão da Silva, *Responsabilidade do produtor*, Almedina, Coimbra, 1990, 27 ss.

[8] Fora do contexto do presente trabalho que por razões de economia e de racionalidade sistemática do conjunto do Curso de Pós-graduação remete-se para Ana Maria Guerra Martins, O *direito comunitário do consumo*, 63-92 e Luís Menezes Leitão, *Estudos de Direito do Consumo*, vol. I, Almedina, Coimbra, 2002,

ii) a protecção dos consumidores numa lógica de direito público, pela conformação de um bem jurídico-público – o consumo – própria de um Estado de intervenção e regulador da economia;

iii) a protecção dos consumidores através de uma lógica associativista, em que as associações promovem a protecção de interesses difusos, interesses colectivos e interesses individuais dos consumidores, característica de um Estado de pendor menos intervencionista e

iv) a protecção dos consumidores através de um modelo combinatório dos anteriores, que procura enquadrar a protecção dos consumidores numa visão integrada.

O modelo português vigente é, numa primeira análise, combinatório (iv) pelos seguintes motivos:

i) permanecem os meios tradicionais civis de defesa do consumidor, enquanto contraente, meios que vão desde o erro ao dolo, à interpretação e à integração dos negócios, aos negócios usurários, à *culpa in contrahendo*, ao regime das cláusulas contratuais gerais, à compra e venda de coisas defeituosas, à excepção do contrato não cumprido, à responsabilidade obrigacional, descortinando-se uma miríade de institutos civilistas que servem, em geral, às pretensões de defesa do consumidor;

ii) concomitantemente, encontra-se uma legislação mais "politizada" e enquadradora de interesses colectivos e difusos, que, através de um instituto público – o Instituto do Consumidor – e de outros órgãos da administração pública – o Conselho Nacional do Consumo e a Comissão de Segurança – procuram promover a criação de políticas e de formas fiscalizadoras das actividades económicas que mais decisivamente influenciam o consumo; e

iii) simultaneamente, verifica-se um peso significativo das associações de defesa de consumidor, quer na definição estratégica de políticas de consumidor (preventivamente), quer na defesa contra as lesões dos interesses dos consumidores (repressivamente).

Ora, estes modelos podem ser vistos por dois pólos distintos – o privado e o público[9]:

i) o "modelo privado", ligado à "defesa do consumidor", com predomínio do contrato e do direito subjectivo na compreensão jurídica desta defesa;

ii) o "modelo público", ligado à "defesa do consumo", como bem jurídico essencial à ordenação económica, evidenciando a sua função social e a "fuga" dos quadros compreensivos do contrato e do direito subjectivo para outras realidades jurídicas, que enquadram a dimensão colectiva do fenómeno consumista e a sua relevância na concretização do interesse público e do bem comum; e

iii) o "modelo associativista", ligado à "defesa dos consumidores", que resulta da necessidade do Estado reduzir a sua intervenção, apelando a que a mesma seja prosseguida por outras entidades, num modelo misto, com uma lógica simultaneamente privada e pública, individual e colectiva[10].

No âmbito do presente estudo, centrado na figura nuclear do procedimento administrativo, metodologicamente, a relação primordial a traçar é entre a "tutela do consumo" e o parâmetro procedimental, pelo que doravante vamos referir-nos à "defesa do consumo" – apelando a uma dimensão objectiva da mesma – sem descurar os aspectos subjectivos ligados a esquemas de legitimidade procedimental, que, inerentemente, lhe estão associados e que se incluiriam mais rigorosamente no conceito de "defesa dos consumidores".

O apelo a uma dimensão objectiva permite, por um lado, a compreensão do consumo como um fenómeno que exorbita os seus protagonistas – os consumidores – mostrando que esta realidade, no seu núcleo como nas suas margens, implica aproximações relacionais (com o comércio, a indústria, a produção, os serviços, as profissões liberais, os serviços públicos, a agricultura, o ambiente, a saúde e a segurança) e, por outro lado, o recurso à noção em crise, mas dogmaticamente incon-

---

[9] ALEXANDRE DIAS PEREIRA, *A protecção do consumidor no quadro da directiva sobre o comércio electrónico*, Estudos de Direito do consumidor, Faculdade de Direito do Consumidor, Centro de direito do consumo, 2000, 63 e ss.

[10] Sobre as associações de defesa do consumidor e as cooperativas de consumo como organismos de direito privado incumbidos da defesa dos consumidores em França, JEAN CALAIS-AULOY, *Droit de la consommation cit*, 8-9.

tornável, de interesse público, verdadeira "bússola" do procedimento administrativo, não descurando que orbitam em torno deste conceito diferentes interesses sectoriais.

De um ponto de vista prospectivo, antevê-se e defende-se, no direito do consumo, um regresso a um maior peso dos meios típicos da "sociedade de direito privado"[11] para combater toda e qualquer forma de pretensa inferioridade material dos actores sócio-económicos. No limite, no momento em que o direito privado oferecer as soluções que hoje resultam de esquemas jurídico-públicos, a razão de ser destes últimos porventura desaparecerá. O próprio papel das associações de defesa dos consumidores, construído, em alguns casos, sob a lógica de um "proteccionismo estadual" de segunda geração, apresenta-se como um primeiro passo de retorno aos meios privados[12] de combate à desigualdade material[13] pela compreensão de que a "complexificação da sociedade obrigou a uma reorganização/fragmentação da clássica administração"[14].

Cumpre, de seguida, analisar mais pormenorizadamente o modelo português à luz dos considerandos que se deixaram expostos e de acordo com os diferentes parâmetros jurídicos em que se materializa a defesa do consumo.

c) Parâmetro constitucional

No que concerne à Constituição Portuguesa, desde 1976 que se autonomizou um conjunto de disposições com uma menção expressa à tutela dos consumidores: o art. 52.º, 3, a), referente a acção popular, o

---

[11] CLAUS WILHELM CANARIS, A liberdade e a justiça contratual na "Sociedade de Direito Privado", UCP.

[12] Contra GOMES CANOTILHO, O Direito Constitucional passa, o Direito Administrativo passa também, 717, referindo-se a um novo paradigma do Estado regulador em que a "tarefa pública" não é obrigatóriamente prosseguida, de forma directa, pela administração, ainda que o exercício de tarefas públicas por operadores privados não significa sempre uma retirada do Estado, mas tão somente a escolha (estadual) de uma outra forma de prossecução das tarefas públicas.

[13] PAULO OTERO, Coordenadas jurídicas da privatização da administração Pública, 31-57 e MARIA DA GLÓRIA GARCIA, As transformações do Direito Administrativo – reflexos sobre o lugar do direito no Estado, 345-354 (ambos os textos se encontram compilados no Colóquio Luso Espanhol de direito Administrativo, Studia Iuridica, 60, Coimbra).

[14] JOÃO LOUREIRO, op. cit., 849.

art. 60.º sobre os direitos dos consumidores, o art. 81.º, h), em matéria de prioridades do Estado no âmbito económico e social e o art. 99.º, no domínio da política comercial. Podemos falar numa "Constituição do Consumo", ainda que o quadro fornecido seja muito abrangente.

Encontram-se, assim, quatro referências expressas ao consumidor no texto constitucional: o art. 52.º, 3, a) e o art. 60.º (por um lado) e o art. 81.º e art. 99.º (por outro), em que se denotam dois "paradigmas" distintos de perspectivar a sua defesa. Um primeiro "paradigma", centrado na posição jurídica, nos seus titulares e na legitimidade e, um segundo "paradigma", em torno do conceito de interesse público e de incumbência do Estado (serviço público). Comprovemos esta dupla dimensão constitucional.

> *i)* Nos termos do art. 60.º da CRP, sob a epígrafe (*Direitos dos consumidores*), elenca-se um conjunto de direitos dos consumidores e de matérias ligadas a essa defesa: a publicidade e as associações de defesa do consumidor. Com efeito, nesse artigo refere-se que: 1. *Os consumidores têm direito à qualidade dos bens e serviços consumidos, à formação e à informação, à protecção da saúde, da segurança e dos seus interesses económicos, bem como à reparação de danos. 2. A publicidade é disciplinada por lei, sendo proibidas todas as formas de publicidade oculta, indirecta ou dolosa. 3. As associações de consumidores e as cooperativas de consumo têm direito, nos termos da lei, ao apoio do Estado e a ser ouvidas sobre as questões que digam respeito à defesa dos consumidores, sendo-lhes reconhecida legitimidade processual para defesa dos seus associados ou de interesses colectivos ou difusos.*

Apreciando a formulação constitucional do art. 60.º, de salientar que esta se situa numa toada subjectiva, não sendo de estranhar o facto de estar incluído no catálogo direitos constitucionais, direitos subjectivos jurídico--públicos, no "capítulo" dos direitos económicos, culturais e sociais. Refira-se que, actualmente, a separação entre direitos, liberdades e garantias, por um lado, e direitos económicos, sociais e culturais, por outro, encontra-se despida de qualquer hierarquia valorativa, permanecendo esta clivagem estrutural na sistemática constitucional como mero resquício com justificações de ordem internacional e constitucional, porquanto a conquista civilizacional reside hoje fundamentalmente nos direitos económicos.

Assim, a Constituição consagra vários direitos, alguns de cariz económico, recorrendo à "técnica da jussubjectivização", técnica clássica dos catálogos de direitos fundamentais, que o constitucionalismo no pós-revolução francesa introduziu na cultura constitucional europeia, e que foi utilizada, posteriormente, na fase de maior intervencionismo estadual, para o alargamento desses catálogos no campo dos direitos económicos, culturais e sociais. De sublinhar que não encontramos um "direito ao consumo" ou um "direito de consumo", mas, de modo distinto, um conjunto de "direitos parcelares" em torno da realidade consumo, que se passam a transcrever:

– à qualidade dos bens e serviços consumidos;
– à formação e à informação;
– à protecção da saúde;
– à protecção da segurança;
– à protecção dos interesses económicos e
– à reparação de danos.

Todos estes "micro-direitos" fundamentais revelam a natureza abrangente do fenómeno do consumo e a necessidade de articular os diferentes patamares de protecção de um bem jurídico multifacetado, ainda que dotado de autonomia material.

De referir que a menção a "consumidores" (no plural) no léxico constitucional é por si reveladora da dimensão colectiva desta tutela, que o próprio texto constitucional preconiza, dimensão que se evidencia no papel que se atribui na defesa dos consumidores às suas associações (art. 60.º, 3) e na consagração da acção popular individual ou colectiva através das respectivas associações (art. 52.º, 3, a).

ii) Do mesmo modo que se encontra uma dimensão subjectiva, depara-se com uma dimensão objectiva típica das Constituições do século XX de cariz mais intervencionista, que forneceram ao modelo de organização económica dignidade constitucional, justificando-se uma especial articulação, em termos materiais, entre a matéria dos direitos económicos, sociais e culturais e a organização económica. Com efeito, o art. 99.º CRP, referente aos *objectivos da política comercial,* enumera como um dos seus objectivos: alínea e) *A protecção dos consumidores, protecção esta que de acordo com a referida disposição normativa terá de ser enquadrada atendendo a outros objectivos da política comercial* como: alínea a) *a concorrência salutar dos agentes mercantis*; alínea b) *a racionalização dos circuitos de distribuição*; alínea c) *o combate às actividades especulativas e às práticas comerciais restritivas*; alínea d) *o desenvolvimento e a diversificação das relações económicas externas*. A "Constituição do Comércio" não prescinde da pauta da "Constituição do Consumo". Neste passo é patente que a tutela dos consumidores possui também uma dimensão objectiva. Poder-se-á, porém questionar, se existirá uma visão magnânima no hemisfério constitucional, já que os interesses dos consumidores surgem como um dos objectivos da política comercial, o que poderá apontar para uma secundarização ou subalternização desta protecção aos fins da própria política comercial.

Uma interpretação sistemática das disposições constitucionais permite, com recurso ao art. 81.°,/h), compreender que uma das incumbências fundamentais do Estado, no âmbito económico e social, é a defesa dos interesses e direitos dos consumidores. Acresce que a ideia de secundarização da política da defesa do consumidor em relação à política comercial pode facilmente ser contrariada com recurso a uma "interpretação conforme à lei concretizadora" da normatividade constitucional. Com efeito, defende-se que a política comercial não possui primazia relativamente à política de defesa do consumo, mas, sendo esta um objectivo daquela, é a política comercial que se instrumentaliza à defesa do consumo. Daí a primazia material do consumo como domínio de protecção[15].

Parece-nos, então, ser de concluir que a tutela do consumo possui consagração constitucional por duas formas distintas:

i) direitos (subjectivos) fundamentais (económicos) à defesa dos consumidores e

ii) "interesse público" no domínio económico e social que, entre outras manifestações próprias, deve ainda nortear a política comercial.

---

[15] Qualquer discurso sobre hierarquias materiais intra-constitucionais não pode hoje ser equacionado sem atender a uma significativa *"contigência e precariedade do texto constitucional"*, que se assinala numa constante deasctualização e necessidade de revisão, que advêm da aceleração do processo histórico, bem como da necessidade de introduzir novos conceitos na teoria da Constituição como a *"constituição informal"* (p. 823) ou a "constituição à distância" e fenómenos que descaracterizam o constitucionalismo clássico como a "abertura e extroversão" da constituição (p. 826). Sobre estes conceitos *vide* JOÃO LOUREIRO, *op.cit.*, 819 ss.

d) Parâmetro legislativo

Decorrente da directriz internacional e constitucional da defesa do consumidor surgiu no horizonte legislativo nacional um conjunto significativo de diplomas que promovem a defesa do consumidor. Referimo-nos à Lei n.º 24/96, de 31 de Julho, que revoga a Lei n.º 29/81, de 22 de Agosto, que estabelece o regime legal aplicável à defesa dos consumidores, verdadeira "lei-quadro" da defesa dos consumidores.

Para além desta lei, outros diplomas contêm normas fundamentais em termos de tutela do consumidor, porque desenham a orgânica dessa tutela ou traçam os modos diferentes da sua concretização. Salientamos, assim, os seguintes diplomas no escopo da protecção do consumidor:

i) o Decreto-Lei n.º 154/97, de 20 de Junho, que atribui o estatuto de parceiro social às associações de consumidores de âmbito nacional e interesse genérico no âmbito do Conselho Nacional do Consumo e consagra o direito de representação das associações de consumidores em geral em sede de consultas ou audiência públicas,

ii) o Decreto-Lei n.º 234/99, de 25 de Junho, e o Decreto-Lei n.º 195/93, de 24 de Maio, que atribuem competência ao Instituto do Consumidor para promover a política de salvaguarda dos direitos dos consumidores, bem como a coordenação e execução das medidas tendentes à sua protecção,

iii) o Decreto-Lei n.º 150/90, de 10 de Maio, o Decreto-Lei n.º 311/95, de 20 de Novembro e o Decreto-Lei n.º 16/2000, de 29 de Fevereiro, que criam a Comissão de Segurança que visa promover o direito dos consumidores à protecção da saúde e da segurança.

2. Coordenadas, Funções e Parâmetros Fundamentais do Procedimento Administrativo

a) Coordenadas do Procedimento Administrativo

A matéria do procedimento administrativo tem sido uma das áreas de rejuvenescimento dogmático do direito administrativo. Novas construções deparam-se essencialmente nos estudos de Gomes Canotilho, de que nos permitimos salientar a *"multipolaridade das relações de interesses presentes nos procedimentos decisórios"*, as *"relações jurídicas poligonais com presença de interesses diferenciados e diferentes situações jurídicas subjectivas"*, o *"procedimento administrativo gradualista"*[16].

Esta gama de locuções visa expressar um facto evidente: a alteração da forma de relacionamento dos operadores administrativos com os destinatários da decisão, com a substituição de uma relação unidireccional mediada pelo acto administrativo entre a administração e o particular[17]. Com efeito, a "relação jurídica administrativa" possui hoje uma interactividade que nega o alheamento dos destinatários da decisão do processo da sua formação. Daí que o procedimento administrativo seja hoje mais participado, mais democrático e mais flexível. A categoria jurídico-administrativa "procedimento" não só primou, assim, por um aprimoramento teórico do direito administrativo, como contribuiu para uma "constitucionalização" da actividade administrativa na sua *praxis*[18], que permite ver no parâmetro procedimental decisório a sede de procura, de definição e de ponderação dos interesses que a ordem jurídica protege *in totum*.

No âmbito do presente estudo, para além da compreensão desta área de multidimensionalidade de interesses complexos, convergentes, concorrentes e contrapostos, impõe-se entender como, quando, por quem e porquê pode o "interesse do consumidor" ser actuado no escrutínio do procedimento administrativo. Cumpre, pois, esclarecer em que instâncias do procedimento administrativo é que se poderá equacionar o "tutela do consumo", como poderá ser essa tutela actuada e quem poderá intervir nos diferentes procedimentos decisórios.

Concordamos, por isso, com a ideia de procedimentalização da actividade administrativa decorrente do Estado de Direito Constitucional e com a concepção do procedimento administrativo como espaço de concretização dos direitos fundamentais[19] e como processo de materia-

---

[16] GOMES CANOTILHO, *Procedimento Administrativo e Defesa do Ambiente*, RLJ, Ano 123, 290 e *Relações Poligonais. Ponderação ecológica de Bens e Controlo Judicial Preventivo*, RJUA, n.º 1 Junho, 1994.

[17] VASCO PEREIRA DA SILVA, *Em busca do Acto Administrativo Perdido*, Almedina, Coimbra, 1998,

[18] GOMES CANOTILHO, *O Direito Constitucional passa; o Direito Administrativo passa também*, Estudos em homenagem do Professor Doutor Rogério Soares, 707 ss com referências ao *"direito administrativo como direito constitucional concretizado"* (FRITZ WERNER) ou a uma visão mais dinâmica "do direito constitucional concretizado através do direito administrativo" (E. SCHMIDT-ASSMANN).

[19] GOMES CANOTILHO, *Constituição e Défice Procedimental*, Estado & Direito, 33.

lização dos direitos exclusivamente ancorados em *"normas constitucionais solitárias"*[20], bem como na via magnânima da *"jurisdicionalização dos interesses secundários, públicos e privados, com reflexos na tutela efectiva dos direitos e interesses legalmente protegidos do cidadão"*[21] que essa procedimentalização habilita.

Com efeito, o procedimento é uma realidade jurídica multifacetada, que pode ser vista de variadas perspectivas, perspectivas essas que, combinadas, apontam para a sua natureza caleidoscópica[22]. Entre outros aspectos, salientam-se os que a doutrina administrativista nacional e estrangeira têm apontado:

  i) estrutura de ligação e ponderação de interesses,
  ii) zona de condomínio entre a Administração Pública e os particulares;
  iii) estrutura de organização;
  iv) forma da actividade administrativa;
  v) premissa da decisão administrativa;
  vi) "norma dirigente" da decisão administrativa;
  vii) sede de definição do interesse público;
  viii) expediente organizativo destinado à eficiência da administração;
  ix) instrumento de protecção dos particulares e
  x) habilitador de uma relação íntima entre o Direito Constitucional e o Direito Administrativo.

b) Funções do procedimento administrativo

Estes diferentes aspectos – uns mais descritivos, outros de maior filiação dogmática – podem ser sintetizados em três funções que Gomes

---

[20] VIEIRA DE ANDRADE, *Os direitos Fundamentais na Constituição de 1976*, Almedina, Coimbra, 302 ss.

[21] COLAÇO ANTUNES, *Interesse Público, Proporcionalidade e mérito: relevância e autonomia processual do princípio da proporcionalidade*, Estudos em Homenagem à Professora Doutora Isabel Magalhães Collaço, vol. II, Almedina, Coimbra, 2002, 539--540.

[22] Seguimos de perto as exposições doutrinárias nacionais e estrangeiras de VASCO PEREIRA DA SILVA, *Em Busca do Acto Administrativo Perdido*, Almedina, Coimbra, 1998, 303 a 351.

Canotilho associou à estrutura procedimental: a organização, o consenso e a eficiência[23].

A organização coloca a problemática da competência e do relacionamento inter-orgânico dos decisores administrativos dentro da própria Administração; o consenso centra-se na formação e definição material das decisões, na legitimidade procedimental e na relação da Administração com o exterior; e a eficiência impõe a racionalização da actividade administrativa, substituindo a decisão empírica por uma decisão norteada, em todas as suas fases, por critérios de ponderação racional juridificada. Quanto mais o direito vigente promover o melhoramento de cada uma das funções procedimentais, mais a estrutura procedimental será globalmente eficiente.

c) Parâmetro constitucional

A Constituição limita a utilização do conceito de procedimento ao art. 20.º, 5, ao art. 196.º, 2 e ao art. 271.º, fazendo menção, ao processo judicial e criminal, pelo que se pode dizer que a Constituição ainda não incorporou a "revolução procedimental" que a teoria e a prática administrativa actualmente vivem.

Em contrapartida, uma perspectiva "actocêntrica"[24] predomina na construção do art. 268.º CRP, que, por várias vezes, se refere ao acto administrativo como momento da relação da Administração com os particulares (n.º 3) e como um dos centros da impugnação contenciosa (n.º 5), a par das acções para reconhecimentos de direitos, de condenação da Administração à prática de actos devidos e das providências cautelares.

Deparam-se, essencialmente, três perspectivas em matéria de regulação constitucional da actividade administrativa:

i) uma perspectiva material-finalista, que obriga a Administração a subordinar-se ao interesse público e à lei (art. 266.º, 1 e 2);
ii) uma perspectiva estrutural, em que se salientam aspectos orgânicos, de consenso e de eficiência, de pendor essencialmente procedimental (art. 267.º), e;

---

[23] GOMES CANOTILHO, *Procedimento Administrativo* cit, 263 ss.

[24] VIEIRA DE ANDRADE, *Estudos em homenagem ao Professor Doutor Rogério Soares*, Coimbra Ed, 2001, considera que as duas concepções centrada no acto administrativo e no procedimento administrativo não são alternativas, mas complementares.

iii) uma perpectiva garantística, em que se consagram, recorrendo à clássica técnica da jussubjectivização, direitos e garantias dos particulares face à Administração, quer na fase procedimental, quer na fase contenciosa (art. 268.°).

A sede constitucional do procedimento administrativo centra-se em particular no art. 267.° CRP, o qual pode ser lido como uma das formas do "processamento da actividade administrativa" (n.° 5) e onde se encontram algumas directrizes constitucionais para a conformação legal da matéria do procedimento. Estas directrizes assemelham-se em tudo às já analisadas funções do procedimento, pelo que:

i) as referência a descentralização, desconcentração e unidade enquadram-se na organização (267.°/2, 3, 4 e 6);
ii) as referências à aproximação e participação enquadram-se no consenso (267.°/1 e 5); e
iii) as referências à desburocratização e racionalização (267.°/1 e 5) enquadram-se na eficiência.

Em cumprimento do próprio programa constitucional existe hoje no panorama legislativo nacional o Código de Procedimento Administrativo (Decreto-Lei n.° 6/96, de 31 de Janeiro), que constitui o quadro legal do procedimento administrativo enquanto matriz das formas procedimentais de participação e legitimidade procedimental no seio da decisão administrativa. Acresce ainda a Lei n.° 83/95, de 31 de Agosto, referente ao direito de participação procedimental e de acção popular[25].

---

[25] Lei n.° 83/95, de 31 de Agosto (Direito de participação procedimental e de acção popular) Artigo 1.° (Âmbito da presente lei) "1 – *A presente lei define os casos e termos em que são conferidos e podem ser exercidos o direito de participação popular em procedimentos administrativos e o direito de acção popular para a prevenção, a cessação ou a perseguição judicial das infracções previstas no n.° 3 do artigo 52.° da Constituição. 2 – Sem prejuízo do disposto no número anterior, são designadamente interesses protegidos pela presente lei a saúde pública, o ambiente, a qualidade de vida, a protecção do consumo de bens e serviços, o património cultural e o domínio público.* Artigo 2.° (Titularidade dos direitos de participação procedimental e do direito de acção popular) 1 – *São titulares do direito procedimental de participação popular e do direito de acção popular quaisquer cidadãos no gozo dos seus direitos civis e políticos e as associações e fundações defensoras dos interesses previstos no artigo anterior, independentemente de terem ou não interesse directo na demanda. 2 – São igualmente titulares dos direitos*

d) Parâmetro legislativo

Um dos caminhos que tem vindo a ser abordado nos mais recentes estudos jurídico-públicos passa pela necessidade de reavaliação da função administrativa no quadro de uma modernização do Estado e da Administração, atendendo ao "princípio de incerteza" que caracterizaria o tempo actual, o qual impõe ao direito (em geral) um carácter experimental, de constante reflexividade, em que a revisibilidade surge como a forma por excelência de lidar com a complexidade e com a contingência[26].

Ora, esta aproximação – mais verdadeira para o direito público do que para o direito privado – permite aproximar as "categorias jurídicas" de procedimento e de planeamento, tornando a prognose e a ponderação vectores fundamentais comuns.

No que concerne ao procedimento administrativo, para a presente investigação, interessa sobretudo a matéria dos princípios, dos sujeitos, das características e da marcha do procedimento administrativo. Assim, iremos limitar-nos a esta visão reduzida.

Fornecidas algumas coordenadas globais sobre o procedimento administrativo, cumpre agora pôr em evidência o relacionamento desta matéria com a tutela do consumo.

3. Parâmetro procedimental da tutela do consumo

É na articulação da Lei de Defesa do Consumidor com o Código de Procedimento Administrativo que se centram as relações entre a tutela do consumo e o procedimento administrativo.

A Lei n.º 24/96, de 31 de Julho, no seu art. 1.º, estabelece um dever geral de protecção por parte da Administração Pública, no seu conjunto, de defesa do consumidor, pressupondo para tal uma intervenção legislativa e regulamentar adequada.

---

referidos no número anterior as autarquias locais em relação aos interesses de que sejam titulares residentes na área da respectiva circunscrição. Artigo 3.º (Legitimidade activa das associações e fundações) *Constituem requisitos da legitimidade activa das associações e fundações: a) a personalidade jurídica; b) o incluírem expressamente nas suas atribuições ou nos seus objectivos estatutários a defesa dos interesses em causa no tipo de acção de que se trate; c) não exercerem qualquer tipo de actividade profissional concorrente com empresas ou profissionais liberais.".*

[26] JOÃO LOUREIRO, *op.cit.*, 855

O art. 2.º, por sua vez, define-nos o sujeito da protecção – o consumidor – como aquele a quem são prestados bens ou serviços por um profissional, destinados a uso não profissional, englobando no domínio da protecção os utentes de serviços públicos (art. 2.º, 2). Estão igualmente abrangidos os clientes das profissões liberais ainda que nos termos do art. 23.º o regime da sua responsabilidade esteja sujeito a lei especial.

Em matéria de direitos do consumidor, o art. 3.º dispõe, decalcando o art. 60.º da CRP, um conjunto de "direitos parcelares", que permitem a compreensão de que o bem jurídico que se visa acautelar é multiforme, pressupondo múltiplos patamares de protecção, em diferentes quadrantes, e com diferentes organismos estaduais incumbidos dessa protecção, que vão desde o Ministério da Economia, em matéria de controlo da qualidade e segurança da qualidade alimentar, rotulagem e preços, até ao Ministério da Educação, para a informação e educação para o consumo, passando pelo Ministério da Justiça, para a protecção jurídica e o direito a uma justiça acessível.

No entanto, vamos cingir-nos ao direito de participação, por via representativa, na definição administrativa dos direitos e interesses do consumidor (art. 3.º, h)), pois é aquele que mais incidência possui no parâmetro procedimental. O direito de participação está previsto no art. 15.º, no qual se estabelece que consiste, nomeadamente, na audição e consulta prévias, em prazo razoável, das associações de consumidores no tocante às medidas que afectem os direitos ou interesses legalmente protegidos dos consumidores. Esta base normativa levanta-nos o problema da legitimidade procedimental das associações de defesa dos consumidores evidenciando que as mesmas actuam no procedimento administrativo não de "*iure proprio*", mas através de um esquema de representação[27].

Com efeito, são concebíveis diferentes títulos para a intervenção "administrativa"[28] dessas associações:

– titulares de interesse próprio;
– substitutas;

---

[27] 1. Texto anterior: Artigo 11.º da Lei n.º 29/81, de 22/8 *"O direito que é reconhecido ao consumidor de participar na definição legal ou administrativa dos seus direitos e interesses é exercido por via representativa, através de associações de defesa do consumidor, nos termos do disposto na presente lei."*

[28] OLIVEIRA ASCENSÃO, *Concorrência Desleal*, Almedina, Coimbra, 2002, 360 ss.

– representantes e
– promotoras de interesses difusos.

As associações de consumidores não são titulares de interesses próprios, não actuam de "*iure proprio*", nem são substitutas. O art. 15.º deixa antever que são representantes e promotoras de interesses difusos, quando se refere à participação, *por via representativa*, dos interesses colectivos dos consumidores. Neste ponto, é notório que não é o interesse individual do consumidor que adquire espaço no domínio dos procedimentos decisórios da Administração, mas, diferentemente, o grupo ou categoria sócio-económica consumidores que, na sua dimensão colectiva, adquire (por via representativa) e, através de entidades próprias, a legitimidade de participação prévia no tocante às medidas que os podem afectar.

É esta dimensão colectiva que permite equacionar o interesse público do "consumo" como um interesse secundário no domínio dos procedimentos administrativos que afectem os direitos e interesses dos consumidores, interesses estes que podem ser convergentes ou divergentes.

Trata-se de um interesse público secundário, *mutatis mutandis* os direitos fundamentais dos consumidores são direitos "*prima facie*", i.e. sujeitos a esquemas de ponderação, decorrentes inclusive da imposição da directriz constitucional que determina que a política económica nacional seja delineada atendendo a vários interesses sectoriais que devem ser sopesados.

Neste domínio, no delineamento das políticas de protecção do consumidor (planeamento económico) denuncia-se o mesmo fenómeno que em matéria de planeamento administrativo em geral: a substituição de interesses públicos primários por interesses secundários. É de referir, porém, a manutenção (teórica ou não) de um interesse público qualitativamente superior que é qualitativamente diferente da soma dos diferentes interesses sectoriais.

Com efeito, é o interesse colectivo dos consumidores que em primeira linha é protegido no âmbito dos procedimentos decisórios, aspecto que se revela na própria regulação jurídica das associações de defesa do consumidor (art. 17.º), que estabelece que estas têm natureza associativa, gozando de personalidade jurídica e que têm como objectivo principal o de proteger os interesses dos consumidores em geral ou dos consumidores seus associados.

Em matéria de direitos das associações de consumidores, o art. 18.º concede-lhes o estatuto de parceiro social em procedimentos legislativos e outros que delineiam a política dos consumidores, bem como o direito de representação dos consumidores no processo de consulta e decisão e nas audições públicas, a realizar no decurso da tomada de decisões susceptíveis de afectar os direitos e interesses daqueles (o que abrange quer a matéria do procedimento legislativo quer o procedimento administrativo); reconhece-se igualmente a iniciativa ou impulso procedimental e processual para a apreensão e retirada de bens do mercado ou a interdição de serviços lesivos dos direitos e interesses dos consumidores, o direito a consultar os processo e demais elementos existentes nas repartições e serviços públicos da administração central, regional ou local que contenham dados sobre as características de bens ou serviços de consumo e de divulgar as informações necessárias à tutela dos interesses dos consumidores e o direito de participar nos processos de regulação de preços de fornecimento de bens e de prestações de serviços essenciais, nomeadamente nos domínios da água, energia, gás, transportes e telecomunicações e a solicitar os esclarecimentos sobre tarifas praticadas e a qualidade de serviços, por forma a poderem pronunciar-se sobre elas.

Quanto ao quadro geral do procedimento administrativo, não nos poderemos ocupar de todo o Código do Procedimento Administrativo (CPA), pelo que vamos fazer uma selecção das matérias que achamos de maior relevância na temática que nos ocupa:

i) Na matéria dos princípios gerais, interessam-nos essencialmente os seguintes: princípio da prossecução do interesse público e da protecção dos direitos e interesses dos cidadãos (art. 4.º CPA); princípio da colaboração da Administração com os particulares (art. 7 CPA); princípio da participação (art. 8.º CPA) e princípio da desburocratização e da eficiência (art. 10.º CPA).
Note-se que os referidos princípios crescem no próprio *humus* constitucional e são dogmaticamente enquadráveis nas funções procedimentais a que já fizemos menção, pelo que nos iremos abster de qualquer tratamento desta matéria.

ii) Em matéria de sujeitos da Administração, vamos restringir-nos ao artigo 53.º do CPA referente à legitimidade procedimental. Este artigo dispõe nos seguintes termos:
1 – Têm legitimidade para iniciar o procedimento administrativo e para intervir nele os titulares de direitos subjectivos ou interesses legalmente protegidos, no âmbito das decisões que nele forem ou possam ser tomadas, bem como as associações sem carácter político ou sindical que tenham por fim a defesa desses interesses.

2 – Consideram-se, ainda, dotados de legitimidade para protecção de interesses difusos:
  a. Os cidadãos a quem a actuação administrativa provoque ou possa previsivelmente provocar prejuízos relevantes em bens fundamentais como a saúde pública, a habitação, a educação, o património cultural, o ambiente, o ordenamento do território e a qualidade de vida;
  b. Os residentes na circunscrição em que se localize algum bem do domínio público afectado pela acção da Administração.
3 – Para defender os interesses difusos de que sejam titulares os residentes em determinada circunscrição têm legitimidade as associações dedicadas à defesa de tais interesses e os órgãos autárquicos da respectiva área.

Ora, aquilo que podemos reter é que a legitimidade procedimental prevista no CPA é mais abrangente do que a presente no art. 15.º da Lei de Defesa do Consumidor. Com efeito, no âmbito deste diploma só se prevê a legitimidade procedimental das associações de defesa do consumidor para a defesa dos interesses difusos no âmbito procedimental administrativo e não do consumidor individualmente considerado (individualmente lesado).

Ora, isto coloca-nos perante a necessidade de determinar se pode ou não o consumidor individualmente lesado actuar. Para tal, exige-se uma compreensão adequada do art. 53.º do CPA, que parece traçar uma fronteira entre a protecção administrativa de interesses individuais e de interesses colectivos ou difusos. A primeira encontra-se no n.º 1, no qual consagra uma legitimidade procedimental concorrente entre os cidadãos individuais e associações, *mutatis mutandis*, a segunda encontra-se, mau grado a técnica legislativa algo confusa, no n.º 2 e n.º 3.

Nestes temos, o CPA é peremptório na atribuição de legitimidade procedimental aos cidadãos individuais no domínio das situações em que se possam verificar prejuízos nos bens jurídicos fundamentais que se elencam, a título exemplificativo, no referido n.º 2. Entendemos que o consumo não pode deixar de estar aí compreendido. Mas, mesmo que um juízo negativo fosse perfilhado, a norma poder-se-ia aplicar, pela via da analogia, a situações jurídicas de consumo.

Em consequência, o cidadão individual possui legitimidade para a defesa de interesses difusos. Diferentemente, no art. 15.º da Lei de Defesa do Consumidor apenas se consagra a legitimidade procedimental das associações para essa defesa. Em conclusão ter-se-á de defender que a legitimidade prevista no CPA é mais abrangente do que a prevista na Lei de defesa do consumidor, onde perpassa o silêncio quanto à posição administrativa do consumidor individual. Como devemos então articular ambas as disposições? O estabelecimento de uma relação de especialidade entre ambas não nos parece a solução adequada. Além disso, não há qualquer relação revogatória entre ambas as disposições. Com efeito, a lei defesa do consumidor não restringe o âmbito de legitimidade procedimental do CPA. Nas situações em que não se verifica qualquer iniciativa ou intervenção procedimental das associações, faz todo o sentido cumular uma legitimidade procedimental dos consumidores individualmente considerados. Porém, a legitimidade individual dos consumidores, configurada como uma legitimidade subsidiária, é precludida pela actuação, por via representativa, das associações dos consumidores.

> iii) Em matéria de procedimento administrativo, releva essencialmente o artigo 54.º, que estabelece que o procedimento administrativo inicia-se oficiosamente ou a requerimento dos interessados. Por sua vez, o artigo 59.º dispõe que, em qualquer fase do procedimento, podem os órgãos administrativos ordenar a notificação dos interessados para, no prazo que lhes for fixado, se pronunciarem acerca de qualquer decisão. O artigo 60.º determina que os interessados têm o dever de não formular pretensões ilegais, não articular factos contrários à verdade, nem requerer diligências meramente dilatórias e o dever de prestar a sua colaboração para o conveniente esclarecimento dos factos e a descoberta da verdade.

O direito à informação, previsto no artigo 61.º, é também essencial, na medida em que impõe que os particulares têm o direito de ser informados pela Administração, sempre que o requeiram, sobre o andamento dos procedimentos em que sejam directamente interessados, bem como o direito de conhecer as resoluções definitivas que sobre eles forem tomadas. Acresce que as informações a prestar abrangem a indicação do serviço onde o procedimento se encontra, os actos e diligências praticados, as deficiências a suprir pelos interessados, as decisões adoptadas e quaisquer outros elementos solicitados e que as informações solicitadas deverão ser fornecidas no prazo máximo de 10 dias.

4. Conclusões

À guisa de conclusão, parece de retirar algumas ideias fundamentais:

1.º Que a Lei de Defesa do Consumidor procedimentaliza o bem jurídico consumo através do estabelecimento de um conjunto de direitos de iniciativa e de participação por parte das associações de defesa do consumidor nos processos decisórios administrativos, nos quais se joguem quaisquer questões que possam afectar os consumidores;

2.º Essa procedimentalização é resultado directo da constitucionalização da actividade administrativa através da noção de procedimento. No procedimento têm de se equacionar os direitos fundamentais no quadro da sua concretização, diminuindo assim o défice procedimental na aplicação dos direitos fundamentais.

3.º Os conceitos de bem jurídico e de interesse público são fundamentais, designadamente para identificar se uma norma dirigente do procedimento administrativo tem de ser sopesada sob pena de invalidade decisória.

4.º A luta pelos direitos dos consumidores começou por obter consagração constitucional e legislativa. Nos dias que correm, transformou-se numa luta pela procedimentalização dessa tutela, como sede principal dessa defesa, pela definição dos interesses, em sede própria, através de formas de materialização da decisão e não puros textos legislativos com propósitos platónicos.

5.º Na própria reforma da Administração Pública, em curso, avança-se a ideia de que os administrados são utentes e consumidores da Administração Pública, procurando incorporar vectores de qualidade e de eficiência nos atendimentos e nas prestações. Tratam-se de princípios importados da defesa do consumidor. O Direito da Administração Pública aproxima-se, assim, do Direito do Consumo através da mudança dos modelos de organização interna e de simplificação procedimental. Numa altura, em que se reduz e privatiza a actividade administrativa, o direito do consumo pode ser usado como um último reduto da defesa dos administrados.

CONTRATOS CELEBRADOS ATRAVÉS DA INTERNET: GARANTIAS DOS CONSUMIDORES CONTRA VÍCIOS NA COMPRA E VENDA DE BENS DE CONSUMO[1]

SARA LARCHER
Advogada

SUMÁRIO: **CAPÍTULO I – PARTE GERAL.** 1. Breves Notas Introdutórias. 2. Delimitação do Tema. **CAPÍTULO II – DIREITOS E GARANTIAS DO CONSUMIDOR CONTRA VÍCIOS NA COMPRA E VENDA DE BENS DE CONSUMO.** 2.1. Partes da Relação de Consumo: Consumidor e Vendedor. 2.2. Bem de Consumo e Negócio Jurídico. 2.3. Noção de Defeito. 2.3.1. Defeito: Falta de Conformidade? 2.3.2. Presunção de conformidade. 2.3.3. Momento de Verificação da Falta de Conformidade e a Problemática do Risco. 2.3.4. Conhecimento da Falta de Conformidade. 2.4. Garantias Legais. 2.4.1. Direito à Reparação ou Substituição do Bem, Redução do Preço ou Resolução do Contrato. 2.4.1.1 Reparação ou Substituição do Bem. 2.4.1.2 Redução adequada do preço e Rescisão do contrato. 2.4.2 Direito à Indemnização. 2.4.3. Prazos e Procedimentos. 2.5. Entidade Responsável. 2.6 Garantias Comerciais. 2.7. Serviços Pós-Venda. **CAPÍTULO III – SÍNTESE CONCLUSIVA.**

---

[1] O presente texto corresponde, com ligeiras alterações, ao relatório apresentado no Curso de Mestrado em Ciências Jurídicas (2001-2002) da Faculdade de Direito de Lisboa, para a cadeira de "Internet, Direito de Autor e Comércio Electrónico".

CAPÍTULO I – **PARTE GERAL**

1. Breves Notas Introdutórias

É certo: por motivo da revolução tecnológica da informação, nasce uma nova sociedade, chamemos-lhe *Sociedade da Informação*[2], suportada por uma nova economia, a economia digital[3]. A nova era digital tem vindo a permitir o desenvolver de um mercado em rede, onde os mais variados tipos de bens e serviços são comercializados. A Internet tem tido, aqui, um papel fundamental, podendo mesmo dizer-se que é o principal vector da Sociedade da Informação[4].

A Internet tem possibilitado, nos últimos anos e em abono da economia mundial, um aumento considerável do comércio internacional, com as enormes vantagens daí decorrentes para os diversos agentes económicos. Por um lado, os vendedores ao colocarem os seus bens e serviços na Internet alargam de forma exponencial os potenciais interessados nas compras. Quanto aos compradores, sem saírem de casa, podem adquirir todo o tipo de bens ou serviços com um simples "clicar" do rato do computador[5].

---

[2] Por "serviço da Sociedade da Informação" deve entender-se "qualquer serviço prestado à distância por via electrónica, mediante remuneração ou pelo menos no âmbito de uma actividade económica na sequência de pedido individual do destinatário", nos termos do n.º 1 do artigo 3.º do Decreto-Lei n.º 7/2004, de 7 de Janeiro, que surge em transposição da Directiva n.º 2000/31/CE, do Parlamento Europeu e do Conselho, de 8 de Junho de 2000. Nos termos do Considerando (17) da referida Directiva, entendia-se "qualquer serviço, em princípio pago à distância, por meio de equipamento electrónico de processamento (incluindo a compressão digital e o armazenamento de dados), e a pedido expresso do destinatário do serviço".

[3] ALEXANDRE DIAS PEREIRA, *Comércio electrónico na Sociedade da Informação: da segurança técnica à confiança jurídica,* Livraria Almedina, Coimbra, 1999, pág. 9.

[4] *Vide* http://europa.eu.int/scadplus/leg/pt/lvd/l24100.htm; e, como refere ALEXANDRE DIAS PEREIRA, *Comércio electrónico na Sociedade da Informação: da segurança técnica à confiança jurídica,* cit., pág. 9: "O que não está na Internet não está no mundo".

Para maiores desenvolvimentos acerca do funcionamento e serviços da Internet, *vide* PEDRO MIGUEL ASENSIO, *Derecho privado de Internet,* Civitas Ediciones, 2000, págs. 25 ss e TITO BALLARINO, *Internet nel mondo della legge,* Cedam, Padova, 1998, págs. 300-321.

[5] Em Portugal, a contratação electrónica parece não ter ainda grande adesão por parte dos internautas, *vide* Jornal Público Economia, 17.06.2002, pág. 6. *Vide* JORGE

O comércio electrónico, baseado na transmissão e no processamento electrónicos de dados, cobre actividades muito diferentes, que vão desde o comércio electrónico de bens e serviços, à *entrega em linha* de informações digitais, passando pelas transferências electrónicas de fundos, actividade bolsista, contratos públicos, contratos de consumo, serviços pós-venda, leilões comerciais, etc.

Estas actividades podem ser classificadas em duas categorias sobejamente conhecidas: comércio electrónico directo e comércio electrónico indirecto[6]. Corresponde este às encomendas electrónicas de bens corpóreos que têm de ser entregues fisicamente, ou seja, quando a entrega do produto ou a realização do serviço não se possa realizar em linha: depende de factores externos tais como a eficácia do sistema de transporte e dos serviços postais. Por seu lado, o comércio electrónico directo engloba todos os contratos electrónicos através dos quais seja possível proceder à entrega dos bens incorpóreos e serviços em linha, tais como programas de computadores, obras musicais, bases de dados e serviços de informação.

Conflitos de interesses relativos à expansão da contratação electrónica[7-8] são os mais variados. Com efeito, certos aspectos específicos do comércio electrónico, tais como a validade dos contratos celebrados à distância, a privacidade e a protecção dos dados pessoais, a responsabilidade dos prestadores de serviços em linha, o pagamento electrónico, a assinatura digital e os serviços de certificação, a publicidade, são

---

PEGADO LIZ, *Conflitos de consumo – uma perspectiva comunitária de defesa dos consumidores*, Centro de Informação Jacques Delors, 1998, pág. 125 ss.

[6] Vide Comunicação da Comissão da CE, *Iniciativa Europeia para o Comércio Electrónico,* http://europa.eu.int/scadplus/leg/pt/lvd/l32101.htm.

[7] A Directiva 2000/31/CE, de 8.06.2000, relativa ao comércio electrónico, estabelece: "cada Estado-Membro ajustará a sua legislação relativa a requisitos, nomeadamente de forma, susceptíveis de dificultar o recurso a contratos por via electrónica (...); esse ajustamento deve ter como resultado tornar exequíveis os contratos celebrados por via electrónica", (Considerando 34). Nos artigos 9.º e seguintes, a Directiva prevê algumas regras aplicáveis aos contratos celebrados por meios electrónicos. O Decreto-Lei n.º 7/2004, de 7 de Janeiro, na parte preambular, refere de igual modo que "a contratação electrónica representa o tema de maior delicadeza".

[8] A categoria dos contratos electrónicos não é uma realidade específica da Internet, vide PEDRO MIGUEL ASENCIO, *Derecho privado de Internet*, cit., pág. 289.

questões que se podem levantar no que respeita à protecção dos consumidores no *ciberespaço*.

Por outro lado, os intervenientes no comércio electrónico são heterogéneos: nele figuram tanto os consumidores, como as empresas ou profissionais, pelo que a adopção e o desenvolvimento do comércio electrónico pelos diversos intervenientes depende da criação de um quadro regulamentar específico, que proporcione segurança e garantias jurídicas nas transacções comerciais realizadas electronicamente[9].

Entretanto, a protecção dos consumidores é uma preocupação antiga[10], tanto ao nível comunitário como ao nível de cada Estado--Membro: o consumidor é visto como a parte fraca ou débil da relação contratual[11], pelo que têm sido criados diversos instrumentos legais tendentes a conferir um campo amplo de protecção jurídica ao consumidor.

---

[9] O comércio electrónico começou por uma troca entre empresas; nos dias de hoje, generalizou-se à escala mundial. Na Comunicação da Comissão da CE, *Iniciativa Europeia para o Comércio Electrónico*, cit., pág. 2, foi referido "serem necessários dois elementos para um correcto desenvolvimento do comércio electrónico: (i) criar confiança, condição sine qua non para atrair o sector dos negócios e os consumidores para a causa do comércio electrónico; (ii) assegurar o pleno acesso ao mercado único, evitando a adopção de medidas legislativas nacionais divergentes e estabelecendo um quadro regulamentar europeu coerente"; *Vide* tb. Considerando (7) da Directiva 2000/31/CE sobre o comércio electrónico; ALEXANDRE DIAS PEREIRA, *Comércio electrónico na Sociedade da Informação: da segurança técnica à confiança jurídica*, cit., pág. 9 e págs. 26 ss: "(...) da segurança técnica à confiança jurídica existe um problemático caminho a percorrer; com efeito, o comércio electrónico, se por um lado apresenta inegáveis vantagens e possibilidades, por outro lado, acarreta um risco acrescido de lesão de interesses de diversa natureza; (...) torna-se indispensável definir as regras do comércio electrónico, em ordem a criar um ambiente jurídico favorável à confiança dos diversos intervenientes, desde os criadores aos consumidores, passando pelos produtores e distribuidores"; PEDRO MIGUEL ASENCIO, *Derecho privado de Internet*, cit., págs. 69 ss, 290.

[10] A título de desenvolvimento, *vide* entre nós CARLOS FERREIRA DE ALMEIDA, *Os direitos dos consumidores*, Livraria Almedina, Coimbra, pág. 11 ss e "Negócio jurídico do consumo", *BMJ* n.º 347, 1985, págs. 11 ss; João CALVÃO DA SILVA, *Responsabilidade civil do produtor*, Almedina, Coimbra, 1990, págs. 38 ss e JORGE PEGADO LIZ, *Introdução ao direito e à política do consumo*, Editorial Notícias, 1999, págs. 63 ss.

[11] *Vide* JORGE PEGADO LIZ, *Introdução ao direito e à política do consumo*, cit., págs. 220 ss e ELSA DIAS OLIVEIRA, *A protecção dos consumidores nos contratos celebrados através da Internet*, Livraria Almedina, Coimbra, 2002, págs. 23 ss.

Com efeito, já na década de 70, a Comunidade Europeia havia empreendido diversas medidas tendentes a uma política de protecção e informação dos consumidores[12]. Seguiram-se nos anos posteriores diversas iniciativas, nomeadamente sob a forma de directivas comunitárias[13] de protecção mínima, tendentes a uniformizar as diversas legislações dos Estados-membros[14].

E, à semelhança do direito comunitário, tem-se assistido, nos últimos anos, no Direito português a uma proliferação de normas legais tendentes a acautelar o direito dos consumidores: a Lei Constitucional[15], a Lei da Defesa do Consumidor[16], e diversa legislação avulsa[17] espelham esta tendência.

---

[12] Vide "Programa Preliminar da Comunidade Económica Europeia para uma Política de Protecção e Informação dos Consumidores" (Resolução do Conselho de 14.04.1975, in JOCE, C 092, 25.04.1975) e "Segundo Programa da Comunidade Económica Europeia para uma Política de Protecção e de Informação dos Consumidores" (Resolução do Conselho de 19.05.1981, in JOCE C 133, 03.06.1981). E, mais recentemente, o plano de acção trienal para a política de protecção dos consumidores, publicado pela Comissão em 1990.

[13] Para efeitos de defesa dos consumidores podem ainda ser citadas as Directivas 85/374/CEE de 25.07.1985 (responsabilidade decorrente dos produtos defeituosos); 85/577/CEE de 20.12.1985 (contratos negociados fora dos estabelecimentos comerciais); 87/102/CEE, de 22.12, alterada pela 98/7/CE, de 22.02 (crédito ao consumo); 90/314/CEE, de 13.06 (viagens, férias e circuitos organizados); 92/59/CEE, de 29.06 (segurança geral dos produtos); 93/13/CEE de 05.04 (cláusulas abusivas nos contratos celebrados com consumidores); 94/47/CEE, de 26.10 (time sharing); 97/7/CE, de 30.06 (contratos celebrados à distância); 97/55/CE, de 6.10 (publicidade enganosa); 98/6/CE, de 16/02 (preços); 99/93/CE, de 19.01.2000 (assinaturas electrónicas). Para visualização do texto das Directivas vide http://europa.eu.int.

[14] Para maiores desenvolvimentos da legislação comunitária de protecção dos consumidores, vide http://europa.eu.int/scadplus/leg/pt/lvd/132000.htm

[15] Vide arts. 52.º, 60.º, 81.º, al. h) e 99.º, al. e) da CRP.

[16] Lei n.º 24/96, de 31.07 (que revogou a Lei n.º 29/81, de 22.08), com as alterações introduzidas pelo Decreto-Lei n.º 67/2003, de 08 de Abril.

[17] Vide DL 446/85, de 25.11, alterado pelos DL 220/95, de 31.08 e 249/99, de 7/7 (cláusulas contratuais gerais); DL 272/87, de 03.07, alterado pelo DL 243/95, de 13/09 (vendas ao domicílio e por correspondência); DL 383/89, de 06.11 (responsabilidade do produtor), alterado pelo DL 131/2001, de 24.04; DL 138/90, de 26.04, alterado pelo DL 162/99, de 13.05 (preços); DL 330/90, de 23.10, alterado pelo DL 275/98, de 09.09 (Código da Publicidade); DL 359/91, de 21.09 (crédito ao consumo); DL 311/95, de 20.11, alterado pelo DL 16/2000, de 29.02 (segurança geral dos produtos); Lei 83/95, de 31.08

Ora, a debilidade da posição jurídica do consumidor é mais acentuada no caso do comércio electrónico do que nas tradicionais formas de comércio[18]. Certamente que a possibilidade de enviar pedidos "clicando" simplesmente o rato e o desenho de certas páginas web que facilitam a emissão de declarações negociais, a necessidade de tomar decisões confiando "às cegas" nas informações e comunicações fornecidas pelo vendedor mas sem a possibilidade de visualizar fisicamente o produto, a falta de estabilidade da contraparte na medida em que contrata com um estabelecimento virtual (além de contratar com um desconhecido, pouco ou nada sabe acerca do seu interlocutor – se tem ou não capacidade, se é solvente ou insolvente), ou o emprego generalizado dos chamados "contratos de adesão"[19], potencia aqui importantes riscos para o consumidor[20].

(participação procedimental e acção popular); Lei 23/96, de 26.07 (serviços públicos essenciais); DL 230/96, de 29.11 (gratuitidade do fornecimento ao consumidor da facturação detalhada do serviço público de telefone); DL 209/97, de 13.08 (viagens, férias e circuitos organizados); Lei 6/99, de 27.01 (publicidade domiciliária, por telefone e por telecópia); DL 146/99, de 04.05 (sistema de registo voluntário de procedimentos de resolução extrajudicial de conflitos de consumo); DL 180/99, de 22.05 (direito real de habitação periódica); DL 195/99, de 08.06 (regime aplicável às cauções nos contratos de fornecimento de serviços públicos essenciais); DL 67/2003, 08 de Abril (certos aspectos da venda de bens de consumo e das garantias a ela relativas).

[18] É de notar que a debilidade da posição jurídica em que se encontra o consumidor no caso do comércio electrónico se assemelha à do consumidor que adquire um bem à distância (compras por catálogo, TV Shop). Acerca dos contratos à distância, *vide* ARNALDO FILIPE OLIVEIRA, "Contratos negociados à distância – Alguns problemas relativos ao regime de protecção dos consumidores, da solicitação e do consentimento em especial", *RPDC*, Set. 1996, n.° 7, págs. 55 ss e LUIS MIRANDA SERRANO, *Los contratos celebrados fuera de los establecimientos mercantiles – su caracterización en el Derecho español*, Marcial Pons, Ediciónes Jurídicas y Sociales, SA, Madrid, Barcelona, 2001.

[19] Veja-se que há mais de 40 anos dizia o Prof. INOCÊNCIO GALVÃO TELES, *Manual dos contratos em geral*, Coimbra Editora, Lisboa, 1965, págs. 407-408: "nos tempos modernos, com a tendência para a uniformidade e consequente simplicidade, imposta pelo aceleramento da vida, e com a formação das grandes empresas, cujo exemplo é seguido mesmo por entes menos poderosos, – está grandemente generalizado o hábito de um dos pactuantes, o mais forte naquele sector especial da vida económica a que respeita o contrato, estabelecer antecipada e genericamente o respectivo conteúdo. Formula-se e oferece-se ao público um modelo de contrato, e quem quiser contratar tem de aceitar esse modelo sem discutir, dando-lhe inteiramente o seu *placet:* ou aceita em bloco as cláusulas, ou não contrata: ou sim ou não"; *vide* tb. PEDRO A. MIGUEL ASENCIO, *Derecho privado de Internet*, cit., pág. 302.

[20] O fornecedor do bem ou do serviço também se encontra numa situação de

2. Delimitação do Tema

Como vimos, a Internet tem vindo a ser utilizada pelos diversos intervenientes como um novo veículo de comunicação, processando-se as relações comerciais entre profissionais ("business to business"), entre profissionais e consumidores ("business to consumer") ou entre pessoas não profissionais[21-22]. Vimos também que, pela diversidade de sujeitos e pela panóplia de bens e serviços postos à disposição dos intervenientes, levanta uma série de questões[23].

No presente estudo trataremos apenas da problemática da protecção dos consumidores nos contratos celebrados através da Internet, e em especial dos direitos e garantias contra vícios na compra e venda de bens de consumo.

A nossa escolha, no âmbito dos contratos de consumo, deve-se ao facto de a União Europeia contar, actualmente, com mais de 370 milhões de consumidores[24]. Aliás, as principais dificuldades encontradas pelos consumidores e a principal fonte de conflitos entre estes e os vendedores encontram-se relacionadas precisamente com a não conformidade dos bens com o contrato[25]. Por outro lado, centraremos no essencial a nossa atenção na compra e venda, contrato paradigmático no comércio internacional.

Procuraremos, assim, analisar com pormenor quais os direitos e garantias dos *ciberconsumidores* numa aquisição de um bem com defeito, e as especialidades que possam advir, no plano jurídico, da utilização desta

---

insegurança: também ele não vê o seu co-contratante, não sabendo, por exemplo, se o mesmo tem capacidade para a realização daquele negócio jurídico.

[21] ELSA DIAS OLIVEIRA, *A Protecção dos consumidores nos contratos celebrados através da Internet,* cit., pág. 15.

[22] Acerca da evolução das tradicionais formas de comércio para as modernas formas empregues nos dias de hoje, *vide* LUIS MIRANDA SERRANO, *Los contratos celebrados fuera de los establecimientos mercantiles – su caracterización en el Derecho español,* cit., págs. 13 ss.

[23] Por exemplo, a determinação do local de estabelecimento das *ciberempresas*.

[24] *Vide* http://europa.eu.int/scadplus/leg/pt/lvd/l32000.htm.

[25] Cfr. Considerando (6) Directiva 1999/44/CE, de 25.05, relativa a certos aspectos da venda de bens de consumo e das garantias a ela relativas.

nova tecnologia. Ou seja, procuraremos aferir se os direitos e garantias dos consumidores de bens adquiridos através do comércio electrónico são os mesmos dos consumidores de bens no comércio tradicional.

E, a perspectiva que vamos adoptar será a do direito português, sendo os diplomas de eleição para este tema, como veremos adiante, a Lei de Defesa do Consumidor[26] e o Decreto-Lei n.º 67/2003, de 08 de Abril, que surge em transposição da Directiva 99/44, de 25 de Maio[27]-[28],

---

[26] A Lei n.º 24/96, de 31 de Julho (LDC) veio revogar a Lei n.º 29/81, de 22 de Agosto, Lei-quadro de defesa do consumidor, que surgiu em cumprimento de exigências constitucionais (*vide* art. 60.º CRP), sendo um diploma de capital importância para o tema que nos propomos tratar. Os artigos 4.º e 12.º da LDC foram alterados pelo Decreto-Lei n.º 67/2003, 08 de Abril.

Nos artigos 3.º e seguintes da LDC são reconhecidos ao consumidor certos direitos, tais como o direito à qualidade dos bens e serviços, à protecção da saúde e da segurança física, à formação e à educação para o consumo, à informação para o consumo, à protecção dos interesses económicos, à prevenção e à reparação dos danos patrimoniais ou não patrimoniais, à protecção jurídica e a uma justiça acessível e pronta, à participação, por via representativa, na definição legal ou administrativa dos seus direitos e interesses.

Por outro lado, da análise das disposições da LDC nada parece obstar a que a mesma se aplique à contratação electrónica. Com efeito, este diploma não limita o seu âmbito de aplicação, nem a definição do consumidor, em função do meio de comunicação utilizado por este. Ao tratar da noção de consumidor, apenas se refere o "fornecimento" de bens, a prestação de serviços ou transmissão de quaisquer direitos, não se fazendo qualquer menção à modalidade pela qual estes bens ou serviços devam ser "fornecidos" ou prestados.

[27] A Comissão já havia tentado introduzir medidas de harmonização sobre certos aspectos das garantias do consumidor, (*vide* art. 6.º da Proposta alterada de directiva do Conselho relativa às cláusulas abusivas nos contratos celebrados pelos consumidores, COM (92)66 final, 04.03.1992, *in* JOCE n.º C 73, de 24.03.1992); facto é que o Conselho considerou não deverem ser incluídas no texto final da Directiva sobre as Cláusulas Abusivas, por se tratar de uma matéria de grande importância prática e complexidade jurídica.

[28] Em 15 de Novembro de 1993, e na senda das preocupações comunitárias relativas à protecção dos consumidores, a Comissão Europeia apresentou o "Livro Verde sobre as garantias de bens de consumo e os serviços pós-venda" (COM (93)509 final, de 15.11.1993) tendente a possibilitar a discussão das soluções e medidas a adoptar neste âmbito entre os vários interessados. Este instrumento consagra longas páginas à análise do direito em vigor em cada Estado-membro, tendo centrado a sua atenção nas noções de garantia legal e garantia comercial e dos serviços pós-venda (Para maiores desenvolvimentos sobre as diversas matérias tratadas pelo Livro verde, *vide* MARIO

relativa a certos aspectos da venda de bens de consumo e das garantias a ela relativas.

Esta Directiva é tida como *a mais importante incursão imperativa das instâncias comunitárias no direito contratual interno dos Estados-Membros* e *(...) representa um importante impulso para a harmonização do direito civil dos países da União*[29]-[30].

TENREIRO, "Garanties et services aprés-vente: brève analyse du Livre Vert présenté par la Comission Européenne", *REDC*, vol. 1, Lamy, 1994, págs. 3-26).

No seguimento do Livro Verde, a Comissão também apresentou um anteprojecto de Directiva, tornado público nos finais de 1995, sendo adoptada uma proposta em 18 de Junho de 1996 (COM (95)520 final, 18.06.1996, *in* JOCE n.º C 307 de 16.10.1996). Para maiores desenvolvimentos sobre a proposta de Directiva, *vide* MÁRIO TENREIRO, "La proposition de directive sur la vente et les garanties des biens de consommation", *REDC*, vol. 3, Lamy, 1996, págs. 187-225 e JORGE SINDE MONTEIRO, "Proposta de Directiva do Parlamento Europeu e do Conselho relativa à venda e às garantias dos bens de consumo", *Revista Jurídica da Universidade Moderna*, vol. 1, 1998, págs. 461-479).

Após várias alterações introduzidas na proposta inicialmente apresentada, o texto final foi publicado em 25 de Maio de 1999. Surgiu assim a Directiva 1999/44/CE do Parlamento Europeu e do Conselho, instrumento de enorme importância na harmonização do direito civil dos vários Estados-membros.

Trata-se de uma directiva de protecção mínima, nos termos do n.º 2 do artigo 8.º da mesma, podendo os Estados-membros adoptar ou manter disposições mais estritas, compatíveis com o Tratado, com o objectivo de garantir um nível mais elevado de protecção do consumidor. Os tradicionais princípios "caveat emptor" e "Augen auf, Kauf ist Kauf!" encontram-se, pois, postos de parte.

E nada parece obstar à aplicabilidade da Directiva 99/44 aos casos da contratação electrónica. Com efeito, nenhuma disposição pretende limitar a forma pela qual o bem ou o serviço foram adquiridos. A não ser assim, e tendo em conta o enorme crescimento da contratação electrónica, a Directiva perderia grande parte da sua aplicabilidade prática. No mesmo sentido vai o considerando (11) da Directiva 2000/31/CE sobre o Comércio Electrónico, ao estabelecer que a Directiva 99/44, entre outras, se aplica na sua integralidade aos serviços da Sociedade da Informação.

[29] PAULO MOTA PINTO, "Conformidade e garantias na venda de bens de consumo. A directiva 1999/44/CE e o direito português", *Estudos de Direito do Consumidor*, vol. 2, 2000, pág. 201.

[30] Na verdade, com a adopção desta Directiva, pretendeu-se reforçar a confiança dos consumidores nas transacções de bens de consumo efectuadas no mercado interno, criando-se desta forma um "corpo mínimo comum de direito de consumo" (considerandos (2) e (5). Aliás, como refere DÁRIO MOURA VICENTE, "Desconformidade e garantias na venda de bens de consumo: a Directiva 1999/44/CE e a Convenção de Viena de 1980", *Themis*, Revista da Faculdade de Direito da UNL, Ano II, n.º 4, 2001, pág. 123: "a Di-

Veja-se que a Directiva só em Abril de 2003 foi transposta para a nossa ordem jurídica, muito embora a transposição dela devesse ter sido realizada até 1 de Janeiro de 2002[31]-[32]: a complexidade, a indiscutível importância da mesma para o direito privado europeu[33] e as diversas

rectiva prossegue, num domínio específico, um esforço de unificação do Direito que conta já mais de 70 anos". Veja-se também LUIS MENEZES LEITÃO, "Caveat venditor? A Directiva 1999/44/CE do Conselho e do Parlamento Europeu sobre a venda de bens de consumo e garantias associadas e suas implicações no regime jurídico da compra e venda", *Estudos em Homenagem do Professor Doutor Inocêncio Galvão Telles,* Vol. I, Direito Privado e Vária, Separata, Almedina, 2002, págs. 263 ss: "O desenvolvimento legislativo da protecção do consumidor tem vindo, porém, a perturbar a tradicional quietude do Direito Civil nesta matéria, levando a novos desenvolvimentos que entram de tal forma em quebra com o regime tradicional que já se tem qualificado o consumidor como um "fantasma da ópera" que surge no Direito Civil [...]. O regime relativo às perturbações da prestação no contrato de compra e venda não poderia ficar imune à sua actuação, e daí o surgimento de uma autêntica revolução neste âmbito, representada pela Directiva 1999/44/CE, do Conselho e do Parlamento Europeu, relativa à venda de bens de consumo e garantias associadas, que praticamente vem representar uma mudança de paradigma da garantia contra vícios da coisa ou do direito nas vendas de bens de consumo, onde o tradicional *caveat emptor* é praticamente transformado num *caveat venditor*".

[31] *Vide* artigo 11.°, n.° 1 da citada Directiva 99/44/CE.

Podia sempre discutir-se a questão da aplicabilidade directa ou não desta Directiva na ordem jurídica dos Estados que não a tivessem transposto atempadamente. Veja-se, a este respeito, JOÃO MOTA DE CAMPOS, *O ordenamento jurídico comunitário,* vol. II, 4ª ed., Fundação Calouste Gulbenkian, Lisboa, 1994, págs. 132-133; JORGE FERREIRA ALVES, *Lições de Direito Comunitário,* vol. I, 2ª ed., Coimbra Editora, 1992, págs. 224-225: "Desde 1970 que o TJCE, em certas condições, admite que as directivas possam produzir efeito directo, criando direitos subjectivos para os particulares. Os seus efeitos podem ser invocados pelos particulares apesar das suas disposições não terem sido transpostas para o direito interno (...). Para se verificar se a directiva produz efeito directo é conveniente apreciar se, em cada caso concreto, em função da sua natureza jurídica e do seu conteúdo, a regra em questão é susceptível de criar efeito directo nas relações jurídicas entre os Estados-membros e os particulares. Isso acontecerá se a regra for considerada suficientemente clara e precisa, quando a sua aplicação não estiver subordinada a qualquer condição material e quando, para a execução e validade das suas disposições, não seja necessária qualquer outra medida comunitária ou nacional"; e JOÃO CALVÃO DA SILVA, *A responsabilidade civil do produtor,* cit., págs. 457 ss.

[32] Actualmente, à excepção do Luxemburgo, França e Bélgica, os restantes países da Comunidade Europeia já transpuseram a Directiva 1999/44/CE para os respectivos ordenamentos jurídicos.

[33] PAULO MOTA PINTO, *"Reflexões sobre a transposição da Directiva 1999/44/CE para o Direito português", Themis,* Revista da Faculdade de Direito da UNL, Ano II, n.° 4, 2001, pág. 195.

modalidades possíveis para a transposição da Directiva[34], contribuíram para o atraso. E, o legislador nacional optou por proceder a uma transposição da Directiva *qua tale*, ou seja, numa lei especial limitada às vendas de bens de consumo a consumidores[35]. Ora, esta solução que, à primeira vista, se reveste de maior simplicidade, poderá não passar de uma ilusão.

---

[34] Veja-se PAULO MOTA PINTO, Cumprimento defeituoso do contrato de compra e venda, Anteprojecto de transposição da Directiva 1999/44/CE para o direito português, cit., págs. 5-6 que apresentou dois articulados em alternativa: (i) a transposição da Directiva através de alterações ao Código Civil e à Lei de Defesa do Consumidor ou (ii) a transposição da disciplina da Directiva qua tale. No entender deste autor, com o qual concordamos, pág. 6: "destas duas possibilidades a segunda [seria] fortemente desaconselhada", sendo conveniente "uma (sua) harmonização substancial e formal com o corpus iuris vigente", sob pena de passar a "coexistir com o regime civil geral, aplicável também à venda de imóveis, e com o regime do Código Comercial. Por outro lado, a ser ratificada a Convenção de Viena sobre compra e venda internacional de mercadorias, passaria ainda a coexistir justamente com um regime próprio para a compra e venda internacional de mercadorias", aut.cit., op.cit., págs. 12-13. O mesmo Autor refere depois: "a transposição das directivas não deve bastar-se com uma mera tradução destas, ou com uma sua *cópia* para um diploma avulso; Uma transposição *qua tale* – ou seja, uma "solução pequena", mediante um diploma de âmbito e teor idêntico ao da directiva – não tem, aliás, sido seguida *noutras ordens jurídicas,* mesmo naquelas que já conheciam diplomas dirigidos à defesa dos consumidores (como é o caso da *Konsumentenschutzgesetz* austríaca). Assim, por exemplo, na Alemanha, a transposição da Directiva 1999/44/CE [...] foi aproveitada como ocasião para recuperar a *reforma do direito das obrigações* em preparação há bem mais de uma década ". No mesmo sentido, defendendo a transposição da Directiva com um âmbito mais amplo do que esta, *vide* JORGE SINDE MONTEIRO, "Proposta de Directiva do Parlamento Europeu e do Conselho relativa à venda e às garantias dos bens de consumo", cit., pág. 474: "faria sentido, isso sim, repensar todo o regime da garantia, o do Código Civil e o da própria Lei de Defesa dos Consumidores".
Vide tb CARLOS FERREIRA DE ALMEIDA, "Questões a resolver na transposição da Directiva e respostas dadas no colóquio", *Themis*, Revista da Faculdade de Direito da UNL, Ano II, n.º 4, 2001, págs. 221-222.

[35] PAULO MOTA PINTO, "Reflexões sobre a transposição da Directiva 1999/44/CE para o direito português", cit., pág. 201.

CAPÍTULO II – DIREITOS E GARANTIAS DO CONSUMIDOR CONTRA VÍCIOS NA COMPRA E VENDA DE BENS DE CONSUMO

Chegados a este ponto, cumpre analisar as seguintes questões: (i) quais os direitos e garantias de um comprador/consumidor que adquire um bem, com um *defeito*, através do comércio electrónico, (ii) quais os prazos de que o consumidor dispõe para fazer valer os seus direitos e garantias, (iii) que procedimentos deverá adoptar para ver satisfeita a sua pretensão e (iv) qual a entidade responsável perante si.

Esta problemática cabe tanto no caso do comércio electrónico indirecto como directo: é o caso de um consumidor que adquire um livro com páginas a menos, um CD riscado, uma peça de roupa manchada ou um programa de computador com *defeito* que lhe chega directamente da rede.

É evidente que certas situações (comércio electrónico indirecto) se poderão igualmente colocar no caso do comércio tradicional – o consumidor pode adquirir um livro, com páginas a menos, na livraria da esquina. Contudo, pretendemos avaliar se os direitos e garantias, os prazos e os procedimentos a adoptar têm alguma especialidade, derivada do meio empregue na aquisição do bem.

2.1. Partes da relação de consumo: Consumidor e Vendedor

Cingimos o nosso estudo às relações jurídicas firmadas entre consumidores e profissionais, pretendendo analisar quais as garantias dos primeiros numa compra de bem com *defeito*.

Ora, antes de avançarmos, urge dar resposta às seguintes questões: o que entender por consumidor? Será qualquer pessoa, singular ou colectiva, que adquira um bem para um qualquer fim? E por profissional, o que deverá entender-se?

Sem querermos cair em conceptualismos, facto é que sem tomarmos posição acerca das questões mencionadas, nomeadamente tendo em conta o que os diplomas aplicáveis dispõem a este respeito, não podemos aferir das garantias que são conferidas precisamente à classe dos *consumidores*.

Começando pela análise da noção de consumidor[36]: não temos dúvidas que se trata de um conceito jurídico de difícil precisão, não havendo porventura uma perfeita uniformidade do conceito quer na doutrina, quer na legislação existente, a nível nacional[37] ou a nível comunitário[38].

Ora, nos termos do artigo 2.°, n.° 1 da LDC, para o qual o n.° 1 do artigo 1.° do Decreto-Lei 67/2003 remete, considera-se consumidor *todo aquele a quem sejam fornecidos bens, prestados serviços ou transmitidos quaisquer direitos, destinados a uso não profissional*[39], enquanto para efeitos do artigo 1.°, n.° 2, al. a) da Directiva 99/44, por consumidor entende-se *qualquer pessoa singular que, nos contratos abrangidos pela presente directiva, actue com objectivos alheios à sua actividade comercial ou profissional*[40].

---

[36] Acerca do conceito jurídico de consumidor, *vide* CARLOS FERREIRA DE ALMEIDA, *Os direitos dos consumidores,* cit., págs. 203 ss, que descortinou em diversas definições de preceitos internos e externos, a existência de elementos comuns (o subjectivo, objectivo, teleológico e relacional), e "Negócio jurídico de consumo", cit., pág. 11; JOÃO CALVÃO DA SILVA, *Responsabilidade civil do produtor,* cit., págs. 58 ss; ELSA DIAS OLIVEIRA, *A protecção dos consumidores nos contratos celebrados através da Internet,* cit., págs. 49 ss e ALEXANDRE DIAS PERREIRA, *Comércio electrónico na Sociedade da Informação,* cit., págs. 86 ss.

[37] Aliás, veja-se que Portugal é um dos poucos países cuja ordem jurídica inclui uma definição legal de consumidor. Acerca da incerteza e indeterminação do conceito de consumidor na doutrina, *vide* JORGE PEGADO LIZ, *Introdução ao direito e à política do consumo,* cit., págs. 201 ss.

[38] Veja-se a respeito dos diversos sentidos que toma a noção de consumidor no direito comunitário, NORBERT REICH e W. MICKLITZ, *Le droit de la consommation dans les pays membres de la CEE, une analyse comparative,* VNR, Reino Unido, 1981, pág. 13 e TERESA ALMEIDA, *Lei de defesa do consumidor – anotada,* Instituto do Consumidor, 2001, págs. 27-29.

[39] Na já revogada Lei n.° 29/81, de 22.08, entendia-se consumidor "aquele a quem [fossem] fornecidos bens ou serviços destinados ao seu uso privado por pessoa singular ou colectiva que [exercesse], com carácter profissional, uma actividade económica". No DL n.° 359/91, de 21.09, alterado pelo DL 101/2000, de 02.06, relativo ao contrato de crédito ao consumo, o consumidor é definido como "pessoa singular que age com objectivos alheios à sua actividade comercial ou profissional".

[40] No mesmo sentido vai o artigo 2.°, n.° 2 da Directiva 97/7/CE ao definir consumidor como qualquer "pessoa singular que actue com fins que não pertençam ao âmbito da sua actividade profissional" e as Directivas 85/577/CEE, de 20.12 (contratos negociados fora dos estabelecimentos comerciais), 87/102/CEE (aproximação das

Assim, tendo presente a distinção levada a cabo por João Calvão da Silva, que separa o conceito de consumidor em sentido lato – aquele que adquire, possui ou utiliza um bem ou serviço, quer para uso pessoal ou privado, quer para uso profissional – do consumidor em sentido estrito – aquele que adquire, possui ou utiliza um bem ou um serviço para uso privado (pessoal, familiar ou doméstico), de modo a satisfazer as necessidades pessoais e familiares[41], parece poder inferir-se que dos referidos diplomas se retira o conceito de consumidor em sentido estrito. Contudo, as noções de consumidor que deles constam não são, em alguns aspectos, coincidentes.

Desde logo, cumpre perguntar se uma pessoa colectiva, que adquire um determinado bem, pode ser considerada como consumidor para efeitos de aplicação dos regimes previstos nos diplomas em análise. Embora a Directiva 99/44 tenha delimitado o âmbito de aplicação do seu regime às pessoas singulares, facto é que a definição dada pela LDC se afigura mais abrangente.

Mas parte da doutrina tem vindo a excluir as pessoas colectivas da noção de consumidor[42]. No entender destes autores, as pessoas colectivas estão apenas aptas a adquirir bens ou serviços no âmbito da sua capacidade, para a prossecução dos seus fins, actividades ou objectivos profissionais[43]. Trata-se da consagração do princípio da especialidade do escopo. Assim, o requisito da destinação do bem a actividade não profissional acaba por não se verificar numa aquisição realizada por uma pessoa colectiva. E esta tendência tem assento tanto em Directivas comunitárias[44],

---

disposições legais, regulamentares e administrativas dos Estados-Membros em matéria de crédito ao consumo), modificada pela 90/88/CEE, de 22.02, 93/13/CEE, de 5.04 (cláusulas abusivas), 97/7/CE, de 20.05 (contratos à distância), 98/6/CE, de 16.02 (preços) e 2000/31, de 08.06 (comércio electrónico).

[41] JOÃO CALVÃO DA SILVA, *Responsabilidade civil do produtor*, cit., págs. 58 ss.

[42] CARLOS FERREIRA DE ALMEIDA, *Os direitos dos consumidores*, cit., pág. 208, JOÃO CALVÃO DA SILVA, *Compra e venda de coisas defeituosas – conformidade e segurança*, Livraria Almedina, Coimbra, 2001, pág. 112 e TERESA ALMEIDA, *Lei de defesa do consumidor – anotada*, cit., pág. 11.

[43] Artigos 160.º do CC e 6.º do CSC.

[44] *Vide* Directivas 85/577/CEE de 20.12.1985 (contratos negociados fora dos estabelecimentos comerciais); 87/102/CEE, de 22.12 (crédito ao consumo); 93/13/CEE de 05.04 (cláusulas abusivas nos contratos celebrados com consumidores); 94/47/CEE, de 26.10 (time sharing); 97/7/CE, de 30.06 (contratos celebrados à distância).

como em recentes diplomas nacionais[45-46], sendo uma vez mais visto o consumidor como parte fraca e menos preparada tecnicamente numa relação de consumo.

Que posição perfilhar a este respeito? Relativamente à Directiva 99/44 não residem quaisquer dúvidas. Mas, o que dizer da redacção adoptada pela LDC? À semelhança da anterior Lei de Defesa do Consumidor, o actual artigo 2.°, n.° 1 da LDC mantém a expressão "todo aquele", parecendo optar por uma noção alargada de consumidor[47]. Se assim não fosse, no momento da profunda alteração à anterior lei, o legislador poderia, se o pretendesse efectivamente, ter limitado o âmbito de aplicação às pessoas singulares. Por outro lado, podem equacionar-se casos de pessoas colectivas que não se dediquem exclusivamente ao exercício de uma actividade económica, pelo que não se afigura qualquer inconveniente em considerá-las consumidores[48].

---

[45] Veja-se, a título de exemplo, o DL n.° 359/91, de 21.09 (alterado pelo DL 101/2000, de 02.06), onde consumidor é definido como "pessoa singular que age com objectivos alheios à sua actividade comercial ou profissional" e o DL n.° 143/2001, de 26 de Abril que entende por consumidor "qualquer pessoa singular que actue com fins que não pertençam ao âmbito da sua actividade profissional".

[46] Contrariamente ao que se passa em alguns ordenamentos jurídicos, tais como a Espanha, o Reino Unido, o Brasil e a Bélgica, cuja noção de consumidor abrange tanto as pessoas colectivas como as pessoas singulares.

[47] JORGE PEGADO LIZ, *Introdução ao direito e à política do consumo*, cit., pág. 187: "é este inequivocamente o sentido da lei e resulta, para além da sua letra expressa, do facto de não ter sido acolhida, na versão final, a proposta constante do projecto de lei 581/VI, do PS, onde *expressis verbis* se referia o consumidor como "a pessoa singular".

[48] No mesmo sentido, *vide* PAULO DUARTE, "O Conceito jurídico de consumidor segundo o art. 2.° /1 da Lei de Defesa do Consumidor", *BFDUC*, 75, 1999, pág. 664; refere: "ou se trata de pessoa colectiva cujo fim obriga a uma dedicação exclusiva ao exercício de uma actividade económica e, então, por força do princípio da especialidade do fim, deve liminarmente pôr-se de parte a hipótese de se estar perante um consumidor; ou se trata de uma pessoa colectiva que não se ocupa do desempenho de qualquer actividade económica, e, então, nenhuma razão existe para, à partida, se esconjurar a possibilidade de preenchimento do conceito de consumidor"; tb JORGE PEGADO LIZ, *Introdução ao direito e à política do consumo*, cit., pág. 186 e CALAIS AULOY, *Droit de la consommation*, Précis Dalloz, 2e ed., Dalloz, Paris, 1986, pág. 5: "o fim não profissional supõe, com efeito, a existência de necessidades privadas que são essencialmente as das pessoas físicas; no entanto, pode suceder que algumas pessoas morais de direito privado, tendo uma actividade não profissional, tomem a qualidade de consumidor: por exemplo, associações sem fim lucrativo, sindicatos de compropietários".

O legislador nacional, no momento da transposição da Directiva 99/44, poderia ter tomado partido, dissipando desta forma quaisquer dúvidas. Contudo, optou por remeter para a definição já existente na LDC, mantendo-se assim as dúvidas já antigas.

Em todo o caso, a pessoa (singular ou colectiva) terá de destinar os bens *a uso não profissional* ou estar a agir *fora do exercício da sua actividade profissional*.

Assim, nos termos dos preceitos em análise, não ficarão excluídas do âmbito e alcance da noção de consumidor, as relações jurídicas existentes entre um profissional que, agindo fora do exercício da sua profissão, adquire um bem de consumo para uso privado[49]-[50]. Trata-se da concepção que alarga a noção restrita de consumidor ao profissional não especialista ou profissional profano[51]. É o caso do advogado que compra um computador: embora profissional, não possui qualquer competência técnica para efectuar esta mesma compra.

No entanto, os autores materiais da Directiva têm entendido que o conceito de consumidor não poderá ser alargado aos casos do profissional não especialista, devendo antes cingir-se aos casos de pessoas físicas que adquirem o bem fora da sua actividade profissional[52]. Acrescentam que a

---

[49] Vide JOÃO CALVÃO DA SILVA, *Responsabilidade civil do produtor*, cit., pág. 62.

[50] A este respeito, dispõe o artigo 464.º, n.º 1 do CSC: "não são consideradas comerciais as compras de quaisquer coisas móveis destinadas ao uso ou consumo do comprador ou da sua família, e as revendas que porventura desses objectos se venham a fazer". No mesmo sentido, o artigo 2.º, al. a) da Convenção de Viena de 1980 não regula as "vendas de mercadorias para uso pessoal, familiar ou doméstico, a menos que o vendedor, em qualquer momento anterior à conclusão ou aquando da conclusão do contrato, não soubesse nem devesse saber que as mercadorias eram compradas para tal uso".

[51] A favor do alargamento da noção de consumidor ao profissional profano, *vide* PAULO DUARTE, "O conceito jurídico de consumidor segundo o art. 2.º /1 da Lei de Defesa do Consumidor", cit., págs. 681 ss; e CAS e FERRIER que referem que "fora da sua especialidade o profissional torna-se, também ele, profano" e "um profissional tem, também ele, necessidade de protecção quando é confrontado com um profissional de outra especialidade", *in* JORGE PEGADO LIZ, *Introdução ao direito e à política do consumo*, cit., pág. 193, nota 374.

[52] CARLOS FERREIRA DE ALMEIDA, *Os direitos dos consumidores*, cit., pág. 222 ; LUC GRYNBAUM, "La fusion de la garantie des vices cachés et de l'obligation de délivrance

(proposta alterada) de directiva[53] entendia por consumidor toda e qualquer pessoa singular que agisse com fins que não se situassem *directamente* no âmbito da sua actividade profissional, e que do texto final da Directiva a palavra *directamente* desapareceu, pelo que será de excluir o caso dos profissionais que ajam em áreas em parte alheias à sua actividade profissional.

No entender destes mesmos autores, a adopção de uma noção alargada de consumidor, acabaria por incluir praticamente qualquer compra e venda realizada por uma dada pessoa, desde que o bem adquirido não tivesse relação com a profissão exercida por essa mesma pessoa. Assim, só não seria consumidor quem adquirisse um bem relacionado com a sua actividade profissional, como é o caso do especialista informático que adquire um computador, ainda que para uso pessoal. E, por esta via, alargar-se-ia desmesuradamente o conceito de consumidor o que poderia, em última instância, destruir a autonomia do direito do consumo.

Não perfilhamos este entendimento. Com efeito, ao adquirir o bem para seu uso privado, o profissional está a agir na veste de um consumidor. A não ser assim, qualquer profissional, pela simples razão de o ser, deixaria de poder ser considerado como consumidor. Por outro lado, um adquirente de um bem totalmente alheio à área da sua competência técnica encontra-se em idêntica situação, débil e desprotegida, à situação de um qualquer consumidor. Acresce que a LDC apenas exige que a *pessoa* destine o bem adquirido a *uso não profissional*. Ou seja, nos termos da LDC será consumidor o profissional que adquira determinado bem no âmbito da sua actividade profissional, mas que o pretenda destinar a uso não profissional[54].

Claro está que esta solução poderá sofrer algumas alterações consoante o caso em concreto: o especialista em informática que adquire um computador para seu uso pessoal não se encontra na mesma situação

---

opérée par la Directive du 25 mai 1999", *Contrats – Concurrence – Consommation*, 10ᵉ année, n.º 5, mai 2000, Éditions du Juris-Classeur, pág. 5.

[53] Referimo-nos aqui às alterações realizadas ao texto inicial da Directiva 99/44, vide COM (1998)217 final – 96/0161 (COD).

[54] Parece que semelhante entendimento não decorre do previsto no artigo 1.º, n.º 2 al. a) da directiva 99/44 o qual exige que a pessoa singular actue com objectivos alheios à sua actividade profissional.

de um advogado que adquire esse mesmo computador. Daí, ser necessário analisar o caso concreto, de forma a não subverter a ratio subjacente ao direito de consumo: a protecção do consumidor enquanto *parte fraca, leiga, profana, débil economicamente ou menos preparada tecnicamente de uma relação de consumo firmada com um contraente profissional*[55].

É de notar que, em determinadas circunstâncias, se pode verificar uma sobreposição do âmbito de aplicação da Directiva e da Convenção de Viena das Nações Unidas sobre o Contrato de Compra e Venda Internacional de Mercadorias[56]. Veja-se, por exemplo, o caso do com-

---

[55] JOÃO CALVÃO DA SILVA, *Responsabilidade civil do produtor,* cit., pág. 60: "esta solução é a mais harmónica com o sentido profundo e a razão de ser de um direito específico do consumo que não pode operar com (nem conduzir a) um conceito abusivo de consumidor"; tb aut. cit., op. cit., pág. 64 e aut. cit., *Compra e venda de coisas defeituosas,* cit., pág. 114: "se a ratio do direito de consumo repousa na assimetria de formação--informação-poder, com desvantagem para o consumidor, a sua aplicação não pode nem deve conduzir à protecção especial de profissional que compra ao consumidor um objecto destinado a uso profissional ou de alguém que, conquanto formalmente actue in casu na veste de consumidor, materialmente seja pessoa dotada de competência técnico--profissional". E vai ainda mais longe, op. cit., págs. 115-116, ao estender a protecção prevista para o consumidor ao profissional cuja actividade seja modesta e que adquire um bem ou serviço estranho à sua especialidade e profissão mas destinado a satisfazer necessidades da sua actividade profissional específica: "a protecção do pequeno profissional (…) resulta do direito comum, nomeadamente dos vícios do consentimento, da garantia prevista no contrato de venda, da lesão, desse princípio reitor do direito que é a boa fé, do abuso do direito e da própria ordem pública económica ou mesmo da ordem pública tecnológica"; no mesmo sentido, *vide* THIERRY BOURGOIGNIE, *Elements pour une théorie du droit de la consommation,* Story Scientia, 1988, pág. 60.

[56] A Convenção das Nações Unidas sobre o Contrato de Compra e Venda Internacional de Mercadorias foi adoptada em Viena no dia 11 de Abril de 1980, no âmbito de uma Conferência diplomática na qual participaram 59 Estados. Entrou em vigor no dia 1 de Janeiro de 1988 e foi ratificada por 40 países, de entre os quais constam a Alemanha, França, Itália, Espanha, Suécia, Dinamarca, Estados-Unidos, Canada, Noruega, México, Argentina, Venezuela etc. Portugal, o Reino-Unido e a Irlanda ainda não ratificaram a Convenção (*vide* www.un.or.at/uncitral acerca das ratificações à Convenção). A Convenção foi assim adoptada para constituir o direito uniforme da venda internacional entre profissionais.

Sobre a comparação da Convenção de Viena e da Directiva, *vide* DÁRIO MOURA VICENTE, "Desconformidade e garantias na venda de bens de consumo: a Directiva 1999/44/CE e a Convenção de Viena de 1980", cit., págs. 121 ss e S.A. KRUISINGA, "What

prador adquirir um bem, para uso não profissional, mas que o vendedor não saiba, nem deva saber, qual o destino do mesmo. Aqui, além do regime da Directiva, serão ainda aplicáveis as normas previstas na Convenção de Viena. Ou seja, ocorre um concurso entre estes dois instrumentos legais[57].

É importante salientar que o conceito de consumidor sofreu uma significativa alteração em relação ao disposto na antiga Lei 29/81, que considerava consumidor todo aquele a quem fossem fornecidos bens ou serviços destinados ao *uso privado*[58]. Ora, como vimos, nos termos da LDC, o uso a que o consumidor destina o bem, serviço ou direito, deixa de ser necessariamente privado, bastando que seja um uso não profissional[59]. Assim, parece que a nova Lei considera consumidor, por exemplo, qualquer pessoa que adquira ocasionalmente uma fracção autónoma, não com o intuito de a destinar ao seu uso privado, pessoal ou familiar, mas antes para a revender. Só não será assim se esta pessoa exercer, habitualmente, a compra para revenda[60].

---

do consumer and commercial sales law have in common? A comparaison of EC Directive on Consumer Sales Law and the UN Convention on Contracts fot the International Sale of Goods", *ERPL*, 2001, n.° s 2 e 3, págs. 177 ss.

[57] A este respeito, DÁRIO MOURA VICENTE, "Desconformidade e garantias na venda de bens de consumo", cit, págs. 141-142, propõe as seguintes soluções: "Na resolução destes conflitos há que distinguir, pelo menos, três categorias de situações: a) se os concursos resultarem de à mesma situação de facto serem *ex lege* aplicáveis as normas nacionais adoptadas em transposição da Directiva e as da Convenção, esses concursos hão-de ser resolvidos mediante o reconhecimento de primazia às regras convencionais (...); b) se a concorrência entre as normas convencionais e as da Directiva resultar de, numa venda de bens de consumo, as partes terem designado as normas convencionais como critério de regulação do contrato, hão-de, ao invés, as normas imperativas dos Direitos nacionais adoptadas em transposição da Directiva prevalecer sobre as da Convenção que confiram ao comprador um nível mais baixo de protecção, em conformidade com o disposto no n.° 1 do art. 7.° da Directiva; c) por último, a solução do concurso pode resultar de as próprias partes terem excluído, nos termos do artigo 6.° da Convenção, a aplicação de qualquer das suas disposições a uma situação também abrangida pela Directiva".

[58] Artigo 2.° da Lei n.° 29/81, de 22.08.

[59] TERESA ALMEIDA, *Lei de defesa do consumidor – Anotada,* cit., págs. 10-11.

[60] *Vide,* no mesmo sentido, PAULO DUARTE, "O Conceito jurídico de consumidor segundo o art. 2.° /1 da Lei de Defesa do Consumidor", cit., págs. 674-675.

E o que dizer de uma aquisição de um bem destinado, em parte ao uso profissional e em parte ao uso pessoal ou privado[61], ou seja, nos casos de finalidades mistas. Será ainda de aplicar o regime previsto nos diplomas em análise?

Alguns autores têm defendido que o bem deverá ser adquirido *exclusivamente* para uso pessoal ou privado, não devendo a noção de consumidor em sentido estrito ser alargada, sob pena de subverter a ratio subjacente à política de protecção dos consumidores[62]. Dizem, assim, que quem adquire um bem com o objectivo de o usar simultaneamente na profissão e na vida privada, não deixa de actuar como um profissional: as supostas qualidades e competências técnicas não desaparecem pelo simples facto de o bem se destinar, também, ao uso privado.

Outros têm perfilhado o critério da destinação predominante, ou seja, os regimes legais são aplicáveis sempre que o uso a que o bem é destinado seja *preponderantemente* privado[63]. E há ainda aqueles autores que consideram ser de aplicar os regimes previstos nos casos em que a pessoa actue com objectivos *em parte* alheios à sua actividade profissional ou comercial[64].

Parece-nos ser de adoptar o último entendimento. Desde logo, não consideramos que, pelo simples facto de uma pessoa adquirir um bem com finalidades mistas, deixe automaticamente de ser a parte fraca, débil ou

---

[61] Vide PAULO MOTA PINTO, "Conformidade e garantias na venda de bens de consumo. A Directiva 1999/44/CE e o direito português", cit., págs. 215-216; e JOÃO CALVÃO DA SILVA, *Compra e venda de coisas defeituosas*, cit., págs. 132 ss; CARLOS FERREIRA DE ALMEIDA, "Negócio jurídico de consumo", cit., págs. 11 ss e *Os direitos dos consumidores,* cit., págs. 203 ss.

[62] A este propósito refere JOÃO CALVÃO DA SILVA, *Compra e venda de coisas defeituosas – conformidade e segurança,* cit., pág. 133: "alargar mais e desmesuradamente a noção de consumidor, coração do direito de consumo (...) corresponderia a estender este novo direito em construção para fora das suas fronteiras naturais, com perda da sua unidade, da sua coerência interna e da sua especificidade".

[63] PAULO DUARTE, "O conceito jurídico de consumidor segundo o art. 2.º /1 da Lei de Defesa do Consumidor", cit., págs. 678 ss.

[64] DÁRIO MOURA VICENTE, "Desconformidade e garantias na venda de bens de consumo: a Directiva 1999/44/CE e a Convenção de Viena de 1980", cit., pág. 129: "(...) basta para a aplicação do respectivo regime que essa pessoa actue com objectivos pelo menos *em parte* alheios à sua actividade comercial ou profissional".

profana da relação jurídica. Qual a diferença entre um advogado que adquire um automóvel exclusivamente para fins não profissionais e aquele que o faz com finalidades mistas? Pelo facto de destinar o bem também à sua actividade profissional, passa a ser uma pessoa qualificada e com as competências técnicas suficientes para realizar a compra? Não nos parece. A não ser assim, estar-se-ia a restringir demasiadamente o âmbito de protecção dos consumidores consagrada pelos diplomas em análise, que de si já é bastante restrito[65]. Por outro lado, determinar os casos em que um bem é afecto *preponderantemente* a um dado fim poderá conduzir ao casuísmo. Assim, parece-nos que o mais acertado será mesmo aceitar, então, que a pessoa actue com objectivos que sejam apenas *em parte alheios* à sua actividade profissional ou comercial[66].

Ora, esta conclusão conduz-nos, uma vez mais, a uma sobreposição do âmbito material de aplicação da Directiva e da Convenção de Viena. Com efeito, a uma venda com finalidades mistas é aplicado o regime previsto neste último texto, visto que se tem entendido que apenas se encontram excluídas do seu âmbito de aplicação as aquisições de bens exclusivamente destinadas a uso privado. E, por este motivo, dá-se um concurso entre as normas de Direito convencional e as de Direito nacional[67].

Contudo, o universo de questões que se podem colocar a este respeito é muitíssimo vasto. Podem ainda levantar-se diversas outras questões, tais como saber se os menores, os inabilitados e os interditos, hão de ser considerados consumidores. Embora esta questão se possa levantar no caso de uma compra e venda realizada no comércio tradicional, facto é que o anonimato caracterizador das relações jurídicas firmadas através da Internet pode propiciar casos de aquisição de bens por

---

[65] DÁRIO MOURA VICENTE, "Desconformidade e garantias na venda de bens de consumo: a Directiva 1999/44/CE e a Convenção de Viena de 1980", cit., pág. 129.

[66] LUIS MENEZES LEITÃO, "Caveat venditor? A Directiva 1999/44/CE do Conselho e do Parlamento Europeu sobre a venda de bens de consumo e garantias associadas e suas implicações no regime jurídico da compra e venda", cit., pág. 273: "(...) parece-nos que face à definição do artigo 1.º, n.º 2 a) [da Directiva], qualquer aplicação profissional do bem, mesmo que não exclusiva, implicará a não aplicação do regime da Directiva".

[67] *Vide*, a este respeito, DÁRIO MOURA VICENTE, "Desconformidade e garantias na venda de bens de consumo: a Directiva 1999/44/CE e a Convenção de Viena de 1980", cit., págs. 128 ss.

menores ou incapazes: o vendedor não tem meios para saber se aquele comprador é ou não capaz para realizar tal aquisição. Parece que a resolução destas questões passará pela aplicação das regras previstas no nosso Código Civil[68]. No entanto, a aplicabilidade de algumas normas à contratação electrónica poderá, em certos casos, revelar-se mais difícil do que no comércio tradicional[69].

Cumpre agora analisar a contraparte da relação de consumo: o vendedor ou fornecedor, como também tem sido chamado.

Uma vez mais, o Decreto-Lei n.º 67/2003 remete para o disposto na LDC[70]. E, nos termos do n.º 1 do artigo 2.º deste diploma, a contraparte do consumidor é qualquer *pessoa* que exerça com *carácter profissional* uma *actividade económica* que vise a *obtenção de benefícios*.

Desde logo, a primeira questão que se levanta é a de saber se a contraparte da relação de consumo poderá ser tanto uma pessoa singular como uma pessoa colectiva.

Parece que, neste ponto, dúvidas não há de que se trata de uma acepção ampla de sujeito jurídico[71]. De outro modo, estar-se-ia a restringir injustificadamente o âmbito de protecção conferido aos consumidores: nos tempos que correm, é sabido que grande parte das transações de mercadorias é realizada por empresas.

Por outro lado, diz-se que a pessoa (singular ou colectiva) deverá exercer com carácter profissional uma dada actividade económica[72]. Ora,

---

[68] A este respeito, *vide* ELSA DIAS OLIVEIRA, *A protecção dos consumidores nos contratos celebrados através da Internet*, cit., págs. 58 ss. e ALEXANDRE DIAS PEREIRA, *Comércio electrónico na Sociedade da Informação*, cit., págs. 86 ss.

[69] É o caso, por exemplo, do artigo 257.º, n.º 1 do CC que estabelece que a declaração é anulável se "o facto for notório ou conhecido do declaratário". Ora, no caso do comércio electrónico e devido ao anonimato caracterizador das operações comerciais, a notoriedade ou o conhecimento da incapacidade acidental por parte do declaratário será de difícil verificação.

[70] Artigo 1.º, n.º 1 Decreto-Lei 67/2003.

[71] Embora a já revogada Lei 29/81 especificasse que a contraparte do consumidor poderia ser uma pessoa singular ou colectiva, consideramos que a noção de consumidor da actual LDC deve ser interpretada no mesmo sentido.

[72] COUTINHO DE ABREU, *Da Definição de empresa pública,* Coimbra, 1990, pág. 119 considera actividade económica toda e qualquer produção de bens que sejam oferecidos,

parece que a contraparte exercerá uma dada actividade com carácter profissional, sempre que a mesma seja habitual, estável e duradoura[73]. Entretanto, não significa que a actividade empreendida pelo vendedor ou fornecedor deva ser a sua profissão exclusiva ou única, sob pena de se limitar demasiadamente o conceito. O que se pretende é precisamente excluir aquelas actividades ocasionais, não regulares, e que, por não serem repetidas ou reiteradas, não colocam, em princípio, o vendedor numa clara posição de supremacia em relação ao consumidor[74].

A LDC impõe ainda que a actividade económica exercida com carácter profissional *vise a obtenção de benefícios*[75]. Assim, parece que as actividades económicas gratuitas, as actividades lúdicas e de beneficência, as ofertas de brindes ou prémios acabam por ser excluídas do âmbito de aplicação da LDC[76].

---

por quem os produz, contra retribuição; PAULO DUARTE, "O conceito jurídico de consumidor segundo o art. 2.º /1 da Lei de Defesa do Consumidor", cit., pág. 667 refere que a actividade económica não precisa de ser lucrativa, bastando que seja onerosa e JORGE PEGADO LIZ, *Introdução ao direito e à política do consumo,* cit., pág. 189, – questiona se o sentido da expressão "actividade económica" será o de restringir a actuação do agente económico a uma qualquer das actividades económicas constantes da Tabela das Actividades Económicas.

[73] *Vide* OLIVEIRA ASCENSÃO, *Direito Comercial, 1.º* vol., Parte Geral, Lisboa, 1994, pág. 225; No mesmo sentido, PAULO DUARTE, "O Conceito jurídico de consumidor segundo o art. 2.º/1 da Lei de Defesa do Consumidor", cit., pág. 669: "(…) o fornecedor desinserido da rotina diária da actividade, não desfrutará, provavelmente, da experiência negocial da actuação no mercado que constitui a génese do típico desequilíbrio que perpassa as relações contratuais em que intervém o consumidor".

[74] Em sentido contrário, *vide* JORGE PEGADO LIZ, *Introdução ao direito e à política do consumo,* cit., pág. 189; considera que "o carácter profissional acrescido ao desempenho da actividade económica, constitui e representa (…) uma limitação que se afigura inoportuna e incorrecta".

[75] Parece que a actividade económica é movida por um escopo lucrativo. Contudo, semelhante interpretação tem, desde logo, como obstáculo o disposto no artigo 2.º, n.º 2 da LDC; *vide,* a este respeito, ANTÓNIO MENEZES CORDEIRO, *Tratado de direito civil português,* Parte Geral, Tomo I, 2ª ed., Livraria Almedina, Coimbra, 2000, pág. 462: a noção de consumidor é "indevidamente estreita", uma vez que os consumidores devem ser protegidos perante entidades que forneçam bens ou serviços "sem carácter profissional" ou sem visar "a obtenção de benefícios"; PAULO DUARTE, "O conceito jurídico de consumidor segundo o art. 2.º/1 da Lei de Defesa do Consumidor", cit., págs. 670-671;

[76] JORGE PEGADO LIZ, *Introdução ao direito e à política do consumo,* cit., pág. 190, critica a introdução deste elemento.

E dispõe o n.º 2 do artigo 2.º da LDC que se consideram incluídos no âmbito da presente lei os bens, serviços e direitos fornecidos, prestados e transmitidos pelos organismos da Administração Pública, por pessoas colectivas públicas, por empresas de capitais públicos, ou detidos maioritariamente pelo Estado, pelas Regiões Autónomas ou pelas autarquias locais, e por empresas concessionárias de serviços públicos[77]. A aplicação da LDC aos bens, serviços e direitos fornecidos pela Administração Pública, directa, indirecta, regional e autárquica incorpora uma inovação, consistindo num reforço da protecção dos consumidores[78].

Contudo, a LDC não é clara quanto à determinação das actividades da Administração Pública que se encontram aptas a integrar a relação de consumo. Assim, discutem os Autores se o artigo 2.º, n.º 2 deverá ser interpretado no sentido do n.º 1 do mesmo artigo, ou seja, no sentido de a Administração se dever apresentar no exercício de uma actividade económica que vise a obtenção de benefícios ou, se pelo contrário, se deve incluir qualquer actividade que a Administração possa exercer fora do exercício do seu poder de autoridade.

Sendo estranho ao próprio conceito de actividade administrativa o tópico dos benefícios ou lucros (trata-se afinal de prosseguir a satisfação de um bem comum), parece de preferir a segunda das soluções, apresentando-se, por isso, a LDC como diploma de reforço das garantias individuais perante as entidades públicas[79].

Veja-se que o n.º 1 do artigo 1.º do Decreto-Lei 67/2003 remete unicamente para o n.º 1 do artigo 2.º da LDC, não fazendo qualquer referência à aplicabilidade do regime previsto no n.º 2 do artigo 2.º também da LDC. Assim, parece que a intenção do legislador nacional foi a de excluir do âmbito de aplicação do Decreto-Lei 67/2003 os bens e serviços, fornecidos, prestados e transmitidos pelos organismos públicos, não lucrativos por natureza.

---

[77] Veja-se que a contraparte do consumidor poderá não ser comerciante (artigos 13.º e 17.º do Código Comercial).
[78] Vide TERESA ALMEIDA, Lei de defesa do consumidor – anotada, cit., págs. 12 ss.
[79] Vide, desenvolvidamente sobre esta matéria, TERESA ALMEIDA, Lei de defesa do consumidor – anotada, cit., págs. 12 ss. Esta Autora acaba por optar pela segunda posição, mais protectora dos direitos dos consumidores.

Por seu lado, nos termos do artigo 1.º, n.º 2, al. c) da Directiva 99/44, por vendedor entende-se *qualquer pessoa singular ou colectiva que, ao abrigo de um contrato, vende bens de consumo no âmbito da sua actividade profissional*[80].

Desde logo, dissipam-se quaisquer dúvidas: o vendedor pode ser tanto uma pessoa singular, como uma pessoa colectiva.

Depois, esse mesmo vendedor deverá actuar no âmbito da sua actividade profissional. Quanto a este aspecto, e à semelhança da interpretação que defendemos para a determinação do conceito de "carácter profissional" na LDC, a actividade empreendida pelo vendedor deverá ser duradoura e estável, por contraposição às actividades pontuais ou esporádicas. No fundo, considera-se que a pessoa que vende um dado bem ou que presta um determinado serviço com regularidade, ainda que não seja a sua actividade principal, se encontra numa posição de supremacia em relação ao consumidor. E, por este motivo, este último deve ser protegido daquele outro.

À semelhança do que referimos para a noção de consumidor, na transposição da Directiva 99/44 para o nosso ordenamento jurídico, teria sido importante a tomada de posição quanto ao conceito de vendedor, permitindo assim o limar de algumas arestas do conceito inserido no artigo 2.º, n.º 1 da LDC, esclarecendo-se, assim, definitivamente as inúmeras questões que, na prática, se têm levantado a este respeito.

Em jeito de conclusão: por consumidor deverá entender-se (i) qualquer pessoa singular (ou colectiva) a quem sejam fornecidos bens, prestados serviços ou transmitidos quaisquer direitos, destinados em parte a uso não profissional; por vendedor (ii) uma pessoa singular ou colectiva que actue no âmbito da sua actividade profissional, ficando excluída qualquer venda alheia a esta mesma actividade[81].

Assim, (iii) os presentes diplomas aplicar-se-ão, unicamente, aos contratos celebrados entre um consumidor e um vendedor profissional,

---

[80] No mesmo sentido, veja-se o artigo 2.º, n.º 3 da Directiva 97/7, 20.05 que define fornecedor como "qualquer pessoa singular ou colectiva que, nos contratos abrangidos pela directiva, actue no âmbito da sua actividade profissional".

[81] *Vide*, no mesmo sentido, Directiva 98/6/CE, de 16.02.1998 (preços).

encontrando-se, deste modo, excluídas quaisquer vendas feitas entre consumidores[82], entre vendedores profissionais ou por um consumidor a um vendedor profissional. Eis, deste modo, a delimitação subjectiva do âmbito de aplicação dos referidos diplomas[83].

Por último, apenas diremos que a noção de consumidor não sofre, nem deve sofrer, qualquer alteração pelo simples facto de o consumidor adquirir um bem através de um especial meio de comunicação[84]. Com efeito, parece que a noção de consumidor nos termos definidos não deverá ser diferenciada pelo meio empregue na compra e venda: comércio electrónico ou não. Todavia, tal conclusão não invalida, como veremos adiante, que certas normas previstas para a protecção dos consumidores na aquisição de bens com defeito não possam sofrer alguns desvios.

2.2. Bem de Consumo e Negócio Jurídico

Tratámos acima da delimitação subjectiva no âmbito de aplicação do Decreto-Lei n.º 67/2003, da LDC e da Directiva 99/44. Já sabemos quais os intervenientes de uma relação jurídica de consumo.

Surge-nos, agora, a seguinte dúvida: o regime previsto nos referidos diplomas será aplicável indistintamente a um negócio jurídico sobre um qualquer bem?

Da análise dos preceitos da LDC não se retira qualquer delimitação objectiva: o seu regime aplica-se tanto aos bens móveis, como aos bens

---

[82] No considerando (2) da Directiva 99/44, porém, refere-se: "a livre circulação de mercadorias não respeita apenas ao comércio profissional, mas também às transacções efectuadas pelos particulares".

[83] É de notar que o "Livro Verde sobre as garantias de bens de consumo e os serviços pós-venda" propunha limitar o âmbito de aplicação da Directiva 99/44 ao critério objectivo. Ou seja, pretendia-se a aplicação do regime previsto nesta Directiva a qualquer venda de bem de consumo, independentemente das partes envolvidas. Enquanto que o Parlamento Europeu se manifestou claramente a favor da adopção do critério objectivo (*vide* Resolução de 6.05.1994, JOCE n.º C 205, de 25.07.1994), a Comissão acabou por optar pelo critério subjectivo.

[84] ELSA DIAS OLIVEIRA, *A protecção dos consumidores nos contratos celebrados através da Internet,* cit., pág. 58.

imóveis, não havendo qualquer distinção entre bens novos ou usados, duradouros ou não duradouros.

Mas a Directiva, trata, desde logo, apenas de certos aspectos relativos à *venda de bens de consumo*[85]. E por bens de consumo entendem--se os bens móveis corpóreos, com excepção (i) dos bens vendidos por via de penhora ou qualquer outra forma de execução judicial, (ii) da água e do gás, quando não forem postos à venda em volume delimitado ou em quantidade determinada, (iii) e da electricidade[86]. Além dos três casos referidos, são ainda excluídos (iv) os bens imóveis e os bens incorpóreos.

Entretanto, o Decreto-Lei 67/2003 é também naturalmente aplicável a certos aspectos de venda de bens de consumo. Mas, ao contrário do que sucede na Directiva, não contém nenhuma restrição à noção de bem de consumo: a transposição da Directiva não deve servir de pretexto para reduzir o actual quadro de protecção dos consumidores no direito português[87]. Assim, é que se não exclui do âmbito de aplicação do Decreto-Lei 67/2003 o fornecimento de água, gás e electricidade; e o regime de protecção deste diploma é aplicável na compra e venda e na empreitada de bens imóveis[88].

Por sua vez, nos termos da Directiva, os bens móveis corpóreos podiam ser duradouros e não duradouros, novos ou em segunda mão[89]. Não nos era dada, no entanto, qualquer definição de *bens em segunda mão*, o que poderia levantar alguns problemas na aplicabilidade da Directiva a certos casos: como aferir especificamente do *uso* de uma coisa? Seria a Directiva 99/44 aplicável à compra e venda de

---

[85] Artigo 1.º, n.º 1; no preâmbulo da Directiva as referências à "venda de bens de consumo" e "vendedores" espelham esta tendência. *Vide* PAULO MOTA PINTO, "Conformidade e garantias na venda de bens de consumo. A Directiva 1999/44/CE e o direito português", cit., págs. 213 ss.

[86] É de notar que para efeitos do artigo 2.º da Directiva 85/374/CEE de 25.07 (responsabilidade dos produtos defeituosos) "produto" designa igualmente a electricidade.

[87] CARLOS FERREIRA DE ALMEIDA, "Questões a resolver na transposição da Directiva e respostas dadas no colóquio", cit., pág. 220.

[88] Veja-se o n.º 2 do artigo 3.º e n.º 2 do artigo 5.º.

[89] A este respeito, veja-se ANA PRATA, "Venda de bens usados no quadro da Directiva 1999/44/CE", *Themis*, Revista da Faculdade de Direito da UNL, Ano II, n.º 4, 2001, págs. 145 ss.

animais[90]? E as antiguidades entravam no conceito de bens usados?[91].

Logo o Decreto-Lei 67/2003 já dispõe de algumas regras específicas, nomeadamente prazos para exercício dos direitos, referentes a "coisa móvel usada"[92]. E coisas imóveis usadas, estarão ainda dentro do âmbito de protecção do referido diploma? Parece que sim. Em nosso entender, o Decreto-Lei aplica-se tanto a coisas móveis, como a coisas imóveis, sendo que o prazo de exercício dos direitos de defesa do consumidor apenas poderá ser reduzido no caso das coisas móveis usadas.

E previa a Directiva, quanto aos bens em segunda mão ou usados, que os Estados-membros pudessem prever a exclusão do conceito de "bem de consumo" dos bens em segunda mão adquiridos em leilão, quando os consumidores tivessem tido oportunidade de *assistir pessoalmente* à venda[93].

Desde logo, se podia questionar o porquê desta limitação. Com efeito, não se entende porque razão o consumidor que adquire um bem num leilão haveria de ficar mais desprotegido do que o mesmo consumidor quando adquirisse idêntico bem, em segunda mão, numa loja de velharias[94].

---

[90] *Vide* ANTÓNIO PINTO MONTEIRO, "Venda de animal defeituoso", *CJ*, Ano XIX, 1994, Tomo V, págs. 5 ss.

[91] *Vide*, a este respeito, ANA PRATA, "Venda de bens usados no quadro da Directiva 1999/44/CE", cit., pág. 148.

[92] Art. 5.º, n.º 2 Decreto-Lei n.º 67/2003.

[93] Artigo 1.º, n.º 3 da Directiva.

[94] A este respeito, LUIS MENEZES LEITÃO, "Caveat venditor? A Directiva 1999/44/CE do Conselho e do Parlamento Europeu sobre a venda de bens de consumo e garantias associadas e suas implicações no regime jurídico da compra e venda", cit., pág. 274: "esta possibilidade de exclusão foi introduzida por proposta da Presidência Inglesa do Conselho, visando conferir aos Estados membros a possibilidade de regular em termos específicos os leilões públicos destes bens". *Vide* ainda ANA PRATA, "Venda de bens usados no quadro da Directiva 1999/44/CE", cit., pág. 149: " (...) a especificidade destes contratos só pode estar no facto de serem celebrados mediante licitação; o que pode, em alguma medida, explicar a preocupação de não os revestir das cautelas de tutela gerais (da Directiva), a fim de não complicar a actividade económica própria deste contexto contratual".

Enfim, o que seria de entender por *assistir pessoalmente à venda*? O regime previsto na Directiva 99/44 não era de aplicar a uma compra e venda de um bem em segunda mão, num leilão virtual? Parece que a limitação não cabia ser transposta para o Direito português[95]. Ora, o Decreto-Lei 67/2003 nada dispôs, e bem, a este respeito.

Neste ponto, e com relevância para a contratação electrónica directa de bens *incorpóreos*[96], pode questionar-se se a Directiva 99/44 pretenderia apenas aplicar-se à compra e venda de bens móveis corpóreos, deixando de lado precisamente os bens incorpóreos (bases de dados, programas de computador, software)[97].

A mesma dúvida se tem colocado relativamente à aplicação do disposto no DL 383/89, de 6 de Novembro[98], às situações de colocação de software defeituoso na rede, que acabe por provocar danos, por exemplo, danificando os programas de um computador. Neste caso, a questão reside em saber se por *produto* se deve entender apenas bens móveis corpóreos, ou se ainda se poderá aplicar aquele DL aos bens móveis incorpóreos: alguns autores têm entendido que a resposta não poderá ser outra senão a de admitir a aplicabilidade do diploma sobre a responsabilidade objectiva do produtor aos casos supra descritos.

Na verdade, esta situação assemelha-se à compra de uma disquete ou CDRom cujo defeito acabe por causar um dano num dado computador. E,

---

[95] No mesmo sentido, ANA PRATA, "Venda de bens usados no quadro da Directiva 1999/44/CE", cit., pág. 150.

[96] A generalidade da doutrina tem entendido "coisas corpóreas" as *quae tangi possunt*, ou seja que podem ser apreendidas pelos sentidos, e "coisas incorpóreas" as *quae tangi non possunt*, por não terem existência real. *Vide*, a este respeito, CARLOS MOTA PINTO, *Teoria Geral do Direito Civil*, Coimbra Editora, 1976, págs. 229 ss e JOSÉ DE OLIVEIRA ASCENSÃO, *Direito Civil – Teoria Geral, Introdução. As Pessoas. Os Bens*, vol. I, 2ª ed., Coimbra Editora, 2000, págs. 352 ss.

[97] PEDRO ROMANO MARTINEZ, *Cumprimento defeituoso em especial na compra e venda e na empreitada*, Livraria Almedina, Coimbra, 2001, pág. 205, nota 2, considera que o *software* é uma coisa incorpórea, porque o seu valor não está na fita magnética ou na disquete, mas sim no seu funcionamento.

[98] Este diploma consagra o regime da responsabilidade civil do produtor pelos danos causados por defeitos dos seus produtos, tendo como base a Directiva 85/374 do Conselho de 25.07, relativa a responsabilidade decorrente de produtos defeituosos. Para maiores desenvolvimentos, *vide* JOÃO CALVÃO DA SILVA, *Responsabilidade civil do produtor*, cit., págs. 451-484.

neste caso, dúvidas não existem acerca da aplicação do referido regime, defendem[99].

Concordamos com o entendimento perfilhado. Não faria qualquer sentido não se aplicar o mesmo regime para situações similares ou análogas: a única diferença entre as duas consiste apenas na existência ou não de suporte material.

Contudo, no caso da Directiva 99/44, parece ter o legislador comunitário optado claramente pelos bens móveis corpóreos. E, a interpretação extensiva da al. b) do n.º 2 do artigo 1.º, no sentido de admitir a aplicabilidade do regime às aquisições de bens incorpóreos, poderia ser considerada excessiva[100].

Ora, será o regime do Decreto-Lei 67/2003 aplicável a coisas incorpóreas? Já vimos que este diploma não contém, contrariamente à Directiva, qualquer limitação à noção de bem de consumo. No entanto, a redacção do n.º 2 do artigo 3.º suscita ao intérprete algumas dúvidas. É que, a propósito da presunção de anterioridade da falta de conformidade, este preceito refere-se especificamente a "coisa móvel corpórea". Terá o legislador nacional pretendido excluir o regime de protecção previsto no Decreto-Lei 67/2003 aos consumidores de coisas incorpóreas?

Se considerarmos que foi essa a pretensão do legislador, a limitação das aquisições de bens móveis *corpóreos* ao regime das garantias aí previstas, torna mais desprotegido o âmbito de protecção do consumidor de bens incorpóreos. Ora, em nosso entender, esta restrição não faz qualquer sentido, pelos mesmos motivos já expostos. Assim, consideramos que o regime previsto no Decreto-Lei 67/2003 é aplicável tanto às coisas móveis corpóreas como às coisas incorpóreas. Aliás, veja-se que no Anteprojecto de Transposição de Directiva, não se fazia qualquer distinção[101], o que se afigurava bastante mais razoável.

---

[99] LUIS MENEZES LEITÃO, "A responsabilidade civil na Internet", *ROA*, Lisboa, Ano 61, Jan. 2001, pág. 178.

[100] No sentido de considerar que os programas de computador também se devem incluir na Directiva, *vide* PAULO MOTA PINTO, "Conformidade e garantias na venda de bens de consumo. A Directiva 1999/44/CE e o direito português", cit., pág. 217, nota 49.

[101] Veja-se a redacção dada ao n.º 1 do artigo 12-A aditado à LDC: "O consumidor a quem seja fornecida *coisa com defeito*, incluindo animais defeituosos, sem ter sido

E que tipo de contratos estão na base da relação de consumo?

A LDC trata dos contratos de "fornecimentos de *bens*"[102] e de prestação de *serviços* ou transmissão de *quaisquer direitos*. E, como vimos, não trata de um qualquer contrato de compra e venda ou de prestação de serviços, mas apenas dos contratos de consumo, ou seja, dos actos de consumo que ligam o consumidor a um profissional (produtor, fabricante, empresa de publicidade, instituição de crédito...)[103].

O conceito de *transmissão de direitos* utilizado pela LDC tem provocado alguma controvérsia entre a doutrina[104]. Facto é que, em sede de Internet, este conceito se reveste de extrema relevância: veja-se o caso da atribuição de licenças, que se afasta tanto do fornecimento de bens corpóreos, como da prestação de serviços.

Assim, aquelas referências feitas às diversas modalidades de contratação, apresentando uma grande amplitude[105], facilitam a aplicação

---

informado e esclarecido sobre o defeito antes da celebração do contrato, goza dos direitos previstos nos artigos 913.º a 922.º do Código Civil".

[102] PAULO DUARTE, "O conceito jurídico de consumidor segundo o art. 2.º /1 da Lei de Defesa do Consumidor", cit., págs. 652-653: "o legislador terá tomado o termo *fornecer* não na acepção técnico-jurídica de contrato de fornecimento, mas, diversamente, no sentido económico de *transacção* económica objectivada na entrega de coisas corpóreas; (...) o conjunto dos tipos contratuais estruturalmente idóneos a servir de suporte técnico--jurídico à realização daquele tipo de transacção económica; conjunto em que, pelo menos, se devem integrar, além do contrato de compra e venda, os contratos de empreitada", pág. 653, nota 5.

[103] JOÃO CALVÃO DA SILVA, *Compra e venda de coisas defeituosas*, cit., págs. 112-113.

[104] *Vide* JORGE PEGADO LIZ, *Introdução ao direito e à política do consumo*, cit., pág. 187, considera que o legislador veio "esclarecer que, no âmbito das transacções realizadas com consumidores, se incluem operações que envolvam meras transmissões de direitos (e, necessariamente, de obrigações), como, por exemplo, cessões de créditos, transmissões de posições contratuais, operações de bolsa e o próprio arrendamento, quer urbano, quer rural, e a sublocação; em sentido contrário, PAULO DUARTE, "O conceito jurídico de consumidor segundo o art. 2.º /1 da Lei de Defesa do Consumidor", cit., pág. 671, nota 50 "a transmissão de direitos não é (...) um elemento da estrutura do texto negocial; é, isso sim, um possível efeito jurídico da concreta ocorrência de um qualquer negócio jurídico; não se percebe (...) que sentido tem autonomizar a transmissão de direitos do fornecimento de bens".

[105] PAULO DUARTE, "O conceito jurídico de consumidor segundo o art. 2.º/1 da Lei de Defesa do Consumidor", cit., pág. 673 considera a LDC aplicável aos contratos

desta lei aos contratos celebrados pelos consumidores através da Internet[106].

Quanto à Directiva 99/44, o seu regime é aplicável ao contrato de compra e venda[107], contrato paradigmático do comércio mundial. Mas não só. Com efeito, nos termos do artigo 1.º, n.º 4, os contratos de fornecimento de bens de consumo a fabricar ou a produzir são equiparados aos contratos de compra e venda[108]. Por outro lado, a qualquer prestação de serviço acessória da compra e venda também é aplicável o regime da Directiva, nos termos do artigo 2.º, n.º 5.

Para terminar, o Decreto-Lei 67/2003 é aplicável tanto à venda de bens de consumo, como aos contratos de fornecimento de bens de consumo a fabricar ou a produzir, à locação de bens de consumo[109] e à prestação de serviços acessória da compra e venda[110]. Anotemos: uma das inovações deste diploma consiste na aplicação do seu regime à locação de bens não conformes com o contrato.

2.3. Noção de Defeito

2.3.1. Defeito: Falta de Conformidade?

Um consumidor adquire um bem de consumo a um vendedor. Quando o bem lhe é entregue, o mesmo padece de um *defeito*. No nosso

---

de compra e venda, de prestação de serviços (tanto os nominados, como os inominados) e de locação.

[106] ELSA DIAS OLIVEIRA, *A protecção dos consumidores nos contratos celebrados através da Internet*, cit., págs. 56-57.

[107] LUIS MENEZES LEITÃO, "Caveat venditor? A Directiva 1999/44/CE do Conselho e do Parlamento Europeu sobre a venda de bens de consumo e garantias associadas e suas implicações no regime jurídico da compra e venda", cit., pág. 272, considera tratar-se de "uma definição ampla e pouco técnica de compra e venda".

[108] *Vide* artigo 3.º, n.º 1 da Convenção de Viena de 1980, preceito idêntico ao artigo 1.º, n.º 4 da Directiva. A este respeito, *vide* PEDRO ROMANO MARTINEZ, "Empreitada de consumo", *Themis*, Revista da Faculdade de Direito da UNL, Ano II, n.º 4, 2001, págs. 155 ss.

[109] Artigo 1.º, n.ºs 1 e 2.

[110] Artigo 2.º, n.º 4.

dia-a-dia, o entendimento de defeito, de vício, encontra-se intimamente relacionado com vícios materiais, com vícios físicos do próprio bem.

Mas, se o consumidor celebrou um contrato de compra e venda de um frigorífico, e lhe foi entregue um fogão? Ou pretendeu adquirir o frigorífico com as características X, sendo lhe entregue um com as características Y. Será ainda um defeito da coisa? Pense-se enfim no caso de o consumidor adquirir um bem onerado, com um vício de direito. Que tipo de situações são abrangidas pelo conceito de defeito?

Na nossa legislação de consumo, e antes da entrada em vigor do Decreto-Lei 67/2003, o artigo 12.º, n.º 1 da LDC referia unicamente, sem qualquer esclarecimento adicional, que em caso de *defeito* do bem, o consumidor tinha direito à reparação do mesmo. E, o n.º 1 do artigo 4.º da LDC, dispunha que os bens e serviços destinados ao consumo deviam ser *aptos* a satisfazer os *fins* a que se destinassem e a produzir os *efeitos*[111] que se lhes atribuíssem, segundo *as normas* legalmente estabelecidas, ou na falta delas, de modo adequado às *legítimas expectativas do consumidor*[112]. A coordenação dos artigos 4.º, n.º 1 e 12.º, n.º 1 suscitava inúmeras dúvidas[113], o que levava a doutrina a considerar fundamental a introdução na ordem jurídica portuguesa de regras que permitissem determinar, com precisão, o que entender por *defeito*[114].

Com a entrada em vigor do Decreto-Lei 67/2003, foram introduzidas certas alterações aos referidos preceitos. Assim, foram revogados os números 2, 3 e 4 do artigo 4.º da LDC, passando este preceito a dispor de um único parágrafo com o seguinte teor:

---

[111] JOÃO CALVÃO DA SILVA, *Compra e venda de coisas defeituosas,* cit., pág. 117, considera efeitos como "resultados, prestações, desempenho ou *performance*".

[112] As disposições que regulam a compra e venda de coisas defeituosas (arts. 913.º a 922.º CC) não se baseiam no conceito de falta de conformidade com o contrato, nem num sistema de presunção de conformidade do bem com o contrato. O artigo 913.º refere antes a existência de um *vício* ou *falta de qualidades da coisa.*

[113] Por exemplo, o artigo 12.º, n.º 1 não esclarecia se a noção de defeito deveria ser determinada por referência às normas legais e, na sua falta, às expectativas legítimas do consumidor, nos termos do artigo 4.º, n.º 1.

[114] *Vide* PAULO MOTA PINTO, "Conformidade e garantias na venda de bens de consumo. A Directiva 1999/44/CE e o direito português", cit., pág. 224.

"Os bens e serviços destinados ao consumo devem ser aptos a satisfazer os fins a que se destinam e a produzir os efeitos que se lhes atribuem, segundo as normas legalmente estabelecidas ou, na falta delas, de modo adequado às legítimas expectativas do consumidor".

E o artigo 12.° da LDC passa a ter seguinte redacção:

"1. O consumidor tem direito à indemnização dos danos patrimoniais e não patrimoniais resultantes do fornecimento de bens ou prestações de serviços defeituosos.
2. O produtor é responsável, independentemente de culpa, pelos danos causados por defeitos de produtos que coloque no mercado, nos termos da lei".

Ora, o que entender por bem ou serviço apto a satisfazer os fins a que se destinam, e a produzir os efeitos que se lhes atribuem?

Chamando à colação o disposto no artigo 913.° do Código Civil, parece que um bem apto é aquele que (i) não sofre de vício que o desvalorize; ou que (ii) impeça a realização do fim a que se destina; (iii) que tem as qualidades asseguradas pelo fornecedor; ou que (iv) sejam necessárias à realização daquele fim e desempenho ou performance atribuída aos bens do mesmo tipo, em conformidade com o contrato ou o fim específico nele previsto, e a função normal das coisas da mesma categoria[115].

Também, como aferir "as legítimas expectativas do consumidor"? Parece que as expectativas do consumidor/comprador serão aquelas que

---

[115] JOÃO CALVÃO DA SILVA, *Compra e venda de coisas defeituosas,* cit., pág. 118; considera ainda este Autor que as legítimas expectativas do consumidor não vão além do estabelecido no artigo 913.°, n.° 2 do CC, "dada a objectivação do padrão de qualidade e função neste contida e a interpretação-integração do contrato segundo a teoria da impressão do destinatário normal e o próprio princípio da boa fé", aut. cit., op. cit., pág. 118; PEDRO ROMANO MARTINEZ, *Cumprimento defeituoso em especial na compra e venda e na empreitada,* cit., pág. 166, considera que a noção de defeito prevista no artigo 913.° do CC deve ser entendida num sentido híbrido, por ser em simultâneo, objectiva e subjectiva. A este respeito refere que "a qualidade normal só pode ser determinada tendo em conta o fim que se depreende do acordo das partes (...) a qualidade normal é apreciada em função de um determinado tipo, o qual vem definido no acordo". A antiga versão do artigo 12.°, n.° 1 da LDC ia igualmente neste sentido.

um consumidor médio, colocado na posição do destinatário real[116], e segundo os ditames da boa fé[117], possa razoavelmente esperar ter, consideradas as cláusulas contratuais estabelecidas e as demais condições em que tiver celebrado o contrato[118].

Ora, a noção de defeito dada pela LDC é, como vimos, demasiado indefinida, podendo causar variadíssimas dúvidas na sua aplicação. E a determinação do conceito de defeito reveste-se, pois, de capital importância: o consumidor apenas terá direito à reparação se o bem padecer de um *defeito*.

Já o artigo 4.º do DL 383/89 entende que um produto defeituoso é aquele que *não oferece a segurança com que legitimamente se pode contar tendo em atenção todas as circunstâncias, designadamente a sua apresentação, a utilização que dele razoavelmente possa ser feita e o momento da sua entrada em circulação.* Assim, a noção de defeito prevista neste diploma acaba por reconduzi-lo à falta de segurança, não coincidindo com a noção mais ampla de defeito que nos é dada pelo artigo 913.º do CC[119].

Por seu turno, a Directiva 99/44 adoptou o conceito de conformidade com o contrato[120-121], considerado *como uma base comum às diferentes*

---

[116] Artigo 236.º do CC.
[117] Artigo 239.º do CC.
[118] No mesmo sentido, JOÃO CALVÃO DA SILVA, *Compra e venda de coisas defeituosas,* cit., pág. 118.
[119] PEDRO ROMANO MARTINEZ, *Cumprimento defeituoso em especial na compra e venda e na empreitada,* cit., págs. 69-70.
[120] CARLOS FERREIRA DE ALMEIDA, *Texto e enunciado na teoria do negócio jurídico,* cit., págs. 640-641: "o valor de conformidade afere-se por uma adequação "ponto por ponto": nos negócios jurídicos que sejam fonte de obrigações genéricas, pela inclusão na classe referida; nos negócios jurídicos que definem o objecto em alternativa, pela correspondência com um dos seus termos; nos negócios jurídicos que especifiquem singularmente o objecto, sejam ou não obrigacionais, por uma verificação identificadora; e, em qualquer hipótese, pela existência no referente de todas as qualidades apositivas, incluindo as funcionais e as gradativas, tal como são mencionadas no texto negocial, composto em conexão com todas as suas implicações intertextuais".
[121] Como nota, e bem, PAULO MOTA PINTO, "Conformidade e garantias na venda de bens de consumo. A Directiva 1999/44/CE e o direito português", cit., pág. 225, a directiva não define o que deve entender-se por "contrato" para efeito da não confor-

tradições jurídicas nacionais[122], à semelhança, aliás, da Convenção de Viena[123]. Assim, nos termos do n.º 1 do artigo 2.º da Directiva, referia-se que o vendedor tinha o dever de entregar ao consumidor bens *conformes* com o contrato de compra e venda[124].

Note-se, então, que o critério de conformidade com base nas *expectativas legítimas do consumidor*[125], sugerido pelo "Livro Verde sobre as Garantias dos Bens de Consumo e os Serviços Pós-Venda", acabou por não vingar. Se é facto que esta base seria benéfica para a protecção dos consumidores, poderia causar riscos acrescidos quer aos produtores, quer aos distribuidores[126]. Entretanto, embora o texto final da

---

midade. Acerca da proximidade da proposta da Directiva aos critérios dos artigos 913.º e 919.º do CC, *vide* JORGE SINDE MONTEIRO, "Proposta de Directiva do Parlamento Europeu e do Conselho relativa à venda e às garantias dos bens de consumo", cit., pág. 465.

[122] *Vide* Considerando (7). A este respeito, CARLOS FERREIRA DE ALMEIDA, "Orientações de política legislativa adoptadas pela Directiva 1999/44/CE", cit., pág. 112: "esta imprecisão histórica (no Direito, 20 anos é pouco para formar uma tradição) e comparativa (alguns direitos europeus, como o português, não receberam até agora o conceito de conformidade) é desculpável perante o êxito de um conceito que, de modo tão rápido e tão intenso, se sobrepôs aos seculares preconceitos em que se baseavam os diferentes regimes de venda de coisa defeituosa".

[123] O artigo 35.º, n.º 1 da Convenção de Viena dispõe que "o vendedor deve entregar mercadorias que, pela sua quantidade, qualidade e tipo correspondam às previstas no contrato e que estejam acondicionadas ou embaladas na forma estabelecida pelo contrato", e no artigo 36.º, n.º 1 prevê a responsabilidade do vendedor pela falta de conformidade existente no momento da transferência do risco para o comprador. A este respeito, JOÃO CALVÃO DA SILVA, *Compra e venda de coisas defeituosas,* cit., pág. 102: a Convenção de Viena adopta "um conceito amplo e uniforme de falta de conformidade, englobante das diferentes espécies de inadimplemento da obrigação de entrega e da clássica garantia por vícios da coisa, seja coisa genérica seja coisa específica, que dispensa a enfadonha distinção entre vícios, falta de qualidade e *aliud pro alio* (…)".

Note-se que uma obrigação de conformidade ao contrato já se encontrava prevista na "Lei uniforme sobre a compra e venda internacional de mercadorias", (artigos 18.º e 19.º) aprovada pela Convenção da Haia de 1964, ratificada por Portugal. *Vide* ainda referência à conformidade do bem com o contrato na Directiva 93/13/CEE (cláusulas abusivas), anexo, alínea m).

[124] É de notar que por ser o negócio paradigmático em todos os ordenamentos jurídicos e à semelhança do sucedido na Convenção de Viena, da Directiva não consta nenhuma definição de *venda.*

[125] Este conceito de conformidade foi fortemente criticado pelas associações de profissionais, tendo sido abandonado logo na proposição de Directiva.

[126] *Vide* Parecer do Comité Económico e Social sobre o Livro Verde sobre as

Directiva tenha centrado o conceito de conformidade com o *contrato*, não afastou de modo liminar as legítimas expectativas dos consumidores: como veremos adiante, o bem deve apresentar as qualidades e o desempenho habituais nos bens do mesmo tipo e que o consumidor *possa razoavelmente esperar*[127].

Pode assim dizer-se que o artigo 2.º, n.º 1 contém o critério-chave da Directiva[128], visto que os direitos e obrigações dos diversos sujeitos intervenientes só viriam a emergir no caso de se verificar a não conformidade do bem com o contrato.

A adopção deste conceito, de não conformidade com o contrato, pelo legislador comunitário, tem uma enorme relevância prática: desde logo, é um conceito mais amplo e abrangente do que outros, tais como os conceitos de "vício", de "falta de qualidade"[129-130] ou de "defeito"[131].

---

garantias dos bens de consumo e os serviços pós-venda, JOCE, n.º C 295, de 22.10.1994, n.º 3.9.

[127] Artigo 2.º, n.º 2, al d) da Directiva.

[128] MÁRIO TENREIRO e SOLEDAD GÓMEZ, "La Directive 1999/44/CE sur certains aspects de la Vente et des Garanties des Biens de Consommation", *REDC*, n.º 1, 2000, pág. 13.

[129] Artigo 913.º, n.º 1 do CC: "se a coisa vendida sofrer de *vício* que a desvalorize ou impeça a realização do fim a que é destinada, ou *não tiver as qualidades* asseguradas pelo vendedor ou necessárias para a realização daquele fim (...)". O legislador português acaba por equiparar o tratamento do "vício" e da "falta de qualidade", evitando controvérsias doutrinais e soluções jurisprudenciais contraditórias tais como as existentes em Itália ou França. Vide JOÃO CALVÃO DA SILVA, *Responsabilidade civil do produtor*, cit., págs. 187-189, notas 1 e 2 e *Compra e venda de coisas defeituosas*, cit., pág. 40.

[130] CARLOS FERREIRA DE ALMEIDA, *Texto e enunciado na teoria do negócio jurídico*, cit., págs. 647-649: "o vício provoca a deterioração (art. 918.º), exclui ou reduz o valor da coisa (arts. 1208.º e 913.º), impede a realização do fim a que a coisa geralmente se destina (arts. 913.º e 1032.º); a falta de qualidade é um juízo que se afere pelo que foi assegurado pelo vendedor ou pelo locador (arts. 913.º e 1032.º), equivalendo, na regulação do contrato de empreitada, à desconformidade "com o que foi convencionado" (art. 1208.º), é uma omissão que acarreta disfuncionalidade; (...) tendencialmente, vício é uma desconformidade com os padrões comuns naquele tipo de bens e com as finalidades normais exigíveis em qualquer negócio, enquanto a falta de qualidade se determina por comparação com os padrões concretos e com os fins especiais constantes do texto daquele negócio".

[131] *Vide*, entre nós, o n.º 1 do artigo 12.º da LDC na versão anterior à entrada em vigor do Decreto-Lei 67/2003; CARLOS FERREIRA DE ALMEIDA, *Texto e enunciado na*

Deste modo, o *defeito* deixou de ser visto apenas como uma "patologia" que afecta a funcionalidade do bem. Aliás, se olharmos para o artigo 2.°, n.° 5 da Directiva, a falta de conformidade que resulta de uma má instalação do bem de consumo realizada pelo vendedor, ou sob a sua responsabilidade, ou ainda pelo consumidor que instalou o bem de acordo com as instruções de montagem, é assimilada a uma falta de conformidade do bem. Neste caso, o defeito não resulta de uma "patologia" do bem, mas, diferentemente, da má instalação do mesmo[132].

Apresenta a vantagem de acabar por ultrapassar as dificuldades derivadas da desarmonia existente em várias ordens jurídicas[133] no que

---

teoria do negócio jurídico, cit., págs. 647, 650: "defeito é (…) qualquer desconformidade que não afecte a identidade; não existe uma definição legal de defeito, mas o Código Civil remete repetitivamente para duas outras noções cujo âmbito cumulado equivale a defeito: vício e falta de qualidade" e "Orientações de Política Legislativa adoptadas pela Directiva 1999/44/CE", cit., pág. 112: "o resultado prático traduz-se na mais intensa protecção do comprador; enquanto o regime tradicional se resumia na máxima *caveat emptor* (o comprador que se acautele), o regime baseado no cumprimento em conformidade caracteriza-se pela máxima inversa: *caveat venditor* (o vendedor que se acautele)"; JOÃO CALVÃO DA SILVA *Responsabilidade civil do produtor*, cit., pág. 189: "um produto defeituoso é aquele que é impróprio para o uso concreto a que é destinado *contratualmente* – função negocial concreta programada pelas partes – ou para a função normal das coisas da mesma categoria se do contrato não resultar o fim a que se destina".

[132] STÉPHANIE PELET, "L'impact de la Directive 99/44/CE, relative a certains aspects de la vente et des garanties des biens de consommation sur le droit français", *REDC*, 2000, pág. 44.

[133] *Vide*, na ordem jurídica francesa, o dualismo existente entre os "vices cachés" e a "non conformité". Para maiores desenvolvimentos, *vide* JERÔME FRANK, "Directive 1999/44 du 25 mai 1999 sur certains aspects de la vente et des garanties des biens de consommation", págs. 159-180. Este Autor conclui: «l'approche communautaire semble donc intéressante pour l'acheteur, tant d'un point de vue de la sécurité juridique du consommateur que de la simplification du régime français actuel», aut. cit, *op.cit*, pág. 180; LUC GRYNBAUM, "La fusion de la garantie des vices cachés et de l'obligation de délivrance opérée par la Directive du 25 mai 1999", *Contrats-Concurrence-Consommation*, 10ª ano, n.° 5, Maio 2000, Edições Juris-Classeur, págs. 4-8; STÉPHANIE PELET, "L'impact de la directive 99/44/CE, relative a certains aspects de la vente et des garanties des biens de consommation sur le droit français", cit., págs. 41-59; ANDREA PINNA, "La Transposition en droit français", *ERPL*, vol. 9, n.°s 2-3, 2001, págs. 223-237.

No Direito português, e quanto a saber se os direitos conferidos ao credor se baseiam no erro ou no cumprimento defeituoso, *vide* ADRIANO VAZ SERRA, "Anotação ao Acórdão do Supremo Tribunal de Justiça de 11 de Dezembro de 1970", *RLJ*, ano 104.°,

respeita à nomenclatura e ao regime da compra e venda de coisas defeituosas[134].

Assim, parece que a noção de falta de conformidade do bem com o contrato pretende incluir os casos de vício ou falta de qualidade da coisa, de entrega de quantidade inferior à pactuada ou de um bem de tipo diverso do acordado[135].

Mais discutida tem sido a possibilidade de a noção de não conformidade do bem com o contrato abranger as hipóteses de *aliud pro alio*[136]. Tem-se questionado, na verdade, se a entrega de um bem diverso

---

págs. 253 ss; JOÃO BAPTISTA MACHADO, "Acordo negocial e erro na venda de coisas defeituosas", *BMJ*, vol. 215, págs. 5 ss; MANUEL CARNEIRO DA FRADA, "Erro e Incumprimento na não-conformidade da coisa com o interesse do comprador", *O Direito*, 1989, págs. 461 ss; ANTÓNIO PINTO MONTEIRO e PAULO MOTA Pinto, "La protection de l'acheteur de choses défectueuses en droit portugais", *BFDUC*, 1993, págs. 259 ss; PAULO MOTA PINTO, "Reflexões sobre a transposição da Directiva 1999/44/CE para o direito português", cit., págs. 195-218: "(...) numa perspectiva de *iure condendo,* se pode e deve aproveitar a transposição da Directiva para alterar o regime geral da venda de coisas defeituosas, esclarecendo dúvidas ou perplexidades sublinhadas pela doutrina – a menor das quais não é, ainda hoje, passado mais de um quarto de século sobre a entrada em vigor do Código, a aproximação do regime dos vícios da vontade e não do cumprimento defeituoso"; PEDRO ROMANO MARTINEZ, *Cumprimento defeituoso em especial na Compra e Venda e na Empreitada,* cit., págs. 35 ss; em sentido contrário, MIGUEL TEIXEIRA DE SOUSA, "Cumprimento defeituoso e venda de coisas defeituosas", *Ab uno ad omnes 75 anos da Coimbra Editora*, Coimbra, 1998, págs. 567 ss, que defende a distinção entre o regime das coisas defeituosas e o cumprimento defeituoso na compra e venda.

[134] Vide CARLOS FERREIRA DE ALMEIDA, *Texto e enunciado na teoria do negócio jurídico,* cit., pág. 640.

[135] Veja-se a respeito LUIS MENEZES LEITÃO, "Caveat venditor? A Directiva 1999/44/CE do Conselho e do Parlamento Europeu sobre a venda de bens de consumo e garantias associadas e suas implicações no regime jurídico da compra e venda", cit., pág. 276: "a falta de conformidade não pressupõe, por isso, uma apreciação negativa da situação como sucede com o conceito de defeito da coisa" e PAULO MOTA PINTO, "Conformidade e garantias na venda de bens de consumo. A Directiva 1999/44/CE e o direito português", cit., págs. 232-233.

[136] No sentido de admitir a inclusão do *aliud pro alio, vide* ÁNGEL CARRASCO PERERA, ENCARNA CORDERO LOBATO, PASCUAL MARTÍNEZ ESPÍN, "Transposición de la directiva comunitaria sobre venta y garantías de los bienes de consumo", *Estudios sobre consumo,* n.º 52, 2000, Instituto Nacional del Consumo, pág. 127 e PAULO MOTA PINTO, "Conformidade e garantias na venda de bens de consumo. A Directiva 1999/44/CE e o

do acordado ainda se inclui na falta de conformidade do bem com o contrato ou se, antes pelo contrário, se trata de um caso de não cumprimento, sujeito como tal ao regime geral[137]. Em nosso entender, parece-nos ser de incluir estas hipóteses no conceito amplo e abrangente de falta de conformidade do bem com o contrato. Com efeito, sendo a Directiva favorável à protecção dos consumidores e não havendo nenhuma disposição que contrarie esta conclusão, não nos repugna a inclusão dos *aliud pro alio* no regime da Directiva.

Outra questão que se pode colocar é a de saber se os vícios de direito, ou seja, a compra e venda de um bem onerado, são igualmente abrangidos pelo conceito de não conformidade com o contrato, e portanto pelo regime da Directiva[138].

Parece-nos que não[139]. Desde logo, não existe qualquer referência nas propostas apresentadas pela Comissão, e posteriores alterações, à

---

direito português", cit., pág. 233. Em sentido contrário, MÁRIO TENREIRO, – "La proposition de directive sur la vente et les garanties des biens de consommation", cit., pág. 197.

A distinção entre *aliud* e *peius* tem sido muito discutida em Itália e na Alemanha, tendo a doutrina maioritária entendido que, no caso de prestação diversa, se aplicam as regras gerais do incumprimento.

Entre nós veja-se PEDRO ROMANO MARTINEZ, *Cumprimento defeituoso em especial na compra e venda e na empreitada*, cit., págs. 219-220: "a distinção entre as prestações defeituosa e diversa está, de certa forma, relacionada com a noção objectiva e subjectiva de defeito. Para a concepção objectiva, o defeito é entendido em sentido material, como sinónimo de vício. Daí que a entrega de um automóvel de cor diferente não constitua uma prestação defeituosa. Em contrapartida, a concepção subjectiva de defeito é bastante mais ampla e nela se englobam casos que seriam considerados *aliud* numa perspectiva objectiva"; *Vide* tb. CARLOS FERREIRA DE ALMEIDA, "Orientações de política legislativa adoptadas pela Directiva 1999/44/CE", cit., pág. 113: "perante os conceitos de conformidade e de desconformidade, deixa de fazer sentido a distinção entre coisa diferente e coisa defeituosa".

[137] No entender de MENEZES CORDEIRO, *Direito das obrigações*, Vol. II, reimpressão, Associação Académica da FDL, Lisboa, 1986, págs. 440 ss, o cumprimento apenas será defeituoso se tiver o mínimo de correspondência com o acordado pelas partes.

[138] Como se sabe, o Código Civil distingue a venda de bens onerados (arts. 905.º a 912.º) e a venda de coisas defeituosas (arts. 913.º a 922.º).

[139] *Vide*, no mesmo sentido, MÁRIO TENREIRO e SOLEDAD GÓMEZ, "La Directive 1999/44/CE sur certains aspects de la vente et des garanties des biens de consommation", cit., pág. 11, nota 24, ÁNGEL CARRASCO PERERA, ENCARNA CORDERO LOBATO, PASCUAL

questão dos vícios jurídicos[140]. Antes pelo contrário, parece que o que está subjacente ao conceito de falta de conformidade são precisamente os casos de vícios da coisa, ou seja os vícios materiais ou físicos da coisa. Além do mais, os direitos que em si mesmo são conferidos ao consumidor não estão vocacionados para a existência de ónus, encargos ou limitações da coisa adquirida: a reparação do bem e a substituição do mesmo não são remédios típicos para tratar de vícios jurídicos[141].

É de salientar que a Directiva não estabeleceu qualquer distinção entre defeitos graves e defeitos menores. Assim, podia inferir-se que a mesma conferia direitos ao consumidor/comprador no caso de o bem padecer de uma falta de conformidade menor, ou seja de um "defeito menor"[142]. À luz da Directiva, os consumidores que adquirissem um bem nesta situação, podiam beneficiar de alguns direitos, salvaguardadas as devidas proporções[143].

É de notar que da Directiva parecia não resultar que o conceito de falta de conformidade devesse ser transposto, o qual não é, como vimos, inovador na nossa ordem jurídica. E impôs que os direitos conferidos

---

MARTÍNEZ ESPÍN, "Transposición de la directiva comunitaria sobre venta y garantías de los bienes de consumo", cit., pág. 127 e PAULO MOTA PINTO, "Conformidade e garantias na venda de bens de consumo. A Directiva 1999/44/CE e o direito português", cit., pág. 234. Em sentido contrário, LUIS MENEZES LEITÃO, "Caveat venditor? A Directiva 1999/44/CE do Conselho e do Parlamento Europeu sobre a venda de bens de consumo e garantias associadas e suas implicações no regime jurídico da compra e venda", cit., pág. 276.

[140] JOÃO CALVÃO DA SILVA, Compra e venda de coisas defeituosas, cit., pág. 28: "vícios respeitantes ao estado jurídico da coisa, vale dizer, vícios jurídicos, vícios do direito ou vícios em direito (...) a onerarem ou a limitarem a coisa entregue, e não declarados pelo vendedor nem conhecidos do comprador na conclusão do contrato".

[141] Para os vícios de direito, o Código Civil português confere os direitos de anulação do contrato ou redução do preço, de indemnização prevendo ainda mecanismos para a convalescença do contrato.

[142] Com efeito, embora a Directiva não contenha nenhuma definição sobre os chamados "defeitos menores", facto é que lhes faz referência. Veja-se, o artigo 3.º, n.º 3, segundo parágrafo e o n.º 6 da mesma.

[143] Desde logo, a proibição de rescisão do contrato, nos termos do artigo 3.º, n.º 6 da Directiva 99/44. No mesmo sentido, ÁNGEL CARRASCO PERERA, ENCARNA CORDERO LOBATO, PASCUAL MARTÍNEZ ESPÍN, "Transposición de la directiva comunitaria sobre venta y garantías de los bienes de consumo", cit., pág. 127.

ao consumidor, adquirente de um bem com defeito, vício ou falta de qualidade, fossem definidos em termos *substancialmente equivalentes* aos da falta de conformidade[144].

Mas o legislador nacional optou por introduzir, na nossa ordem jurídica, o conceito de *falta de conformidade com o contrato*. Assim, nos termos do n.º 1 do artigo 2.º do Decreto-Lei 67/2003, *o vendedor tem o dever de entregar ao consumidor bens que sejam conformes com o contrato de compra e venda*. Logo, no preâmbulo deste diploma, o legislador refere-se à adopção da noção de conformidade com o contrato como sendo uma das *principais inovações*[145].

Contudo, da análise de vários preceitos do Decreto-Lei 67/2003, poder-se-á, com grande espanto, verificar que não existe uma harmonia de conceitos. Na verdade, os conceitos de *coisas defeituosas, defeitos*[146], e *falta de conformidade do bem com o contrato* são utilizados indistintamente, sem qualquer rigor sistemático.

---

[144] *Vide* PAULO MOTA Pinto, "Conformidade e garantias na venda de bens de consumo. A Directiva 1999/44/CE e o direito português", cit., pág. 231, nota 83 e "Reflexões sobre a transposição da Directiva 1999/44/CE para o Direito português", cit., págs. 197-198.

[145] LUIS MENEZES LEITÃO, "Caveat venditor? A Directiva 1999/44/CE do Conselho e do Parlamento Europeu sobre a venda de bens de consumo e garantias associadas e suas implicações no regime jurídico da compra e venda", cit., pág. 276: "a imposição ao vendedor da garantia de conformidade implica uma alteração substancial bastante importante no regime da compra e venda de bens de consumo, na medida em que vem afastar a solução tradicional do *caveat emptor,* segundo ao qual caberia sempre ao comprador aquando da celebração do contrato, assegurar que a coisa adquirida não tem defeitos e é idónea para o fim a que se destina".

[146] Artigo 6.º n.º 1 ("[...] pode o consumidor que tenha adquirido *coisa defeituosa* optar por exigir do produtor, à escolha deste, a sua reparação ou substituição"); artigo 6.º, n.º 1 als. a) e c) ("O produtor pode opor-se ao exercício dos direitos pelo consumidor verificando-se qualquer dos seguintes factos: a) resultar o *defeito* exclusivamente de declarações do vendedor sobre a coisa e sua utilização, ou de má utilização; [...] c) poder considerar-se [...] que o *defeito* não existia no momento em que colocou a coisa em circulação"); artigo 7, n.º 3 ("O demandado pode afastar o direito de regresso provando que o *defeito* não existia quando entregou a coisa ou, se o *defeito* for posterior à entrega, que não foi causado por si"); artigo 9.º, n.º 1 ("A declaração pela qual o vendedor, o fabricante ou qualquer intermediário promete reembolsar o preço pago, substituir, reparar ou ocupar-se de qualquer modo da *coisa defeituosa* [...]).

Para terminar, refira-se apenas que o princípio da conformidade com o contrato não é inovador na nossa ordem jurídica[147]. De facto, se pensarmos no cumprimento pontual dos contratos[148] e na entrega da coisa ([149]), o princípio de conformidade encontra-se, por assim dizer, subjacente. Um contrato deve ser cumprido em conformidade com o estipulado, pontualmente, ou seja, ponto por ponto[150]. E, o vendedor tem a obrigação de entregar a coisa, isenta quer de vícios jurídicos[151], quer de vícios materiais[152]. A propósito da locação, o artigo 1043.°, n.° 1 do Código Civil estabelece, depois, que o locatário deve restituir a coisa no estado em que a recebeu, em conformidade com os fins do contrato. Ainda no mesmo diploma, o artigo 1208.° dispõe que o empreiteiro deve executar a obra em conformidade com o que foi convencionado. Enfim, o Código Comercial, no artigo 469.°, dispõe acerca da conformidade do bem à amostra ou à qualidade convencionada.

2.3.2. Presunção de Conformidade

Vimos que a Directiva adoptou o conceito de conformidade do bem com o contrato. E, de forma a simplificar-lhe a operacionalidade, no n.° 2 do artigo 2.°, o legislador comunitário introduziu uma presunção ilidível de conformidade[153-154]. Contrariamente, o nosso Código Civil não se

---

[147] Acerca da noção de conformidade enquanto "relação deôntica entre o referente, segundo o texto, e o objecto do acto executivo", vide CARLOS FERREIRA DE ALMEIDA, *Texto e enunciado na teoria do negócio jurídico*, cit., págs. 635 ss.
[148] Artigos 406.° e 763.° do CC.
[149] Artigos 879.°, al. b) e 882.° do CC.
[150] Veja-se, aliás, o princípio *"Pacta sunt servanda"*.
[151] Artigos 905.° ss. do CC.
[152] Artigos 913.° ss. do CC.
[153] O enunciado do artigo 2.°, n.° 2 inspira-se em larga medida no disposto no artigo 35.° da Convenção de Viena de 1980. Assim, nos termos deste preceito da Directiva 99/44, presumem-se coincidentes ao contrato os bens que sejam (i) conformes com a descrição que deles é feita pelo vendedor e possuam as qualidades do bem que o vendedor tenha apresentado ao consumidor como amostra ou modelo; (ii) adequados ao uso específico para o qual o consumidor os destine e do qual tenha informado o vendedor quando celebrou o contrato, e que o vendedor em causa tenha aceite; (iii) adequados às utilizações habitualmente dadas aos bens do mesmo tipo; e que (iv) apresentem as qualidades e o desempenho habituais dos bens do mesmo tipo, razoavelmente esperável pelo consumidor, atendendo à natureza do bem e, eventualmente, às declarações públicas

sobre as suas características concretas feitas pelo vendedor, pelo produtor ou pelo seu representante, nomeadamente na publicidade ou na rotulagem.

Nos termos da Directiva, os quatro critérios citados são cumulativos: basta a não verificação de um para que o bem não seja conforme com o contrato: *vide* considerando (8) da Directiva – "os elementos que constituem a presunção são cumulativos". Não podem ser afastados por acordo das partes devido à sua natureza imperativa: o considerando (22) e o artigo 7.º da Directiva prevêem tanto a inderrogabilidade das normas, como a irrenunciabilidade prévia dos direitos. (Cfr., na ordem jurídica interna, o artigo 16.º da LDC). Mas, já estará no âmbito da liberdade contratual negociar um bem que, à partida, não corresponda a um, ou mais, dos critérios previstos no n.º 2 do artigo 2.º da Directiva. Com efeito, o considerando (8), ao mencionar que *a presunção ilidível de conformidade não restringe o princípio da liberdade contratual das partes,* permite-o. Vide Mário Tenreiro e Soledad Gómez, "La Directive 1999/44/CE sur certains aspects de la vente et des garanties des biens de consommation", cit., pág. 14.

Assim, as partes podem pretender negociar a venda de um bem que não funcione e que, portanto, não sirva às utilizações habitualmente dadas aos bens do mesmo tipo, artigo 2.º, n.º 2, al. c). Neste caso, não haverá violação do artigo 7.º, n.º 1, pelo simples motivo de a falta de conformidade ter sido previamente acordada pelas partes, ou seja de o defeito ter sido contratualizado: *vide* Mário Tenreiro e Soledad Gómez, "La Directive 1999/44/CE sur certains aspects de la vente et des garanties des biens de consommation", cit., pág. 14 e nota 34.

Criticando contudo do ponto de vista técnico-jurídico, a solução adoptada na Directiva 99/44, *vide* Paulo Mota Pinto, "Conformidade e garantias na venda de bens de consumo. A Directiva 1999/44/CE e o direito português", cit., págs. 225-226. E, no sentido de considerar que a enumeração dos elementos não é taxativa, Ángel Carrasco Perera, Encarna Cordero Lobato, Pascual Martínez Espín, "Transposición de la directiva comunitaria sobre venta y garantías de los bienes de consumo", cit., pág. 128.

[154] Cfr. Dário Moura Vicente, "Desconformidade e garantias na venda de bens de consumo: a Directiva 1999/44/CE e a Convenção de Viena de 1980", cit., págs. 134--136 e Luís Menezes Leitão, "Caveat venditor? A Directiva 1999/44/CE do Conselho e do Parlamento Europeu sobre a venda de bens de consumo e garantias associadas e suas implicações no regime jurídico da compra e venda", cit., pág. 277: as presunções de conformidade "não funcionam como pressuposto da conformidade com o contrato referida no art. 2.º, n.º 2, mas antes como presunção de existência dessa conformidade, pretendendo-se assim aligeirar o ónus da prova que recai sobre o vendedor relativamente ao cumprimento da obrigação prevista; para além disso, ao se referir todos os elementos, obtém-se a certeza de que em todos os Estados membros eles são considerados no âmbito da responsabilidade pelos defeitos da coisa, obtendo-se assim a harmonização deste regime, que de outra forma seria difícil atendendo aos múltiplos entendimentos que o conceito de "falta de conformidade" poderia ter nos diversos Estados".

baseia em qualquer presunção de conformidade do bem com o contrato[155]. Embora, como veremos, muitas das presunções previstas na Directiva já tenham assento no nosso ordenamento jurídico.

Vejamos o n.º 2 do artigo 2.º do Decreto-Lei 67/2003: presume-se que os bens de consumo não são conformes com o contrato se se verificar algum dos seguintes factos: (i) não serem conformes com a descrição que deles é feita pelo vendedor ou não possuírem as qualidades do bem que o vendedor tenha apresentado ao consumidor como amostra ou modelo (al. a);

(ii) não serem adequados ao uso específico para o qual o consumidor os destine e do qual tenha informado o vendedor quando celebrou o contrato e que o mesmo tenha aceitado (al. b);

(iii) não serem adequados às utilizações habitualmente dadas aos bens do mesmo tipo (al. c);

(iv) não apresentarem as qualidades e o desempenho habituais nos bens do mesmo tipo, e que o consumidor pode razoavelmente esperar, atendendo à natureza do bem e, eventualmente, às declarações públicas sobre as suas características concretas feitas pelo vendedor, pelo produtor ou pelo seu representante, nomeadamente na publicidade ou na rotulagem (al. d).

Que dizer deste regime?

Os dois primeiros critérios referidos respeitam a uma fase pré-contratual: a descrição do bem feita pelo vendedor ou a apresentação de uma amostra ou modelo[156] na realidade inserem-se na fase prévia de

---

[155] Por este motivo, no Anteprojecto de Diploma de Transposição da Directiva para o Direito Português, PAULO MOTA PINTO, *Cumprimento defeituoso do contrato de compra e venda, anteprojecto de diploma de transposição da directiva 1999/44/CE para o Direito Português,* cit., pág. 78, sugeriu a alteração da noção de defeito nos seguintes termos: "se, no momento da entrega ao comprador e sem que este soubesse, a coisa vendida sofrer de vício que a desvalorize, não corresponder à descrição feita pelo vendedor ou às qualidades por este asseguradas, for inadequada às utilizações habituais das coisas do mesmo tipo ou à utilização específica pretendida pelo comprador e aceita pelo vendedor, ou não apresentar as qualidades e o desempenho habituais nas coisas do mesmo tipo e que o comprador podia razoavelmente esperar, observar-se-á, com as devidas adaptações, o prescrito na secção precedente, em tudo quanto não seja modificado pelas disposições dos artigos seguintes" (art. 913.º, n.º 1 CC).

[156] A parte final da al. a) do n.º 2 do art. 2.º corresponde ao previsto no artigo 919.º do CC, relativo à venda sobre amostra. Refira-se que, no nosso ordenamento jurídico, são

negociações entre as partes, e fazem presumir que o consumidor pretendeu efectivamente adquirir um bem com aquelas características.

Em primeiro lugar, o bem deve ser conforme com a descrição feita pelo vendedor[157-158].

Por descrição parece dever entender-se qualquer descrição do bem feita pelo vendedor, nomeadamente as informações constantes de catálogos, rótulos, promoções, vendas por correspondência, etc.[159]. E ainda qualquer descrição realizada directamente pelo vendedor ao comprador no momento da compra do bem.

Transpondo este critério para uma compra e venda realizada através do comércio electrónico indirecto, a descrição do bem corresponde à descrição que dele é feita no site ou na página onde aparece publicitado. O mesmo se dirá de mensagens publicitárias, tidas como verdadeiros convites a contratar, enviadas directamente para o endereço electrónico de um consumidor. E, deste modo, qualquer descrição, informação ou

---

nulas as cláusulas contratuais gerais que permitam a não correspondência entre as prestações a efectuar e as indicações, especificações ou amostras feitas ou exibidas nos contratos de adesão com os consumidores finais (artigo 21.º, al. c) do DL 446/85, de 25 de Outubro).

[157] A este respeito, LUIS MENEZES LEITÃO, "Caveat venditor? A Directiva 1999/44/CE do Conselho e do Parlamento Europeu sobre a venda de bens de consumo e garantias associadas e suas implicações no regime jurídico da compra e venda", cit., pág. 278: "não se exige assim uma estipulação negocial, bastando para a responsabilização do vendedor meras declarações de ciência ou meros comportamentos fácticos". Acerca da suficiência do nosso direito para albergar a conformidade do bem à sua descrição pelo vendedor, vide PAULO MOTA PINTO, "Conformidade e garantias na venda de bens de consumo. A Directiva 1999/44/CE e o direito português", cit., págs. 236-237.

[158] É de notar que na alteração 18, elaborada pelo Parlamento à Proposta de Directiva (COM (95)0520 – C4-0455/96 – 96/0161(COD), se estabelecia que os bens seriam conformes à descrição feita pelo vendedor ou *produtor*, e deveriam possuir as qualidades que o vendedor ou *produtor* tivessem apresentado ao consumidor como amostra ou modelo. Contudo, na versão final da Directiva, manteve-se unicamente a descrição, amostras ou modelos elaboradas ou apresentadas pelo próprio vendedor (Pelo contrário, o artigo 2.º, n.º 2, al. d) abarca o produtor ou o seu representante). Em termos práticos, houve uma diminuição do âmbito de aplicação do primeiro critério de conformidade previsto: na generalidade dos casos, as descrições dos produtos são feitas directamente pelo produtor.

[159] JOÃO CALVÃO DA SILVA, *Compra e venda de coisas defeituosas*, cit, pág. 143.

propaganda realizada pelo vendedor sobre um determinado produto presumir-se-á incluída no clausulado contratual[160].

Mas, se no comércio tradicional, e na *descrição* do bem podem englobar-se, como vimos, as declarações que o vendedor efectuou no momento da aquisição do produto, no caso da contratação electrónica parece que assim não será. Com efeito, na Internet, já se sabe, os contraentes não se encontram fisicamente presentes e, na generalidade dos casos, o vendedor não descreve o bem para aquele comprador específico. O comprador apenas dispõe de produtos colocados numa dada página, muitas vezes com uma fotografia e uma descrição sumária das suas características.

Parece-nos porém que as descrições efectuadas pelo vendedor devem ser precisas, concretas e objectivas: uma descrição genérica ou exagerada não deverá ter o mesmo tratamento. Na verdade, transpondo o estipulado na al. d), do n.º 2 do artigo 2.º do Decreto-Lei 67/2003, na parte relativa às declarações públicas feitas pelo vendedor, o vendedor será aqui responsabilizado pelas declarações públicas *concretas* que faz de um determinado bem[161]: é de aplicar este mesmo princípio ao caso de todas descrições realizadas pelo vendedor.

O bem deve possuir, por outro lado, ainda, as qualidades que o vendedor tenha apresentado ao consumidor na amostra ou modelo.

Será que podemos considerar que a imagem do bem no ecrã do computador é uma amostra ou um modelo desse mesmo bem? É um facto que um consumidor que veja e manuseie a amostra ou o modelo do bem que pretende adquirir se encontra mais preparado e apto a decidir, ou não, pela compra. Além disso, o consumidor faz fé em que o bem adquirido é igual à amostra ou modelo. Por exemplo, se um consumidor experimenta um perfume numa loja e decide adquiri-lo, presume que a

---

[160] *Vide* o n.º 5 do artigo 7.º da LDC.
[161] *Vide* JOÃO CALVÃO DA SILVA, *Compra e venda de coisas defeituosas*, cit, pág. 143; PAULO MOTA PINTO, "Conformidade e garantias na venda de bens de consumo. A Directiva 1999/44/CE e o direito português", cit., pág. 237: "a relevância da mera descrição do bem justifica-se (...) em atenção à finalidade de protecção do consumidor, contribuindo para eliminar controvérsias em torno da existência de uma vontade de vinculação do vendedor".

embalagem de perfume adquirida corresponde àquela amostra ou modelo.

Claro está, na Internet, um contacto físico e directo com a amostra ou o modelo do bem não se afigura, naturalmente, possível. E, por este motivo, as hipóteses de aquisição de um produto diferente do exposto no ecrã do computador são mais frequentes, derivadas sobretudo da utilização de técnicas de publicidade enganosa. O mesmo se passa, por exemplo, nas vendas por catálogo, ou em qualquer venda à distância, onde o consumidor apenas visualiza o bem numa revista ou na televisão.

Parece-nos de qualquer modo, e transpondo esta questão para a contratação electrónica, que se pode considerar a fotografia visualizada pelo consumidor no ecrã do computador, como amostra ou modelo para os efeitos da parte final da alínea a) do n.º 2 do artigo 2.º do Decreto--Lei 67/2003.

No entanto, é notório que o *ciberconsumidor* poderá estar mais desprotegido do que aquele que manuseia o bem, porque na generalidade dos casos, como se sabe, as fotografias dos bens não correspondem bem à realidade. Mas estas questões serão resolvidas pelas regras orientadoras da publicidade enganosa.

Alguns autores têm defendido ser bastante que o bem seja conforme à descrição *ou* possua as qualidades da amostra ou modelo[162]. Na óptica da protecção dos consumidores, a cumulação dos critérios é, naturalmente, preferível: um bem será portanto conforme ao contrato se corresponder à descrição feita pelo vendedor *e* possuir as qualidades da amostra ou modelo. Assim, se um bem possuir apenas as qualidades da amostra e não corresponder às descrições feitas pelo vendedor, aí haverá uma falta de conformidade do bem com o contrato.

---

[162] Cfr. GIOVANNI DI CRISTOFARO, *Difetto di conformità al contratto e diritti del consumatore – L'ordinamento italiano e la Direttiva 99/44/CE sulla vendita e le garanzie del beni di consumo*, I Libri Dell'instituto Giuridico Italiano, Vol. 24, CEDAM, Casa Editrice Dott. António, Milani, 2000, pág. 80. Na verdade, tem-se discutido se os critérios da alínea a) da Directiva devem ou não ser cumulativos, ou se, antes pelo contrário, são autonomizáveis. À luz da Directiva, consideramos nós que o critério a adoptar deverá ser cumulativo. Desde logo, a alínea a) do n.º 1 do artigo 2.º está redigida nesse sentido; por outro lado, mesmo o considerando (8) estabelece que os elementos que constituem a presunção são, sim, cumulativos.

Ao transpor os requisitos constantes da Directiva para a ordem jurídica portuguesa, o legislador nacional enveredou, neste domínio, por uma solução clara: dispõe a al. a) do n.º 2 do artigo 2.º do Decreto-Lei 67/2003 que se presumem não conformes com o contrato os bens de consumo que não forem conformes com a descrição que deles é feita pelo vendedor *ou* não possuam as qualidades do bem que o vendedor tenha apresentado ao consumidor como amostra ou modelo. Deste modo, com esta redacção, dissipam-se quaisquer dúvidas: os requisitos da alínea a) não são cumulativos, bastando a não verificação de um deles para se presumir que o bem não é conforme com o contrato.

O segundo critério, como vimos, relaciona-se com a adequação do bem ao uso específico para o qual o consumidor o tenha destinado e do qual tenha informado o vendedor no momento da celebração do contrato, e por este seja aceite[163].

O critério da adequação ao fim específico será mais dificilmente aplicável ao caso da contratação electrónica. Parece claro que a alínea b) do n.º 2 do artigo 2.º do Decreto-Lei 67/2003 foi elaborada tendo essencialmente em conta casos de compra e venda com a presença simultânea do comprador e do vendedor: prevê-se que o bem seja adequado ao fim destinado pelo consumidor, o qual deverá dele ter *informado* o vendedor, que aceitou.

---

[163] Na Proposta de Directiva (COM (95)520 final, COD (96)0161) bastava que o consumidor comunicasse ao vendedor aquando da conclusão do contrato o uso que pretendia para aquele bem, não se exigindo a aceitação do vendedor. Excepcionava-se unicamente os casos de o consumidor não ter tido em conta as explicações do vendedor.

Vide LUIS MENEZES LEITÃO, "Caveat venditor? A Directiva 1999/44/CE do Conselho e do Parlamento Europeu sobre a venda de bens de consumo e garantias associadas e suas implicações no regime jurídico da compra e venda", cit., pág. 279: "a directiva apenas exige que essa destinação corresponda a uma informação prestada pelo consumidor, a qual tenha sido recebida pelo vendedor, que a ela não tenha manifestado oposição aquando da celebração do contrato (...); o que se visa é (...) que a destinação unilateral de fim comunicada pelo comprador ao vendedor, sem rejeição deste, possa integrar o conteúdo da garantia".

Tem-se entendido que este critério da falta de conformidade tem correspondência com os n.ºs 1 e 2 do art. 913.º do CC. *Vide* PAULO MOTA PINTO, "Conformidade e garantias na venda de bens de consumo. A Directiva 1999/44/CE e o direito português", cit., págs. 237-238.

Na generalidade dos casos de contratação electrónica, os sujeitos intervenientes não revelam nada a respeito da finalidade para que querem o bem que pretendem adquirir, nem tão pouco o consumidor espera que o vendedor aceite o fim para o qual será destinado o bem em causa. É que se, no comércio tradicional, esta troca de informações demoraria segundos, a sua implementação no comércio electrónico seria praticamente inexequível[164].

Exige-se ainda, como terceiro critério, que o bem seja adequado às utilizações habitualmente dadas aos bens do mesmo tipo1[165]. Este terceiro item, como aliás o da alínea d), faz recair o bem adquirido numa determinada categoria de bens.

Este preceito refere-se a uma pluralidade de utilizações, pelo que parece que o bem de consumo terá de ser idóneo para todas elas, no caso de ter mais do que uma utilização habitual[166]. Contudo, também aqui o comportamento do consumidor deverá pautar-se pelos princípios da boa fé[167].

---

[164] À luz da Directiva, colocava-se a seguinte questão: sendo este critério da adequação de difícil verificação numa compra através da Internet, mas os elementos previstos no n.º 2 do artigo 2.º da Directiva cumulativos, em que termos haveria falta de conformidade do bem com o contrato? A este respeito, a parte final do Considerando (8) da Directiva previa: *se as circunstâncias do caso tornarem qualquer elemento específico manifestamente inapropriado, continuarão, não obstante, a ser aplicáveis os restantes elementos da presunção*. Deste modo, parece que, nos casos de contratação electrónica em que a alínea b) deste artigo fosse *manifestamente inapropriada*, os restantes elementos aí previstos continuariam a ter aplicabilidade. Ou seja, nestes casos não haveria necessariamente falta de conformidade do bem com o contrato. Esta preocupação já não tem sentido no actual ordenamento jurídico nacional. Com efeito, vimos que os requisitos previstos, segundo a redacção negativa do artigo 2.º, n.º 2 do Decreto-Lei 67/2003, não podem ter leitura cumulativa.

[165] Esta regra da alínea c) do n.º 2 do artigo 2.º do Decreto-Lei 67/2003 tem correspondência com o previsto nos artigos 35.º, n.º 2, al. a) da Convenção de Viena, 913.º, n.º 2 do CC e 4.º, n.º 1 da LDC. Trata-se, no fundo, da consagração da concepção objectiva de defeito.

[166] LUIS MENEZES LEITÃO, "Caveat venditor? A Directiva 1999/44/CE do Conselho e do Parlamento Europeu sobre a venda de bens de consumo e garantias associadas e suas implicações no regime jurídico da compra e venda", cit., pág. 280.

[167] LUIS MENEZES LEITÃO, "Caveat venditor? A Directiva 1999/44/CE do Conselho e do Parlamento Europeu sobre a venda de bens de consumo e garantias associadas e suas implicações no regime jurídico da compra e venda", cit., pág. 280: " o critério será,

Relativamente a este, não existe nenhuma especialidade em função do meio empregue pelas partes. Quanto à habitualidade, parece-nos que a mesma se deve aferir em função do consumidor-padrão, colocado em certas e determinadas circunstâncias de mercado.

O último critério referido, por ser aquele que mais alterações introduzirá, segundo a Directiva, no direito interno de cada Estado, é o que tem levantado mais controvérsia entre os Estados-Membros da União Europeia[168].

Enfim, nos termos da citada alínea d), um bem de consumo não será conforme com o contrato se não apresentar as qualidades e o desempenho habituais nos bens do mesmo tipo[169], e que o consumidor pode razoa-

---

no entanto, excessivo em certos casos, já que se o consumidor declarar ao vendedor que pretende utilizar a coisa para determinado fim, e se verificar que ela é idónea para esse fim, mas não para outros fins para que habitualmente servem coisas do mesmo tipo, poderá mesmo assim reclamar falta de conformidade".

[168] CARLOS FERREIRA DE ALMEIDA, "Orientações de política legislativa adoptadas pela Directiva 1999/44/CE", cit., pág. 114: "verdadeiramente inovador (e de grande alcance) é o reconhecimento legislativo da relevância contratual da rotulagem e da publicidade; neste ponto, mais do que em nenhum outro, se vislumbra a adequação do regime jurídico ao moderno circuito e perfil da distribuição de bens de consumo, que, por via de embalagem, da rotulagem e da publicidade, envolvem fortemente personagens intervenientes a montante do vendedor final".

O anteprojecto de directiva estabelecia, na alínea b), a conformidade do bem às declarações públicas emitidas sobre ele, e na alínea d) o critério das expectativas razoáveis do consumidor em relação às qualidades do bem. Nos termos desta alínea determinava-se que os bens deveriam estar isentos de qualquer defeito, incluindo defeitos menores, e terem uma aparência, um acabamento e uma durabilidade satisfatórias, tendo em conta a descrição, a natureza dos bens, o preço pago e as declarações públicas mencionadas na alínea b).

Por seu lado, a proposta de directiva sintetizou, na alínea d), que "as respectivas qualidades e prestações são satisfatórias atendendo à natureza do bem e ao preço pago e tendo em conta as declarações públicas feitas a seu respeito pelo vendedor, pelo produtor ou pelo seu representante".

A menção ao preço pago foi bastante criticada, nomeadamente pelo parecer do Comité Económico e Social, tendo sido abandonada na versão proposta pelo Parlamento, que prevê que os bens "possuem uma natureza conforme às expectativas do consumidor, em termos de qualidades e de prestações, em função, por exemplo, das declarações públicas sobre o produto feitas na publicidade ou no rótulo pelo vendedor, pelo produtor ou pelo seu representante".

[169] PAULO MOTA PINTO "Conformidade e garantias na venda de bens de consumo. A Directiva 1999/44/CE e o direito português", cit., pág. 240, criticou a não adopção do

velmente esperar, atendendo à natureza do bem, eventualmente, às declarações públicas sobre as suas características concretas feitas pelo vendedor, pelo produtor ou pelo seu representante[170], nomeadamente através da publicidade ou na rotulagem.

Tem-se questionado se os critérios constantes da alínea d) do n.º 2 do artigo 2.º do Decreto-Lei 67/2003 são cumulativos, ou se podem ser autonomizados[171]. Em nosso entender, e tendo em conta o elemento histórico e outras versões linguísticas da Directiva[172], parece que os critérios deverão ser cumulativos, muito embora seja esta a solução mais desfavorável para o consumidor[173]. Resulta inequívoca da redacção do Decreto-Lei.

Todavia, parece que o critério das expectativas razoáveis do consumidor se encontra limitado pela habitualidade das qualidades e pelo

---

estipulado no anteprojecto da Directiva, que previa o que se devia entender por "qualidades e desempenho" do bem (aparência, isenção de defeitos menores, acabamento, segurança, a durabilidade).

[170] Não se trata de um representante em sentido jurídico, mas antes de um "representante económico". A este respeito, vide JOÃO CALVÃO DA SILVA, *Compra e venda de coisas defeituosas,* cit., pág. 242, nota (107).

[171] No sentido da cumulação dos qualificativos, vide PAULO MOTA PINTO, "Conformidade e garantias na venda de bens de consumo. A Directiva 1999/44/CE e o direito português", cit., págs. 240-241 e JOÃO CALVÃO DA SILVA, *Compra e venda de coisas defeituosas,* cit., págs. 146-147; em sentido contrário, GIOVANNI DI CRISTOFARO, *Difetto di conformità al contratto e diritti del consumatore – L'ordinamento italiano e la Direttiva 99/44/CE sulla vendita e le garanzie del beni di consumo,* cit., págs. 113 ss.

[172] A copulativa empregue na versão portuguesa aparece em muitas outras versões, tais como na versão inglesa ("show the quality and performance which are normal in goods on the same type and which the consumer can reasonable expect...") e na versão alemã. A versão francesa, por seu lado, refere "la qualité et les prestations habituelles d'un bien de même type *auxquelles* le consommateur peut raisonablement s'attendre" e na versão espanhola, "presentan la calidad y las prestaciones habituales de un bien del mismo tipo *que* el consumidor puede fundamentemente esperar".

[173] Em sentido contrário, LUIS MENEZES LEITÃO, "Caveat venditor? A Directiva 1999/44/CE do Conselho e do Parlamento Europeu sobre a venda de bens de consumo e garantias associadas e suas implicações no regime jurídico da compra e venda", cit., pág. 282: "(...) se o consumidor poderia razoavelmente esperar em face da natureza do bem e das declarações públicas do vendedor, produtor ou representante sobre ele, que ele teria certas qualidades e desempenho não parece que possa excluir-se a falta de conformidade apenas com base no critério da habitualidade das qualidades e desempenho dos bens do mesmo tipo".

desempenho do bem. Poder-se-á, assim, concluir que o bem deverá apresentar as qualidades e desempenho habituais de um bem do mesmo tipo, e que essas qualidades e desempenho habituais serão as legitimamente esperadas pelo consumidor, tendo em conta a natureza do bem e as declarações públicas, nomeadamente na publicidade e rotulagem, sobre as suas características concretas, feitas pelo vendedor, produtor ou seu representante[174].

A introdução da responsabilidade do vendedor pelas declarações publicitárias realizadas pelo produtor ou pelo seu representante é muito inovadora para grande parte das ordens jurídicas e reveste-se de uma enorme importância.

Por um lado, a publicidade é uma constante na economia mundial: a aquisição de produtos é, na generalidade dos casos, motivada por ela. Por outro lado, se a Directiva apenas tratasse das acções publicitárias realizadas pelo vendedor, deixaria de fora grande parte da publicidade: numa economia de produção em série e distribuição em cadeia, o principal mentor das acções publicitárias é precisamente o produtor ou o seu representante.

É de notar ainda que as declarações publicitárias devem ser razoáveis[175] e versar sobre características concretas de um certo bem.

Mas no que respeita às declarações publicitárias, o nosso direito afigura-se suficiente. Com efeito, o artigo 7.º, n.º 5 da LDC estabelece que *as informações concretas e objectivas contidas nas mensagens publicitárias de determinado bem, serviço ou direito consideram-se integradas no conteúdo dos contratos que se venham a celebrar após a sua emissão,*

---

[174] A este respeito, JOÃO CALVÃO DA SILVA, *Compra e venda de coisas defeituosas*, cit., pág. 148: "expectativas razoáveis = expectativas de qualidade e desempenho normais, habituais; equivalente (...) à interpretação e integração do negócio jurídico segundo a doutrina da impressão do destinatário, princípio da boa fé e critério da qualidade média no cumprimento das obrigações genéricas, em nome do equilíbrio das prestações".

[175] Tem-se discutido qual o critério para a determinação da razoabilidade que deve pautar o comportamento do consumidor: se o critério relevante para efeitos de publicidade enganosa, ou seja, o do consumidor abaixo da média, ou o critério de "consumidor médio". Parece que deverá ser aplicado o critério geral de interpretação da vontade (artigo 236.º do CC).

tendo-se por não escritas as cláusulas contratuais em contrário[176]. E, esta disposição da LDC afigura-se, porventura, mais favorável do que o regime que era previsto na Directiva: o vendedor não ficava vinculado pelas declarações públicas se (i) demonstrasse que não tinha conhecimento, nem podia razoavelmente ter conhecimento da declaração em causa, (ii) demonstrasse que, até ao momento da celebração do contrato, a declaração em causa tinha sido corrigida, ou (iii) demonstrasse que a decisão de comprar o bem de consumo não pôde ter sido influenciada pela declaração em causa[177].

Parece-nos, no entanto, que embora o vendedor não ficasse vinculado pelas declarações nestas circunstâncias, facto é que não deixava de ser responsabilizado perante o consumidor/comprador pela falta de conformidade do bem com o contrato: a prova do desconhecimento não culposo, por parte do vendedor, apenas lhe poderia aproveitar no caso do direito de regresso[178].

Nova questão: e no caso de as qualidades e desempenho habituais de um bem do mesmo tipo não corresponderem às características publicitadas pelo vendedor, produtor ou representante, não obstante apresentarem as qualidades e desempenho habituais nos bens do mesmo tipo razoavelmente esperáveis?

Aqui, temos que ter presentes os princípios que enformam a publicidade, nomeadamente a veracidade, fiabilidade e lealdade. Assim, se o consumidor acreditou na publicidade feita para um determinado bem, e adquiriu esse bem, joga apenas, e a favor do consumidor/comprador a segunda hipótese do artigo 2.°, n.° 2, al. d) do Decreto-Lei 67/2003.

2.3.3. *Momento de Verificação da Falta de Conformidade e a Problemática do Risco*

A LDC não estabelecia qualquer regra específica para a aferição do momento da falta de conformidade. Assim, até à entrada em vigor do

---

[176] Veja-se, no mesmo sentido, o artigo 3.°, n.° 2 da Directiva sobre viagens organizadas.
[177] Artigo 2.°, n.° 4 da Directiva 99/44.
[178] JOÃO CALVÃO DA SILVA, *Compra e venda de coisas defeituosas*, cit., pág. 149.

Decreto-Lei 67/2003, era necessário recorrer-se às regras gerais previstas no nosso Código Civil para efeitos de resolução desta questão. Vejamos: no Direito português a transmissão da propriedade das coisas opera *solo consensu*, e, em princípio, o risco de perecimento ou deterioração da coisa, por causa não imputável ao alienante, corre por conta do adquirente[179]. E, havendo lugar ao envio da coisa para local diferente do cumprimento, a transferência do risco opera-se com a entrega ao transportador ou expedidor[180]: as regras de distribuição do risco são altamente desfavoráveis ao consumidor[181].

Mas, o artigo 3.º, n.º 2 do Decreto-Lei 67/2003 dispôs que *as faltas de conformidade que se manifestem num prazo de dois ou cinco anos a contar da data de entrega de coisa móvel corpórea ou de coisa imóvel, respectivamente, presumem-se existentes já nessa data, salvo quando for incompatível com a natureza da coisa ou com as características da falta de conformidade*. E o artigo 4.º, n.º 2 da LDC foi revogado.

Assim, à luz do Direito nacional vigente, presumem-se existentes na data da entrega da coisa, as faltas de conformidade que se tenham manifestado num prazo de dois anos, para as coisas móveis corpóreas, e num prazo de cinco anos, para as coisas imóveis. Só assim não será se tal for incompatível com a natureza da coisa ou com as características da falta de conformidade.

Estabeleceu também o Decreto-Lei 67/2003 que o *vendedor responde perante o consumidor por qualquer falta de conformidade que exista no momento em que o bem lhe é entregue*[182].

Seguiu a Directiva 99/44: considera do mesmo modo que o vendedor responderá por qualquer falta de conformidade que exista no momento em que o bem é *entregue* ao consumidor[183].

À primeira vista, parece que pretende a Directiva afastar as regras sobre a transferência do risco previstas tanto na Convenção de Viena

---

[179] Artigo 796.º, n.º 1 do CC.
[180] Artigo 797.º do CC.
[181] CARLOS FERREIRA DE ALMEIDA, *Os direitos dos consumidores*, cit., pág. 130.
[182] Artigo 3.º, n.º 1 do Decreto-Lei 67/2003.
[183] Neste sentido, veja-se os artigos 3.º, n.º 1 e 2.º, n.º 1 da Directiva.

de 1980[184], como nos ordenamentos da generalidade dos Estados-Membros[185]. Por exemplo, no nosso ordenamento, à semelhança de outros, a coisa deve ser entregue no estado em que se encontra ao tempo da venda[186], quer seja entregue no momento da celebração do contrato[187] ou posteriormente[188-189]. E a transferência da propriedade dá-se, geralmente, aquando do contrato, e com ela dá-se a transferência do risco[190].

Ora, a adopção da regra da Directiva, transposta tal e qual para o Direito português, parece-nos a mais acertada, sobretudo tendo em conta as compras e vendas transfronteiriças[191]. É natural que o risco da entrega do bem adquirido, conforme ao contrato, recaia sobre o vendedor. É de notar que, nos casos de compra e venda através da Internet, a alteração das regras de transferência do risco contribuirá para um aumento considerável da protecção dos consumidores. Assim, enquanto o consumidor não receber os bens adquiridos, o risco deverá ser integralmente suportado pelo vendedor.

Contudo, levanta-se um obstáculo poderoso: nos termos do artigo 295.º do Tratado[192], as matérias respeitantes à propriedade perma-

---

[184] *Vide* artigo 36.º, n.º 1 da Convenção de Viena.

[185] Em França, a transferência de propriedade e do risco ocorrem, para as coisas específicas, no momento da conclusão do contrato, e para as coisas genéricas no momento da determinação do bem. Veja-se, ainda, os casos italiano e inglês.

[186] Artigo 882, n.º 1 do CC.

[187] Artigo 914.º do CC.

[188] Artigo 918.º do CC.

[189] Contrariamente ao disposto no nosso Código Civil, cuja garantia edilícia se aplica unicamente aos casos de vícios da coisa específica existentes no momento da conclusão da venda. A todos os defeitos que tiverem surgido antes ou após a conclusão do contrato, será de aplicar as regras previstas para o incumprimento. O mesmo se diga das coisas genéricas.

[190] Esta regra acaba, igualmente, por contrariar o estabelecido no artigo 918.º do CC (defeitos supervenientes).

[191] Aliás, na exposição dos fundamentos da proposta dizia-se que "só esta solução parece ser efectivamente adequada nas relações de consumo", COM(95) 520 final. Esta norma já se encontra consagrada no "Uniform Commercial Code" norte-americano e na "Lei Uniforme sobre a Venda Internacional de Coisas Móveis Corpóreas".

[192] Com a numeração conferida pelo Tratado de Amesterdão: "O presente Tratado em nada prejudica o regime da propriedade nos Estados-Membros".

necem da estrita competência de cada Estado-membro. Ou seja, em momento algum o legislador comunitário poderá alterar essas mesmas regras. E, como se sabe, as regras de distribuição do risco encontram-se intimamente relacionadas com as regras da propriedade.

Ora, a este propósito, numa formulação que tem levantado algumas dúvidas, o Considerando (14) da Directiva rezava: *as referências à data de entrega não implicam que os Estados-Membros devam alterar as suas normas sobre transferência do risco.*
O que dizer deste preceito? Como conciliá-lo com o artigo 3.º, n.º 1 da Directiva?[193].

Numa primeira leitura podemos ser levados a pensar que os Estados--Membros, que tenham regras de transferência de risco distintas das previstas na Directiva, não estão obrigados a alterá-las. E, deste modo, cai por terra a solução do artigo 3.º, n.º 1.

Contudo, não nos parece que tenha sido essa a intenção do legislador comunitário. Resulta claro que houve uma preocupação de alterar as regras sobre a transferência do risco como forma de proteger os consumidores, pelo que outra não poderá ser a nossa conclusão senão a de considerar como válido o entendimento do sistema neste preciso sentido. Em nosso entender, o Considerando (14) da Directiva prevê que os Estados-Membros não se encontrem obrigados a alterar o regime geral do risco, o qual se manterá em vigor, naturalmente, para todos os contratos não abrangidos pela Directiva[194], mas desloca do tema de um risco

---

[193] LUIS MENEZES LEITÃO, "Caveat venditor? A Directiva 1999/44/CE do Conselho e do Parlamento Europeu sobre a venda de bens de consumo e garantias associadas e suas implicações no regime jurídico da compra e venda", cit., págs. 285 ss; GIOVANNI DI CRISTOFARO, *Difetto di conformità al contratto e diritti del consumatore – L'ordinamento italiano e la Direttiva 99/44/CE sulla vendita e le garanzie del beni di consumo*, cit., págs. 144-163 faz um apanhado das diversas explicações que têm sido dadas, a este respeito, pela doutrina estrangeira.

[194] Ver, a este respeito, PAULO MOTA PINTO, "Conformidade e garantias na venda de bens de consumo. A Directiva 1999/44/CE e o direito português ", cit, págs. 250-251; MÁRIO TENREIRO e SOLEDAD GÓMEZ, "La Directive 1999/44/CE sur certains aspects de la vente et des garanties des biens de consommation", cit., págs. 16-17; Contudo, procedendo a uma delimitação diferente e mais radical do problema, JOÃO CALVÃO DA SILVA, *Compra e venda de coisas defeituosas*, cit., págs. 152-153: "não existe qualquer contradição entre o considerando (14) e o art. 3.º, n.º 1 da Directiva, porque diferentes os problemas a que se reportam. Com efeito, uma coisa é a responsabilidade do vendedor pelos vícios ou

inerente à propriedade os problemas que dizem respeito afinal a um alargamento, ou a uma compreensão mais alargada do princípio do cumprimento pontual dos contratos.

Pode, ainda, questionar-se se a alteração das regras de distribuição do risco se encontra na disponibilidade dos contraentes, isto é, se estes podem acordar que o risco do transporte, por exemplo, passe a ser suportado pelo consumidor. Acaso possível, estar-se-ia, provavelmente, a permitir que os vendedores, de forma a eximirem-se de qualquer responsabilidade após a celebração do contrato, incluíssem nos contratos previamente elaborados por eles, uma disposição nesse sentido, acabando por esvaziar, mais uma vez, a regra do artigo 3.º, n.º 1[195]. E, com a transposição para a nossa ordem jurídica da nova regra de distribuição do risco, estar-se-ia, afinal, a permitir que fosse alterada contratualmente essa mesma regra, o que, porém, nos termos do Decreto-Lei 446/85, de 25 de Novembro, não é permitido[196-197].

Por este motivo, e regra geral, esta alteração contratual da distribuição do risco não se afigura possível nos casos dos contratos de

---

defeitos da coisa existentes no momento da sua entrega ao consumidor – *cumprimento imperfeito da obrigação de entrega por falta de conformidade jurídica ou material* (…). *Outra coisa bem diferente é a impossibilidade do cumprimento da obrigação de entrega conforme,* pontual, em todos os termos devidos, *em virtude do perecimento ou deterioração da coisa por caso fortuito ou força maior* (…). O diferimento da transferência do risco de perecimento da coisa por força maior ou caso fortuito para o momento da entrega do bem – colocação à disposição ou recepção efectiva (…) – ao consumidor profissional poderá constituir opção política livre e soberana do legislador português, não uma imposição da Directiva".

[195] Em sentido contrário, veja-se PAULO MOTA PINTO, "Conformidade e garantias na venda de bens de consumo. A Directiva 1999/44/CE e o direito português", cit., pág. 251, nota (128).

[196] O diploma das Cláusulas Contratuais Gerais (DL n.º 446/85, de 25 de Outubro, com as alterações introduzidas pelo DL n.º 249/99, de 7 de Julho, em transposição da Directiva 93/13/CEE, de 5 de Abril) tem aplicabilidade na generalidade dos casos de contratação electrónica. Com efeito, é frequente os contratos de consumo disporem de cláusulas elaboradas sem prévia negociação individual ou de cláusulas que, embora inseridas em contratos individualizados, o conteúdo previamente elaborado não possa ser influenciado pelo consumidor. Trata-se dos chamados contratos de adesão. E, para evitar abusos, este diploma prevê "listas negras" de cláusulas absolutamente proibidas (arts. 18.º e 21.º) e "listas cinzentas" de cláusulas relativamente proibidas (arts. 19.º e 22.º).

[197] Artigo 21.º, al. f) do Decreto-Lei 446/85.

adesão. No entanto, no caso de não se configurar um contrato de adesão, e se as partes tiverem, ao abrigo da liberdade negocial, acordado naquele sentido, tendo até o consumidor retirado daí algum benefício[198], não se justificará dizer-se que esta cláusula não é válida. Estas situações serão, com certeza, uma excepção à regra e, por outro lado, ficam sempre protegidas através do dispositivo do artigo 10.º do Decreto--Lei 67/2003[199].

Resta referir que a apreciação da falta de conformidade do bem no momento em que é entregue ao comprador não significa que esta se tenha manifestado[200-201], e a introdução da presunção de anterioridade do defeito é inovadora[202] para algumas ordens jurídicas, como a nossa: pretende tornar mais simples o *onus probandi* do consumidor – no prazo que lhe é conferido, o consumidor/comprador apenas terá de mostrar o defeito do bem adquirido, não lhe competindo provar que já existia no momento da compra.

---

[198] Imagine-se que o consumidor e o vendedor acordam que o risco do transporte corre por conta daquele e que, por este motivo, o vendedor reduz o preço do bem.

[199] No sentido idêntico, veja-se o artigo 7.º, n.º 1 da Directiva 99/44: "As cláusulas contratuais ... [aceites pelo] vendedor antes da falta de conformidade... que, directa ou indirectamente excluam ou limitem os direitos resultantes da presente directiva não vinculam ... o consumidor".

[200] MÁRIO TENREIRO e SOLEDAD GÓMEZ, "La Directive 1999/44/CE sur certains aspects de la vente et des garanties des biens de consommation", cit., pág. 17.

[201] Nos termos do artigo 5.º, n.º 1 da Directiva 99/44, o vendedor é responsável quando a falta de conformidade se manifestar dentro de um prazo de dois anos a contar da entrega do bem: contrariamente à distinção existente no Direito francês, a propósito de "défauts cachés" e "défauts apparents", o conceito de falta de conformidade é unitário; assim, quando o consumidor se aperceber do defeito do bem adquirido, bastar-lhe-á exercer os direitos conferidos pela Directiva (em algumas ordens jurídicas, não existe prazo para exercer a garantia legal, o que parece ser mais favorável para o consumidor, sobretudo no caso de bens cuja duração previsível seja superior a dois anos; veja-se o caso francês, STÉPHANIE PELET, "L'impact de la directive 99/44/CE, relative a certains aspects de la vente et des garanties des biens de consommation sur le droit français", cit., pág. 51). Presume-se, também, a existência, no momento da entrega, das faltas de conformidade que se manifestem no prazo de seis meses, salvo quanto esta presunção for incompatível com a natureza do bem, ou com as características da falta de conformidade, artigo 5.º, n.º 3 da Directiva 99/44.

[202] Por exemplo, para o Direito francês. *Vide*, mais desenvolvidamente, STÉPHANIE PELET, "L'impact de la directive 99/44/CE, relative a certains aspects de la vente et des garanties des biens de consommation sur le droit français", cit., págs. 48.º-49.

Todavia, se à primeira vista a inversão do ónus da prova da anterioridade do defeito parece proteger, de forma ímpar, o consumidor, facto é que sofre algumas limitações.

Desde logo, o consumidor apenas poderá lançar mão da presunção de anterioridade no tempo legal seguinte à entrega do bem. Passado esse prazo, o ónus da prova incumbir-lhe-á por inteiro. Por outro lado, a presunção de anterioridade não poderá ser utilizada se incompatível com a natureza do bem[203] ou com as características da falta de conformidade[204].

2.3.4 Conhecimento da Falta de Conformidade

Resta agora aferir em que medida é que o conhecimento por parte do comprador da falta de conformidade do bem com o contrato exclui os seus direitos.

A este respeito, dispunha o artigo 12.°, n.° 1 da LDC[205] que o consumidor podia fazer valer os seus direitos contra o vendedor, salvo se tivesse sido *previamente informado e esclarecido* pelo vendedor acerca do defeito da coisa.

Assim, esta norma não fazia depender o exercício dos direitos do consumidor da existência de um erro por parte deste, mas sim das informações ou esclarecimentos feitos pelo vendedor acerca daquele mesmo defeito. À luz deste preceito, parecia que os direitos do consumidor não podiam ser precludidos, caso não tivesse sido efectuado qualquer esclarecimento a este respeito.

Ora, ao transpor a Directiva[206], optou o legislador nacional por adoptar a solução do diploma comunitário. Assim, nos termos do artigo 2.°,

---

[203] Se se tratar de um bem susceptível de deterioração rápida.
[204] Por exemplo, quando seja facilmente comprovável que o defeito provém de uma má utilização do consumidor, de sabotagem, de acção de terceiro etc.
[205] Com a entrada em vigor do Decreto-Lei 67/2003, este preceito foi revogado.
[206] O artigo 2.°, n.° 3 da Directiva 99/44 considera não existir falta de conformidade se, no momento em que for celebrado o contrato, *o consumidor tiver conhecimento dessa falta de conformidade* ou *não puder razoavelmente ignorá-la* ou *se esta decorrer dos materiais fornecidos pelo consumidor*; o artigo 3.°, n.° 1 da Proposta alterada de

n.º 3 do Decreto-Lei 67/2003, não se considera existir falta de conformidade *se, no momento em que for celebrado o contrato, o consumidor tiver conhecimento dessa falta de conformidade ou não puder razoavelmente ignorá-la ou se esta decorrer dos materiais fornecidos pelo consumidor.* Por outro lado, o Decreto-Lei 67/2003 alterou também a redacção do artigo 12.º, n.º 1 da LDC[207]: com esta inovação da nossa ordem jurídica, o legislador diminuiu o âmbito de protecção dos consumidores[208].

Entretanto, os dois primeiros casos respeitam ao conhecimento da falta de conformidade por parte do comprador, e, na verdade, se o consumidor tiver conhecimento da falta de conformidade do bem com o contrato, e mesmo assim quiser adquirir o bem, não será razoável fazer suportar ao vendedor a não conformidade[209].

Exige-se que, na aquisição de um certo bem, o consumidor aja com a diligência devida na análise das eventuais faltas de conformidade do produto[210]. Assim, sempre que o consumidor não possa razoavelmente ignorar a falta de conformidade, porque os defeitos são aparentes ou visíveis[211], o vendedor não pode vir a ser responsabilizado.

Este dever de diligência será de verificação mais fácil no caso de uma compra e venda realizada no comércio tradicional: um consumidor

---

Directiva excluía, por sua vez, a responsabilidade do vendedor sempre que o consumidor tivesse conhecimento ou não pudesse ignorar o defeito de conformidade, COM(1998) 217 final – 96/0161(COD).

[207] Actualmente, o n.º 1 do artigo 12.º dispõe: "o consumidor tem direito à indemnização dos danos patrimoniais e não patrimoniais resultantes do fornecimento de bens ou prestações de serviços defeituosos".

[208] *Vide* LUIS MENEZES LEITÃO, "Caveat venditor? A Directiva 1999/44/CE do Conselho e do Parlamento Europeu sobre a venda de bens de consumo e garantias associadas e suas implicações no regime jurídico da compra e venda", cit., pág. 285.

[209] Como refere CALAIS-AULOY, *De la garantie des vices cachés à la garantie de conformité,* Mélanges Christian Mouly, pág. 72 : «un défaut que l'acheteur a connu et qui ne l'a pas empêché de conclure le contrat n'est pas un défaut de conformité: la chose, quoique viciée, est bien celle qu'il attendait, et la garantie ne saurait jouer».

[210] Na Convenção de Viena de 1980, o comprador tem um verdadeiro ónus de examinar ou mandar examinar a coisa (artigo 38.º, n.º 1).

[211] Acerca da distinção entre defeito oculto, defeito aparente e defeito conhecido, *vide* PEDRO ROMANO MARTINEZ, *Cumprimento defeituoso em especial na compra e venda e na empreitada,* cit., págs. 181 ss.

adquire uma peça de vidro lascada, *defeito* esse que não pode razoavelmente ser ignorado por ele (visualizou a peça na loja); compreende-se, então, que o vendedor não possa ser responsabilizado. Trata-se aqui, não de uma falta de conformidade, mas de uma não responsabilização do vendedor pelo defeito da coisa.

Ora, a imposição deste dever de diligência no caso de uma compra e venda através da contratação electrónica poderá levantar alguns problemas. O consumidor/comprador apenas confia nas informações que lhe são fornecidas pelo vendedor, não tendo ao seu dispor qualquer outro meio para verificar se aquele bem se encontra nas condições descritas. Por este motivo, cremos que a aferição da diligência do consumidor/ /comprador no momento da compra deverá ter em conta os condicionalismos em que essa mesma compra se deu. O consumidor que adquiriu, numa loja tradicional, uma peça de vidro visivelmente lascada não terá agido, provavelmente, com a diligência devida. Mas, se o mesmo consumidor adquire essa peça de vidro através da Internet e a mesma lhe chega lascada, não significa necessariamente que não tenha agido com a diligência apropriada.

Quanto ao último caso previsto na norma transposta, respeita à origem do próprio defeito: se o consumidor fornece ao vendedor certos materiais para que este fabrique um determinado bem, e se vem a verificar que a falta de conformidade do mesmo decorre destes materiais, é natural que se isente o vendedor de qualquer responsabilidade. Mais além, ficaram equiparados os contratos de compra e venda de bens de consumo aos contratos de fornecimento de bens de consumo, a fabricar ou a produzir[212-213].

---

[212] *Vide* artigo 1.º, n.º 4 da Directiva 99/44.

[213] PAULO MOTA PINTO, "Conformidade e garantias na venda de bens de consumo. A Directiva 1999/44/CE e o direito português ", cit, pág. 248, conclui que "a directiva não se afigura mais exigente do que o direito nacional, quer resultante do Código Civil, quer resultante da LDC, quanto às circunstâncias relativas à situação subjectiva do comprador, cuja prova se requer para excluir os direitos deste"; continua referindo: "quando for conseguida pelo vendedor a prova da informação ou esclarecimento prévios, legalmente devidos, do consumidor, para excluir os direitos deste nos termos do artigo 12.º, n.º 1 da LDC, isso significará que o consumidor também não podia razoavelmente ignorar a falta de conformidade, pelo que os direitos que lhe são reconhecidos pela directiva estariam igualmente excluídos".

E o que sucede no caso de o vendedor conhecer a falta de conformidade?

Em relação a este aspecto, a Directiva e o Decreto-Lei de transposição nada dizem.

Porém, no âmbito de aplicação da LDC, o artigo 12.º, n.º 1[214] confere ao consumidor direito à indemnização dos danos patrimoniais e não patrimoniais resultantes do fornecimento de bens ou prestação de serviços defeituosos. No mesmo sentido, vai a Convenção de Viena de 1980[215] e alguns Códigos Civis[216].

Entretanto, embora a Directiva não o exigisse, na transposição da mesma para o ordenamento jurídico português teria sido de todo conveniente tratar desta matéria, tomando, designadamente, posição sobre a natureza da indemnização[217].

---

[214] Que corresponde, praticamente, ao antigo n.º 4 do artigo 12.º da LDC.
[215] Artigo 40.º.
[216] A título de exemplo, refira-se o artigo 1645.º do *Code Civil français*: "si le vendeur connaissait les vices, il est tenu, outre la restitution du prix qu'il en a reçu, de tous les dommages et intérêts envers l'acheteur". No Código Civil português, veja-se artigos 908.º a 910.º, 913.º e 915.º, onde se prevê, em caso de dolo do vendedor, a indemnização do "interesse contratual negativo" e, em caso de simples erro do comprador, uma indemnização limitada aos danos emergentes e dependentes de culpa do vendedor.
[217] PAULO MOTA PINTO, "Cumprimento defeituoso do contrato de compra e venda, Anteprojecto de diploma de transposição da Directiva 1999/44/CE para o direito português", cit., págs. 30-31, 41-42, onde era proposta a seguinte redacção: "O vendedor pode afastar a obrigação de indemnizar provando que no momento da celebração do contrato desconhecia sem culpa o defeito, salvo se tiver assegurado qualidades não existentes na coisa" (op.cit., pág. 79). Nos termos da norma proposta, o vendedor poderia afastar a obrigação de indemnizar provando que, no momento da celebração do contrato, desconhecia sem culpa o defeito. A este regime, abria-se uma excepção no caso de o vendedor ter garantido qualidades não existentes na coisa.
Para o Direito espanhol, veja-se ÁNGEL CARRASCO PERERA, ENCARNA CORDERO LOBATO, PASCUAL MARTÍNEZ ESPÍN, "Transposición de la directiva comunitaria sobre venta y garantías de los bienes de consumo", cit., pág. 130.

2.4. Garantias Legais

2.4.1. *Direito à Reparação ou Substituição do Bem, Redução do Preço ou Resolução do Contrato*

Quais os direitos do consumidor/comprador no caso de o bem adquirido não ser conforme ao contrato?

Dispunha a anterior versão do artigo 12.º, n.º 1 da LDC que o consumidor a quem fosse fornecida a coisa com defeito, podia exigir, independentemente de culpa do fornecedor do bem, a *reparação da coisa*, a sua *substituição*, a *redução do preço* ou a *resolução do contrato*.

O artigo 12.º, n.º 1 da LDC conferia, assim, ao consumidor quatro direitos no caso de a coisa lhe ter sido fornecida com *defeito*. A solução adoptada pelo legislador optava inequivocamente pela teoria do cumprimento ou teoria do dever de prestação, situando-se a responsabilidade do vendedor apenas no cumprimento imperfeito. Afastou-se, deste modo, o hibridismo da garantia acolhido no Código Civil[218].

A este respeito, o n.º 1 do artigo 4.º do Decreto-Lei 67/2003 estabelece que, em caso de falta de conformidade, o consumidor tem direito a que a conformidade do bem seja reposta, por meio de *reparação* ou de *substituição* do bem, de *redução adequada do preço*, ou de *resolução do contrato*[219-220].

---

[218] Para maiores desenvolvimentos a este respeito, *vide* JOÃO CALVÃO DA SILVA, *Compra e Venda de Coisas Defeituosas,* cit., págs. 49-56

[219] A Convenção de Viena de 1980 confere idênticos direitos. Em legislações mais tradicionais (Alemanha, França, Itália, Inglaterra, Luxemburgo), apenas se reconhece a possibilidade de rescisão do contrato e de redução do preço, sendo, por isso, inovadora a introdução dos restantes direitos.

[220] A Directiva não visou uma harmonização total do regime da compra e venda ao nível comunitário. Para evitar quaisquer dúvidas a este respeito, a Posição Comum (CE) n.º 51/98, adoptada pelo Conselho em 24.09.1998, passou a referir-se à Directiva como "relativa a *certos aspectos* da venda da bens de consumo e os serviços pós-venda". Com efeito, muitas matérias foram deixadas de fora, tais como a formação e efeitos da compra e venda; a reparação dos prejuízos causados ao comprador/consumidor pela falta de conformidade do bem; os bens onerados; os serviços pós-venda. Para maiores desenvolvimentos, *vide* PAULO MOTA PINTO, "Conformidade e garantias na venda de bens

Trata-se aqui das garantias do consumidor que decorrem directamente da própria lei, e por isso chamadas comummente de "garantias legais", por contraposição às "garantias voluntárias ou comerciais", que analisaremos mais adiante.

Esta matéria revestiu-se de crucial importância e complexidade, no caso da Directiva, tendo em conta as diferentes soluções legislativas que eram adoptadas nos Estados-Membros. E foi por este motivo que se considerou a harmonização como medida fundamental a nível comunitário, tendo em vista os direitos dos consumidores na compra e venda de bens de consumo não conformes ao contrato.

Anotar-se-á no entanto que, neste domínio, a não hierarquização dos direitos conferidos ao consumidor acaba por ser mais protectora do consumidor: é-lhe conferida a possibilidade de escolher, indistintamente, entre um ou outro direito previsto na lei. Aliás, alguns autores consideravam a hierarquização[221], proposta na Directiva, complexa e inoportuna[222].

---

de consumo. A Directiva 1999/44/CE e o direito português", cit., págs. 210 ss, e DÁRIO MOURA VICENTE, "Desconformidade e garantias na venda de bens de consumo", cit., pág. 125: "uma unificação ou harmonização integral do Direito vigente afigura-se inviável, o que força à manutenção, a par das regras do Direito uniforme ou harmonizado, de regras de Direito nacional".

[221] A anterior redacção do artigo 12.º, n.º 1 da LDC, não previa expressamente qualquer hierarquia entre os quatro direitos conferidos, contrariamente ao previsto no nosso ordenamento para o regime da empreitada, em que a hierarquização dos direitos é feita expressamente pela lei (arts. 1221.º e 1222.º do CC): esses direitos eram conferidos ao consumidor em concorrência electiva, ou seja, o consumidor podia escolher indistintamente qualquer um deles ("o consumidor *pode exigir*"). Mas, nos termos da Directiva 99/44, o consumidor não poderia escolher livremente entre os direitos. Pelo contrário, existia uma clara hierarquia entre os quatro direitos atribuídos ao consumidor/comprador. Primeiro que tudo, o consumidor deveria solicitar a reparação ou a substituição do bem. E apenas preenchidas determinadas condições, lançava mão dos instrumentos da redução do preço ou rescisão contratual. Com efeito, o n.º 3 artigo 3.º da Directiva referia que o consumidor tinha, *em primeiro lugar,* direito à reparação ou substituição do bem. Depois, o artigo 3.º, n.º 5 do mesmo diploma estipulava que o consumidor poderia exigir a redução adequada do preço ou a rescisão do contrato, no caso de não ter direito à reparação ou à substituição do bem. A Directiva acabava, assim, por conferir uma maior importância à manutenção do contrato, ao *favor negoti*. Todavia, nos termos da Directiva, a hierarquia existente entre os quatro direitos poderia sofrer alguma moderação: era permitido às partes convencionar, como aliás decorre da liberdade

Contudo, na doutrina nacional, e até à entrada em vigor do Decreto--Lei 67/2003, entendeu-se que a concorrência electiva das pretensões reconhecidas ao comprador pela LDC não era um absoluto, podendo e devendo sofrer atenuações. A escolha devia ser, assim, conforme ao princípio da boa fé, e não cair no puro arbítrio do comprador, sem ter em conta os legítimos interesses do vendedor[223]. Aliás entendia-se que o

---

contratual, por exemplo, que no caso de falta de conformidade do bem com o contrato, fosse reduzido o seu preço. Por outro lado, o vendedor podia propor ao comprador qualquer outra reparação possível, por exemplo, a oferta de outro bem. Neste sentido, dispunha o considerando (12) da Directiva 99/44 que o vendedor podia sempre oferecer ao consumidor qualquer outra forma de reparação possível, competindo ao consumidor decidir se aceitava ou rejeitava essa proposta.

[222] A este respeito, STÉPHANIE PELET, "L'impact de la directive 99/44/CE, relative a certains aspects de la vente et des garanties des biens de consommation sur le droit français", cit., pág. 55 e LUC GRYNBAUM, "La fusion de la garantie des vices cachés et de l'obligation de délivrance opérée par la Directive du 25 mai 1999", cit., pág. 8: "la conception communautaire de la protection du consommateur est fort curieuse : au lieu de renforcer ses prérogatives on lui impose un principe d'inspiration anglo-américaine de "duty to mitigate ", qui impose à la victime de l'inéxécution de réduire le plus possible les conséquences du dommage subi ". Em sentido contrário, LUIS MENEZES LEITÃO, "Caveat venditor? A Directiva 1999/44/CE do Conselho e do Parlamento Europeu sobre a venda de bens de consumo e garantias associadas e suas implicações no regime jurídico da compra e venda", cit., pág. 288: "esta hierarquização (...) parece (...) lógica, já que o princípio do aproveitamento dos negócios jurídicos deve impor a prevalência das soluções que conduzem à integral execução do negócio sobre soluções que implicam uma sua ineficácia total ou parcial".

[223] JOÃO CALVÃO DA SILVA, Compra e Venda de Coisas Defeituosas, cit., págs. 80--81, 120 "a eticização da escolha do comprador através do princípio da boa fé é irrecusável; (...) se num caso concreto a opção exercida exceder indubitavelmente os limites impostos pela boa fé (...) poderão intervir as regras do abuso de direito; ou seja a reparação ou substituição da coisa que como dever incumbe ao vendedor pode (...) funcionar como (contra) direito – direito de o alienante rectificar a inexactidão do seu cumprimento, se a reparação ou substituição oferecida der satisfação adequada e tempestiva ao interesse do adquirente, com a recusa deste contrariar a boa fé na medida em que sacrificava injustificadamente os interesses daquele; a mesma boa fé (...) pode atribuir ao vendedor o direito de substituição da coisa (...) em vez da reparação pedida pelo comprador; por outro lado, cessam a reparação e a substituição se forem excessivamente onerosas para o vendedor e desproporcionadas objectivamente em relação ao proveito delas decorrente para o comprador (cfr. 566.º, n.º 1 in fine, art. 829.º, n.º 2 e art. 1221.º, n.º 2), bem como se forem irrealizáveis (...); nestas hipóteses (...) haverá lugar a outros princípios gerais relativos ao incumprimento em sentido lato das obrigações, designadamente à redução adequada do preço por impossibilidade parcial e à própria resolução do contrato

comportamento do consumidor se devia pautar, sempre, pela boa fé, princípio norteador do nosso ordenamento jurídico[224].

Actualmente, no nosso ordenamento jurídico, e em caso de falta de conformidade do bem com o contrato, o consumidor tem direito a que esta seja reposta, sem encargos, por meio de reparação ou de substituição, à redução adequada do preço ou à resolução do contrato[225]. E, o consumidor pode exercer qualquer destes direitos, salvo se tal se manifestar impossível ou constituir abuso de direito nos termos gerais[226].

Assim, a hierarquização prevista, em todo o caso, na Directiva não foi transposta para a Direito português. E bem. O consumidor poderá lançar mão de qualquer um dos referidos direitos, desde que a sua pretensão não se revele impossível ou que a sua conduta não se paute pelas regras da boa fé[227].

Vejamos agora com mais pormenor os diversos direitos conferidos ao consumidor/comprador e a sua exequibilidade na contratação electrónica.

(arts. 793.º, 801.º e 802.º); na escolha entre estes dois últimos direitos, o comprador não pode resolver o contrato se o cumprimento imperfeito ou inexacto, traduzido em vício ou falta de conformidade menor da coisa entregue, for para si insignificante ou de escassa importância (art. 802.º, n.º 2); já se a inexactidão ou desconformidade da coisa for significativa ou suficientemente grave, que impeça a sua utilização normal (ou esperada) e/ou a torne perigosa, o comprador poderá resolver o contrato (arts. 793.º, n.º 2 e 1222.º, n.º 1)".

[224] Aliás, veja-se o disposto no artigo 9.º, n.º 1 da LDC: "o consumidor tem direito à protecção dos seus interesses económicos, impondo-se nas relações jurídicas de consumo a igualdade material dos intervenientes, a lealdade e a boa fé, nos preliminares, na formação e ainda na vigência dos contratos".

[225] Artigo 4.º, n.º 1 do Decreto-Lei 67/2003.

[226] Artigo 4.º, n.º 5 do Decreto-Lei 67/2003.

[227] Em sentido semelhante, veja-se o artigo 3.º, n.º 3 da Directiva, que refere que o consumidor pode exigir do vendedor a reparação ou a substituição do bem, *a menos que isso seja impossível ou desproporcionado*. E, no parágrafo seguinte deste mesmo preceito, a Directiva indicava quais os elementos que se deveriam ter em conta para considerar uma solução desproporcionada.

2.4.1.1. Reparação ou Substituição do Bem

Como vimos, no caso de falta de conformidade do bem com o contrato, o consumidor tem direito à reparação ou substituição desse mesmo bem[228]. E embora a anterior versão da LDC não tecesse qualquer precisão a respeito destes dois direitos, facto é que o Decreto-Lei 67/2003 trata mais pormenorizadamente de algumas questões[229].

Estabelece que o exercício dos direitos de reparação ou substituição deve realizar-se *sem encargos* para o consumidor: as despesas que forem necessárias para repor o bem em conformidade, nomeadamente as despesas de transporte, de mão-de-obra e material, serão integralmente suportadas pelo vendedor[230]. A consagração e uniformização desta norma, e a nível comunitário, são importantes para evitar qualquer dispêndio de dinheiro por parte do consumidor[231].

Contudo, não basta que o consumidor tenha direito à reparação ou substituição do bem: estas medidas deverão ser realizadas dentro de um *prazo razoável*, e *sem grave inconveniente*[232] para o consumidor, tendo em conta a natureza do bem e o fim a que o consumidor o destina[233].

Entretanto, o Decreto-Lei 67/2003, não determina o que deva ser entendido por "prazo razoável" ou "grave inconveniente", o que pode

---

[228] A Convenção de Viena de 1980 é mais restritiva no que respeita ao direito de substituição da coisa (artigo 46.º, n.º 2).

[229] A Directiva define, antes de mais, reparação como *a reposição do bem de consumo em conformidade com o contrato de compra e venda* (artigo 1.º, n.º 2, al. f).

[230] Artigo 4.º, n.º 3 do Decreto-Lei 67/2003. Veja-se que a Directiva contém um preceito semelhante no artigo 3.º, n.º 4.

[231] Veja-se que disposição semelhante também constava do Anteprojecto de Transposição de Directiva publicado (artigo 915.º, n.º 3 CC: "A reparação ou a substituição da coisa devem ser efectuadas sem quaisquer encargos, em prazo razoável e sem inconveniente grave para o comprador"), PAULO MOTA PINTO, *Cumprimento defeituoso do contrato de compra e venda, Anteprojecto de diploma de transposição da directiva 1999/44/CE para o direito português,* cit., pág. 78.

[232] PAULO MOTA PINTO, "Conformidade e garantias na venda de bens de consumo. A Directiva 1999/44/CE e o direito português", cit., pág. 263, nota 149, considera que se deve entender por "inconveniente grave" quer os danos patrimoniais, quer os danos não patrimoniais.

[233] Artigo 3.º, n.º 4 *in fine* da Directiva.

conduzir, na prática, a interpretações díspares[234-235]. Em nosso entender, a aferição destes conceitos deve ser efectuada tendo em conta o caso concreto. Se um consumidor adquire, no início do inverno, um casaco de pele para o usar, precisamente, durante essa estação, e o mesmo tem um *defeito*, a sua reparação causará grave inconveniente ao consumidor se o vendedor apenas o puder entregar no final do inverno. O mesmo se diga de um vestido comprado unicamente para ser usado num dado acontecimento e cuja reparação não poderá ser realizada atempadamente. Contrariamente, na aquisição de uma viatura com *defeito,* sem dúvida que o consumidor não terá um grave inconveniente se a reparação demorar cerca de um mês. Assim, a apreciação destas questões deverá ser precedida de uma análise cuidada do caso concreto, sob pena de se chegar a conclusões desadequadas.

Por outro lado, quer o Decreto-Lei, quer a Directiva dispõem poder o consumidor que adquiriu um bem com defeito escolher, em princípio, entre a reparação[236] ou a substituição[237-238] desse bem: e, neste caso, não

---

[234] Por este motivo, ÁNGEL CARRASCO PERERA, ENCARNA CORDERO LOBATO, PASCUAL MARTÍNEZ ESPÍN, "Transposición de la directiva comunitaria sobre venta y garantías de los bienes de consumo", cit., pág. 128, preconizavam a adopção de um prazo determinado, aquando da transposição para o direito espanhol.

[235] À semelhança da Directiva, a anterior versão da LDC não impunha que a reparação fosse efectuada dentro de um determinado limite temporal. E nem fazia qualquer referência ao *prazo razoável,* como dispunha o artigo 3.°, n.° 3 da Directiva. Ainda assim, entendia-se que, tendo em conta os princípios gerais da boa fé, a reparação deveria ser realizada dentro de um prazo razoável e que não causasse nenhum inconveniente sério ao consumidor.

[236] Nos termos da Directiva (contrariamente ao previsto no nosso direito), a reparação encontrava-se condicionada tanto pela sua possibilidade, como pela não desproporção em relação à substituição. Parece, assim, que o direito nacional é, neste particular, mais favorável do que a solução prevista na Directiva.

[237] Contrariamente ao previsto no artigo 914.° do CC, a Directiva não estabelecia qualquer precedência do direito à reparação sobre o direito à substituição da coisa. Nos termos do CC, "o comprador tem o direito de exigir do vendedor a reparação da coisa ou, *se for necessário e esta tiver natureza fungível*, a substituição dela (...)." Assim, a substituição só tem lugar se for necessária e se a coisa tiver natureza fungível. Nestes termos, a Directiva afigurava-se mais protectora do consumidor/comprador do que o regime previsto no nosso Código Civil.

[238] Parece que, relativamente aos bens usados ou bens infungíveis, o direito de substituição não é aplicável. *Vide,* neste sentido, o Considerando (16) da Direc-

estabelecem qualquer hierarquia entre os referidos direitos, insiste-se. Mas, a Directiva previa uma excepção a esta regra, baseada no princípio geral da boa fé: o consumidor não podia lançar mão de um dos direitos em detrimento do outro se a solução fosse *desproporcionada*[239], ou seja, se implicasse para o vendedor custos que, em comparação com a outra solução, não fossem razoáveis tendo em conta (i) o valor que o bem teria se não existisse falta de conformidade, (ii) a importância da falta de conformidade e (iii) a possibilidade de a solução alternativa ser concretizada sem grave inconveniente para o consumidor; ou se a solução fosse impossível[240,241,242].

Não seria razoável, na verdade, permitir que o consumidor pudesse obrigar o vendedor a reparar o bem, quando a substituição do bem

---

tiva 99/44: a natureza específica dos produtos em segunda mão torna, de modo geral, impossível a sua reposição; por isso, o direito do consumidor à substituição não é, em geral, aplicável a esses produtos.

[239] Nos termos do CC, o vendedor deixa de ter a obrigação de reparar ou substituir o bem se desconhecia sem culpa o vício ou a falta de qualidade que a coisa padece. No tocante a este último aspecto, o regime da Directiva afigurava-se bastante mais protector para o consumidor do que aquele previsto no Código Civil.

[240] Artigo 3.º, n.º 3 da Directiva.

[241] Discutiu-se quais as características da impossibilidade, se material ou jurídica, se temporária ou se definitiva. MÁRIO TENREIRO e SOLEDAD GÓMEZ, "La Directive 1999/44/CE sur certains aspects de la vente et des garanties des biens de consommation", cit., pág. 23, preconizavam uma interpretação restritiva para a noção de *impossibilidade*, aplicando-se unicamente aos casos em que fosse materialmente impossível proceder à substituição ou reparação do bem.

[242] A Directiva, para além dos tópicos expostos, referia ainda, no considerando (11), que a desproporção devia ser determinada *objectivamente*.

E a relevância da desproporcionalidade devia restringir-se unicamente à relação entre os direitos de substituição e de reparação. Por três ordens de razão: desde logo, o n.º 3 do artigo 3.º da Directiva apenas se referia à desproporção de um dos meios (reparação ou substituição), em comparação com a outra solução; depois, porque o tratamento da desproporcionalidade era feito no n.º 3, que tratava unicamente dos casos de reparação e substituição da coisa; para terminar, o critério da desproporcionalidade foi introduzido de forma a impedir abusos do consumidor na escolha entre a reparação ou a substituição do bem (neste sentido, MÁRIO TENREIRO e SOLEDAD GÓMEZ, "La Directive 1999/44/CE sur certains aspects de la vente et des garanties des biens de consommation", cit., pág. 23, que apresentavam três ordens de argumentos: argumento literal, argumento sistemático e o argumento teleológico e PAULO MOTA PINTO, "Conformidade e garantias na venda de bens de consumo. A Directiva 1999/44/CE e o direito português", cit., págs. 261-262). Assim sendo, este critério não podia servir para limitar os restantes direitos do consumidor, nomeadamente a redução do preço ou a rescisão do contrato.

obtivesse o mesmo resultado prático, isto é, a conformidade do bem com o contrato[243].

Mas como vimos, o Decreto-Lei 67/2003 dispõe que os únicos limites ao exercício dos direitos conferidos ao consumidor são, por um lado, a impossibilidade ou, por outro, o abuso de direito. E, o legislador português estabelece que tais conceitos deverão ser concretizados *nos termos gerais* de direito.

A concessão dos direitos de reparação ou de substituição aos consumidores não apresenta grandes especialidades quando transposta para as negociações realizadas em rede. Efectivamente, no caso de o consumidor adquirir um determinado bem através do comércio electrónico indirecto, não se afigura qualquer problema em que este mesmo consumidor solicite a reparação ou substituição do bem. Claro está que, no caso do comércio electrónico directo, questões técnicas se podem levantar. Veja-se, por exemplo, a questão de saber se o *software* adquirido directamente através da rede pode ou não ser reparado. Mas em geral os direitos transpostos da Directiva são aplicáveis aos *ciberconsumidores*.

2.4.1.2 Redução adequada do preço e Rescisão do contrato

Como vimos, a anterior redacção do artigo 12.º, n.º 1 da LDC, ao elencar os direitos conferidos ao consumidor, não fazia qualquer referência particularizada às modalidades de exercício dos mesmos. Mencionava apenas e tão só que o consumidor a quem tivesse sido fornecida a coisa com defeito, podia exigir a sua reparação, a sua substituição, a redução do preço ou a resolução do contrato: é a solução afinal do Decreto-Lei 67/2003, para o caso de falta de conformidade do bem com o contrato.

Tal não sucedia com a Directiva.

---

[243] A solução poderá conduzir a que a reparação predomine em relação a bens de elevado valor e a substituição em bens de menor valor. *Vide*, a este respeito, PAULO MOTA PINTO, "Conformidade e garantias na venda de bens de consumo. A Directiva 1999/44/CE e o direito português", cit., pág. 259, nota 144.

Nos termos do diploma comunitário, no caso de o consumidor (i) não ter direito à reparação ou à substituição do bem, ou (ii) acaso o vendedor não tivesse encontrado uma solução num prazo razoável ou (iii) ainda assim, sem grave inconveniente para o consumidor, teria este direito de escolher entre a redução do preço ou a rescisão do contrato[244]. Redução do preço, que consiste na reposição do equilíbrio contratual preterido na falta de conformidade do bem com o contrato; rescisão,[245-246] que consiste em revogar o contrato.

Contrariamente ao que sucedia nos direitos de reparação ou substituição, em relação aos quais o vendedor tinha a possibilidade de afastar um deles em detrimento do outro, aqui o consumidor poderia escolher indistintamente entre a redução adequada do preço ou a rescisão do contrato[247]. Só assim não seria no caso de falta de conformidade *insignificante*[248]. Deste modo, no caso dos chamados "defeitos menores", o consumidor teria unicamente direito à redução do preço estipulado. E uma vez mais, a Directiva utilizava conceitos vagos e indeterminados[249]:

---

[244] Artigo 3.º, n.º 5 da Directiva.

[245] A Directiva deixou em aberto a configuração e a produção de efeitos do direito de rescisão. O Considerando (15) previa que "os Estados-Membros pod[iam] dispor no sentido de que qualquer reembolso ao consumidor [pudesse] ser reduzido, de modo a ter em conta a utilização que o consumidor [tivesse feito] dos produtos a partir do momento em que lhe foram entregues"; e que "as disposições de pormenor mediante as quais a rescisão do contrato ganha efeito pod[iam] ser fixadas na legislação nacional".

[246] Como se sabe, o termo "rescisão" é pouco utilizado na legislação portuguesa, que opta pela utilização das expressões *resolução* ou mesmo *anulação*. Veja-se a terminologia empregue pelo artigo 905.º do CC (o contrato é anulável), e pela anterior versão do artigo 12.º, n.º 1 da LDC (direito de resolução).

[247] Diferentemente, o regime do Código Civil português faz depender a anulação em caso de venda de coisas defeituosas da verificação dos requisitos legais da anulabilidade por erro ou dolo (artigos 913.º e 905.º), o que acaba por ser menos favorável do que o regime previsto na Directiva.

[248] A Convenção de Viena de 1980 é mais restritiva do que a Directiva e só permite a resolução quando haja uma violação fundamental do contrato (artigo 49.º, n.º 1, al. a).

[249] Por este motivo, foi referido por alguns Autores que os Estados-Membros, no momento da transposição da Directiva, deveriam concretizar o mais possível tais conceitos. *Vide*, a este respeito, MÁRIO TENREIRO e SOLEDAD GÓMEZ, "La Directive 1999/44/CE sur certains aspects de la vente et des garanties des biens de consommation", cit., págs. 24-25.

não definia, v.g., o que deveria entender-se por falta de conformidade *insignificante*[250].

Entretanto, a Directiva também não determinava quais os critérios que deveriam ser adoptados para se proceder a uma redução do preço, referindo unicamente que a redução deveria ser adequada. Ora, de entre os Estados-Membros, vários são os métodos utilizados para a efectivação da redução do preço: aqueles que dispõem de regras específicas[251], por um lado; os que remetem a questão para a apreciação do Tribunal[252]; por fim, os que fazem nela intervir peritos[253].

Entre nós, como vimos, a antiga versão do artigo 12.º, n.º 1 da LDC, que conferia ao consumidor o direito de redução do preço em alternativa com os restantes direitos, não concretizava a forma de exercício deste direito. E a doutrina discutiu se seria, aqui, de aplicar o disposto no artigo 911.º, n.º 1 do Código Civil[254]. As questões que se colocaram foram as seguintes: (i) se os requisitos de relevância do erro incidental são exigíveis; (ii) se pode ser afastada a redução do preço mediante a prova da falta da vontade hipotética do vendedor[255].

---

[250] PAULO MOTA PINTO, "Conformidade e garantias na venda de bens de consumo. A Directiva 1999/44/CE e o direito português", cit., pág. 267, nota 155 refere que: "a expressão "falta de conformidade insignificante" (...) inculca uma sua consideração não meramente objectiva, mas também subjectiva (...) tendo em conta predominantemente o significado para o comprador, mas permitindo considerar igualmente a perspectiva do vendedor, pois é justamente o interesse deste que se visa tutelar com a exclusão, nestes casos, do direito de "rescisão".

[251] Como é o caso dos Direitos alemão (artigo 472 BGB) e inglês (artigo 53.3 da "Sale of Goods Act").

[252] Direito Suíço.

[253] Como é o caso dos Direitos francês (artigo 1644.º do Code Civil) e espanhol (artigo 1486.I CC)

[254] O artigo 911.º, n.º 1 apenas requer que as "circunstâncias mostrem que sem erro o comprador teria igualmente adquirido os bens, mas por preço inferior". Enquanto a Directiva se referia unicamente a uma "redução adequada" do preço, o preceito do CC estabelece que a redução deve efectuar-se em "harmonia com a desvalorização resultante dos ónus ou limitações". *Vide*, a respeito dos vários métodos de redução do preço, PEDRO ROMANO MARTINEZ, *Cumprimento defeituoso em especial na compra e venda e na empreitada*, cit., págs. 408-411.

[255] *Vide*, a este respeito, BAPTISTA MACHADO, "Acordo Negocial e Erro na Venda de Coisas Defeituosas", cit., págs. 82-84; CASTRO MENDES, *Teoria Geral do Direito Civil*,

No entanto, este debate acabou por não pôr em causa uma solução compatível com o sistema da Directiva: o consumidor que adquirisse um bem *defeituoso* teria, em primeiro lugar, direito à reparação ou à substituição do bem, e só depois à redução do preço ou à rescisão do contrato; mesmo que o consumidor pretendesse lançar mão, em primeiro lugar, do direito de rescisão do contrato não o poderia fazer.

Tendo, porém, em conta os restantes direitos conferidos ao con sumidor, esta conclusão tinha de sofrer muitas *nuances*.

Imagine-se o caso de um consumidor que adquire um livro, através do comércio electrónico, livro esse essencial para a preparação de um exame. Quando o livro lhe é entregue, o consumidor apercebe-se que, devido a um erro de impressão, as letras do mesmo são praticamente ilegíveis. E, que a data do exame a realizar já está tão próxima, que a substituição do livro, em tempo útil, não será exequível. Ou seja, o consumidor perde, legitimamente, o interesse que tinha na compra daquele livro.

À luz do disposto na Directiva 99/44, parece que o consumidor teria de lançar mão do direito de substituição do bem (ainda que já não mantivesse o interesse!)[256]. E mesmo que se considerasse, à luz do artigo 3.º, n.º 5, último parágrafo, da Directiva, que o vendedor não podia encontrar já uma solução sem grave inconveniente para o consumidor, facto é que esta solução rescisória se poderia revelar, na prática, morosa e prejudicial aos direitos do consumidor.

Muito mais facilmente este consumidor pode socorrer-se do "direito de rescisão" conferido pela Directiva 97/7[257], na modalidade transposta

---

vol. II, reimpressão, Associação Académica da FDL, Lisboa, 1988, págs. 87 ss e MANUEL CARNEIRO DA FRADA, "Erro e Incumprimento na não-conformidade da coisa com o interesse do comprador", cit., pág. 484,

[256] Por este motivo, muitos autores têm criticado a hierarquização dos direitos conferidos ao consumidor. *Vide* STÉPHANIE PELET "L'impact de la directive 99/44/CE, relative a certains aspects de la vente et des garanties des biens de consommation sur le droit français", cit., pág. 55, que considerou que aos consumidores deveria ser conferido um direito de escolha.

[257] Ao nível comunitário temos, assim, a directiva 97/7/CE de 20 de Maio de 1997 que trata de aspectos relativos à protecção dos consumidores em matéria de contratos

para a nossa ordem jurídica pelo Decreto-Lei 143/2001, de 26 de Abril[258]:
e é sabido que o "direito de livre rescisão" configura um elemento chave

à distância entre consumidores e fornecedores. Nos termos do artigo 2.º, n.º 1, por contrato à distância deve entender-se "qualquer contrato relativo a bens ou serviços, celebrado entre um fornecedor e um consumidor, que se integre num sistema de venda ou prestação de serviços à distância, organizado pelo fornecedor que, para esse contrato, utilize exclusivamente uma ou mais técnicas de comunicação à distância até à celebração do contrato, incluindo a própria celebração". E, a "técnica de comunicação à distância" corresponde qualquer meio, sem a presença física e simultânea do fornecedor e do consumidor, que possa ser utilizado tendo em vista a celebração do contrato entre partes (art. 2.º, n.º 4). Do anexo I à Directiva consta uma lista indicativa das técnicas possíveis, de entre as quais está previsto o correio electrónico.

Embora a Directiva em questão não disponha directamente acerca das garantias contra vícios, reveste-se de extrema importância pelo facto de tratar de questões atinentes à contratação à distância. E, não esgotando a contratação electrónica as diversas modalidades possíveis de contratação à distância, facto é que faz parte dela. Por outro lado, da análise dos artigos citados, resulta claro que a Directiva 97/7/CE é aplicável aos contratos de consumo celebrados através da Internet, sendo assim um instrumento relevante para o comércio electrónico. Com efeito, para a aplicação do presente diploma bastará que se celebre um qualquer contrato relativo a bens ou serviços, mediante a utilização das técnicas de comunicação à distância, nas quais se pode inserir a contratação electrónica. No mesmo sentido, o Considerando (11) da Directiva 2000/31/CE de 8 de Junho de 2000, relativo ao comércio electrónico, dispõe que o referido diploma se aplica na sua integralidade aos serviços da Sociedade da Informação.

[258] Este diploma surge motivado pelo aumento das situações de venda de bens ou de prestação de serviços fora de estabelecimentos comerciais e em transposição da Directiva 97/7/CE relativa aos contratos celebrados à distância. Além de estabelecer um novo enquadramento legal para os contratos celebrados à distância e ao domicílio, introduz no ordenamento jurídico português regras específicas para as vendas automáticas e especiais esporádicas. Assim, pretende-se que os direitos do consumidor, quer no que toca à informação prestada e à identificação do vendedor, quer ao objecto do contrato e às condições da sua execução se encontrem mais consolidados e garantidos. Por outro lado, passam a ser proibidas certas modalidades de venda de bens ou de prestação de serviços.

Não residem dúvidas sobre se este diploma é aplicável ao comércio electrónico. Desde logo, no preâmbulo faz-se referência ao crescente aumento de situações de venda de bens ou de prestação de serviços *fora dos estabelecimentos comerciais*, com ou sem a presença física do vendedor, bem como ao *surgimento de novas modalidades comerciais*. Por outro lado, à semelhança da Directiva 97/7/CE, a Lei 143/2001 é aplicável a qualquer contrato relativo a bens ou serviços, celebrado entre um fornecedor e um consumidor, que se integre num sistema de venda ou prestação de serviços à distância, organizado pelo fornecedor que utilize uma ou mais técnicas de comunicação à distância para efeitos de celebração dos contratos. E por técnica de comunicação à distância entende-se qualquer meio pelo qual o contrato seja celebrado, sem a presença física e simultânea do fornecedor

para a protecção dos consumidores na contratação à distância[259-260], tendo a sua utilização sido prática comum nas relações comerciais[261-262]: não sendo uma inovação para os Estados-membros, nos termos do artigo 6.º, n.º 1 da Directiva 97/7/CE[263], os consumidores que adquirem um bem à

---

e do consumidor. Assim, a um contrato relativo a bens ou serviços celebrado na Internet, e naturalmente sem a presença física e simultânea do fornecedor e do consumidor, serão aplicáveis as regras constantes do referido Decreto-lei.

[259] O "direito de rescisão", também chamado direito de arrependimento, conferido aos consumidores na contratação à distância, tem sido algo criticado. Com efeito, consideram alguns autores que a contratação à distância não é agressiva e permite uma reflexão antes da aquisição. Vide ARNALDO FILIPE OLIVEIRA, "Contratos negociados à distância – Alguns problemas relativos ao regime de protecção dos consumidores, da solicitação e do consentimento em especial", cit., pág. 59. Em sentido contrário, LUIS MIRANDA SERRANO, Los contratos celebrados fuera de los establecimientos mercantiles – su caracterización en el Derecho español, cit., pág. 30, que o considera a pedra angular das garantias conferidas aos consumidores e ELSA DIAS OLIVEIRA, A Protecção dos Consumidores nos Contratos Celebrados através da Internet, cit., pág. 93: é "a" medida nuclear de protecção do consumidor em sede de contratos à distância.

[260] Tem-se questionado se o "direito de arrependimento" deverá ser colocado no âmbito do contrato ou se ainda se situa na fase de formação contratual. A este respeito, veja-se JANUÁRIO DA COSTA GOMES, "Sobre o "direito de arrependimento do adquirente de direito real de habitação periódica (time-sharing) e a sua articulação com direitos similares noutros contratos de consumo", RPDC, n.º 3, Jul. 1995, págs. 80 ss e ELSA DIAS OLIVEIRA, A Protecção dos Consumidores nos Contratos Celebrados através da Internet, cit., págs. 98 ss.

[261] A generalidade dos países tem disposições que prevêem um direito similar, quer por via legislativa, códigos de conduta ou prática comercial. E o prazo para o exercício desse direito varia entre 7 dias a 15 dias. Para maiores desenvolvimentos, vide ELSA DIAS OLIVEIRA, A Protecção dos Consumidores nos Contratos Celebrados através da Internet, cit., págs. 93 ss.

[262] Na nossa ordem jurídica, encontramos algumas disposições que consagram um "direito de rescisão". Veja-se o artigo 11.º do DL 272/87 (compra e venda fora de estabelecimentos), e o artigo 16.º do DL 275/93 e alterado pelo DL 180/99 (direito real de habitação periódica), onde se fala de um "direito de resolução"; artigo 8.º do DL 359/91, alterado pelo DL 101/2000 (crédito ao consumo) que trata de um "período de reflexão"; a própria LDC, que no artigo 9.º, n.º 7 se refere a um "direito de retractação" e o artigo 6.º do DL 143/2001 que confere ao consumidor um "direito de livre resolução". Vide, desenvolvidamente, JANUÁRIO DA COSTA GOMES, "Sobre o "direito de arrependimento do adquirente de direito real de habitação periódica (time-sharing) e a sua articulação com direitos similares noutros contratos de consumo", cit., págs. 80 ss.

[263] Acerca do "direito de retractação" na proposta de directiva relativa à comercialização à distância de serviços financeiros destinados aos consumidores, vide

distância dispõem de um prazo de, pelo menos, 7 dias úteis[264] para rescindir o contrato sem pagamento de indemnização e sem indicação de motivo. Entretanto, as únicas despesas a cargo dele, consumidor, corresponderão eventualmente às despesas directas de devolução do bem[265]. Anote-se que o prazo é contado, em relação aos bens, a partir do dia da sua recepção, e em relação aos serviços, a partir do dia da celebração do contrato[266].

Por conseguinte, nos termos do mencionado preceito, qualquer consumidor que adquire um bem à distância dispõe de um prazo de, pelo menos, sete dias para "rescindir" o contrato. Esta norma reflecte indubitavelmente a posição contratual mais fraca e débil do consumidor face ao vendedor e a preocupação de o legislador comunitário lhe conferir uma protecção adequada. É notório que o direito de rescisão visa permitir que o consumidor se possa desvincular do compromisso assumido em determinadas condições de pressão. Trata-se, no fundo, de possibilitar que tenha tempo para reflectir ("cooling of period", "délai de réflexion") sobre se pretende ou não ficar com o bem[267-268].

ALEXANDRE PERREIRA DIAS, *Comércio electrónico na sociedade da informação: da segurança técnica à confiança jurídica*, cit., págs. 98 ss.

[264] No momento da transposição do prazo, o legislador português alargou-o para 14 dias, em Itália para 10 úteis dias e na Alemanha para 14 dias.

[265] Veja-se, neste sentido, o considerando (14) e o artigo 6.º, n.º 2 da Directiva 97/7/CE. *Vide* ainda artigo 8.º, n.º 1 do Decreto-lei 143/2001, de 26.04.

[266] Estes prazos podem ser acrescidos em benefício do consumidor, nos casos previstos no artigo 6.º, n.º 1.

[267] Veja-se que este direito "choca" com o princípio geral do cumprimento pontual dos contratos. Contudo, tem-se entendido que as excepções previstas na parte final do n.º 1 do artigo 406.º do nosso Código Civil permitem abranger os casos de contratação à distância, nos quais o consumidor se encontra numa situação de clara desvantagem (não vê os produtos, utilização de técnicas agressivas de marketing etc.,), ELSA DIAS OLIVEIRA, *A Protecção dos Consumidores nos Contratos Celebrados através da Internet*, cit., págs. 94-95

[268] Existem determinados contratos relativamente aos quais o consumidor não pode exercer o direito de rescisão, salvo acordo em contrário entre as partes, como sejam (i) a prestação de serviços cuja execução tenha tido início, com o acordo do consumidor, antes do termo do prazo de sete dias úteis previsto no n.º 1, (ii) o fornecimento de bens ou de prestação de serviços cujo preço dependa de flutuações de taxas do mercado financeiro que o fornecedor não possa controlar, (iii) o fornecimento de bens confeccionados de acordo com especificações do consumidor ou manifestamente personalizados ou que, pela sua natureza, não possam ser reenviados ou sejam susceptíveis de se deteriorarem

Diga-se: não se tratando de um direito específico dos consumidores adquirentes de um bem com defeito, poderão estes lançar mão deste direito. Aliás, o Considerando (14) da Directiva 97/7/CE refere: *o direito de rescisão não prejudica os direitos do consumidor previstos na legislação nacional, nomeadamente em matéria de recepção de produtos e serviços deteriorados ou de produtos e serviços que não correspondem à descrição desses produtos ou serviços*[269].

Mas será que este direito de rescisão pode beneficiar uma compra e venda celebrada através do comércio electrónico? Mais concretamente, será possível conceber, em sede de Internet, situações de pressão que coloquem o consumidor numa posição mais fragilizada, à semelhança do que sucede nas chamadas *vendas agressivas*[270]?

Pensamos que sim[271]. Com efeito, é notório que a grande generalidade dos locais consultados na Internet contêm inúmeras referências publicitárias aos mais variados bens e serviços. E, são frequentes as "hiperligações" aos diversos *sites,* onde os ciberconsumidores podem firmar todo o tipo de contratos. Por exemplo, se um utilizador pretender aceder ao *site* da Biblioteca da Faculdade de Direito, com o intuito de fazer uma pesquisa bibliográfica, e para o efeito utilizar um "motor de busca", será surpreendido pelos mais variados produtos e serviços vendidos

---

ou perecerem rapidamente, (iv) o fornecimento de gravações áudio e vídeo, de discos e de programas informáticos a que o consumidor tenha retirado o selo, (v) o fornecimento de jornais e revistas e (vi) serviços de apostas e lotarias (artigo 6.º, n.º 3) e ainda os previstos no artigo 3.º, n.º 2, respeitantes aos contratos de fornecimento de géneros alimentícios, bebidas e outros bens de consumo corrente fornecidos no local onde se encontra o consumidor e de prestação de serviços de alojamento, transporte, restauração e tempos livres, quando o fornecedor se comprometa a prestar esses serviços numa data ou período determinado.

As excepções apontadas pela Directiva retratam casos em que a reposição da situação anterior já não se afigura possível ou exigível. A não ser assim, estar-se-ia a propiciar comportamentos abusivos por parte do consumidor.

[269] Esta preocupação já constava do Parecer do Comité Económico e Social sobre a proposta de Directiva relativa aos contratos à distância.

[270] Para uma análise dos diversos tipos de vendas, *vide* FERNANDO NICOLAU DOS SANTOS SILVA, "Dos contratos negociados à distância", *RPDC*, Março 1996, n.º 5, págs. 45 ss e CALAIS-AULOY, *Droit de la consommation,* cit., págs. 62 ss.

[271] ELSA DIAS OLIVEIRA, *A protecção dos consumidores nos contratos celebrados através da Internet,* cit., págs. 96-97.

através da Internet. Acrescem, ainda, as técnicas publicitárias fortemente sedutoras que podem acabar por convencer o utilizador a adquirir, logo, um certo número de bens e serviços. Claro que a Directiva 97/7/CE apenas exige que o contrato tenha sido celebrado com recurso às já referidas técnicas de comunicação à distância[272].

Antes de terminarmos este ponto, faríamos uma referência ao disposto no artigo 8.º, n.º 1 da Directiva 99/44, regime naturalmente suposto na transposição através do Decreto-Lei 67/2003: *o exercício dos direitos resultantes da presente directiva não prejudica o exercício de outros direitos que o consumidor possa invocar ao abrigo de outras disposições nacionais relativas à responsabilidade contratual ou extracontratual.*

Qual o âmbito de aplicação de semelhante preceito? Por outras palavras, o que entender por "outras disposições nacionais relativas à responsabilidade contratual ou extracontratual"?

Parece que a Directiva tinha a pretensão de cumular responsabilidades, ou seja a sua intenção não era a de excluir ou limitar os direitos que já tivessem sido atribuídos por lei ao consumidor. Assim, aos direitos e garantias constantes da Directiva 99/44 acresceriam quaisquer outros que o consumidor tivesse, ao abrigo de disposições nacionais.

Esta solução não é inovadora entre nós: veja-se o artigo 13.º da Directiva 85/374 – *a presente (...) não prejudica os direitos que o lesado pode invocar nos termos do direito da responsabilidade contratual ou extracontratual ou nos termos de um regime especial de responsabilidade que exista no momento da notificação da (...) directiva*; veja-se, também, o disposto no artigo 13.º do DL n.º 383/89, de 6.11, com as alterações do DL 131/2001, de 24.04 – *o presente diploma não afasta a responsabilidade decorrente de outras disposições legais*[273].

---

[272] Ao contrário do que sucede com a Directiva 85/577, relativa aos contratos celebrados fora dos estabelecimentos comerciais e da Directiva 87/102/CEE, de 22.12, relativa ao crédito ao consumo, diplomas mais exigentes.

[273] A este respeito, JOÃO CALVÃO DA SILVA, *A Responsabilidade civil do produtor*, cit., págs. 463-464, conclui: "desta forma se procura melhorar a situação da vítima, que pode invocar o regime que lhe for mais favorável. São três, assim, as vias para a responsabilização do produtor: 1) a garantia e a responsabilidade contratual; 2) a respon-

Nestes termos, a problemática do concurso entre a *obligatio ex contractu* e a *obligatio ex delicto*, nomeadamente a regra do "non cumul" das responsabilidades contratual e extracontractual prevista no ordenamento jurídico francês, e defendida para o ordenamento nacional por alguns autores, tem tendência a ser afastada deste domínio[274].

Na prática, o artigo 8.º, n.º 1 da Directiva 99/44 acaba por revestir extrema importância. Veja-se, por exemplo, e no âmbito da responsabilidade contratual, que da Directiva não consta qualquer referência à possibilidade de o consumidor ser ressarcido por danos patrimoniais e não patrimoniais resultantes do defeito do bem adquirido. Ora, nos termos do que é permitido no citado preceito, e à luz das disposições do nosso ordenamento jurídico, o consumidor terá direito à indemnização por todos os danos que sofreu com a falta de conformidade do bem com o contrato. Por outro lado, a Directiva não tratou da possibilidade do consumidor usar, como meio de defesa, a *exceptio non adimpleti contractus*[275]. Ora, parece que a aplicação deste instituto mantém plena validade.

---

sabilidade extracontratual subjectiva; 3) a responsabilidade objectiva decorrente do DL n.º 383/89. Estas três vias, que podem dar suporte a uma acção de responsabilidade por produtos defeituosos contra o produtor, *existem lado a lado e, onde se cruzarem ou entrecruzarem, as pretensões da vítima estarão em concorrência cumulativa e não só electiva*" E refere ainda que esta solução é incontroversa "pois é através dela, através deste correr em conjunto (*cum currere*) para uma só e mesma meta ou resultado único – a reparação máxima do dano no caso concreto, prevalecendo-se a vítima das disposições mais favoráveis dos sistemas de responsabilidades concorrentes – que se favorece e potencia a *ratio* do não sacrifício do direito comum pelo novo direito especial, a saber, a *ratio* de não regressão mas do reforço na protecção ao consumidor, à vítima em geral".

[274] Neste sentido, vide PEDRO ROMANO MARTINEZ, *Cumprimento defeituoso em especial na compra e venda e na empreitada*, cit., pág. 70 e JOÃO CALVÃO DA SILVA, *Responsabilidade civil do produtor*, cit., pág. 466.

Acerca do problema do concurso da responsabilidade contratual e extracontratual, veja-se JAIME CARDOSO DE GOUVEIA, *Da responsabilidade contratual*, Lisboa, 1933, págs. 215 ss; ADRIANO VAZ SERRA, "Responsabilidade contratual e responsabilidade extracontratual", *BMJ*, n.º 85, Abril de 1959, págs. 208 ss; ALMEIDA COSTA, *Direito das Obrigações*, 5ª ed., Livraria Almedina, Coimbra, 1991, págs. 436 ss. e PEDRO ROMANO MARTINEZ, *Cumprimento defeituoso em especial na compra e venda e na empreitada*, cit., págs. 245 ss.

Relativamente ao concurso entre as disposições gerais e especiais da responsabilidade contratual, vide PEDRO ROMANO MARTINEZ, *Cumprimento defeituoso em especial na compra e venda e na empreitada*, cit., págs. 271 ss.

[275] Arts. 428.º e ss do CC. Veja-se que, no anteprojecto da Directiva, se fazia referência ao direito do consumidor suspender o pagamento do preço, no caso de este

E no que respeita à responsabilidade extracontratual, veja-se o caso de o vendedor violar simultaneamente a relação de crédito e um direito absoluto do consumidor. Parece que o consumidor adquirente de um produto com defeito danoso poderá lançar mão dos direitos e garantias conferidos nos termos do Decreto-Lei 67/2003 e também dos direitos que lhe são conferidos, por exemplo, no DL 383/89.

Assim, através deste conceito, que como vimos não é inovador, os direitos que o consumidor gozava anteriormente não sofrem qualquer limitação e, consequentemente, a protecção conferida aos consumidores não sofre diminuição alguma.

2.4.2. Direito à Indemnização

Já vimos que da Directiva 99/44 não constava qualquer referência à indemnização a que eventualmente o consumidor tivesse direito. E que, nos termos do artigo 8.º, n.º 1, nunca os direitos conferidos, pela legislação nacional, ao consumidor seriam prejudicados.

Ora, a este respeito, o artigo 12.º, n.º 1 da LDC, alterado pelo Decreto-Lei 67/2003 que transpôs a Directiva[276], estatui agora que o consumidor tem direito à indemnização dos danos patrimoniais e não patrimoniais resultantes do fornecimento de bens ou prestações de serviços defeituosos.

Tem-se discutido se a responsabilidade que recai sobre o vendedor é objectiva, ou seja independentemente de culpa, ou antes subjectiva, exigindo-se que este tenha agido com culpa.

A LDC, já o vimos, na sua versão anterior, conferia quatro direitos ao consumidor, *independentemente de culpa do fornecedor do bem*. Deste modo, poderia entender-se que o fornecedor respondia objectivamente pelos danos causados ao consumidor. Contudo, não nos parece que assim fosse[277]. Por vários motivos. Desde logo, porque a responsabilidade objec-

---

não ter sido pago na totalidade, até à obtenção de uma satisfação total. No entanto, não vingou na versão final da mesma.

[276] Antigo artigo 12.º, n.º 4 da LDC.
[277] No mesmo sentido, JOÃO CALVÃO DA SILVA, *Compra e venda de coisas defeituosas*, cit., pág. 121.

tiva é uma excepção à regra geral da responsabilidade subjectiva[278]. Por outro lado, pelo simples facto de se estipular serem os direitos de reparação ou substituição do bem, de redução ou de rescisão do contrato conferidos ao consumidor, independentemente de culpa do fornecedor, isso não significa que a LDC dispensasse, em qualquer caso, a culpa do fornecedor. Aliás, no artigo 12.º, n.º 4, não se fazia qualquer referência à expressão *independentemente de culpa*, consignada tanto no n.º 1 como no n.º 5 do preceito. Assim, e à luz da antiga versão da LDC, entendemos que o consumidor apenas teria direito à indemnização no caso de o vendedor ter agido com culpa. E, incumbiria ao fornecedor provar que o cumprimento defeituoso da obrigação não procedia de culpa sua[279].

Actualmente, com a entrada em vigor do Decreto-Lei 67/2003, o nosso entendimento mantém-se. Veja-se aliás que este diploma revogou o n.º 1 do artigo 12.º da LDC, através do qual o consumidor podia exigir qualquer um dos direitos, *independentemente de culpa do fornecedor do bem*[280].

No fim de contas elegemos como argumento mais potente a regra da responsabilidade objectiva ser, nos termos da lei, uma excepção à geral responsabilidade subjectiva.

2.4.3. *Prazos e Procedimentos*

Vimos que o consumidor tem ao seu dispor uma série de direitos. Mas, não os poderá fazer valer eternamente.

Assim, nos termos da antiga versão do artigo 12.º, n.º 2 da LDC, e para o caso de bens móveis, o consumidor tinha o dever de comunicar o defeito ao fornecedor, no prazo de 30 dias a contar do seu conhecimento, e dentro de um ano após a entrega do bem[281]. Caso se tratasse de bens imóveis, o consumidor deveria, de igual forma, denunciar o defeito, no

---

[278] Artigos 483.º, n.º 1 e 798.º do CC.

[279] Artigo 799.º do CC.

[280] Veja-se que, actualmente, apenas se faz referência à responsabilidade objectiva no n.º 2 do artigo 12.º da LDC: "o produtor é responsável, *independentemente de culpa*, pelos danos causados por defeitos de produtos que coloque no mercado, nos termos da lei". Este preceito corresponde ao n.º 5 do artigo 12.º da anterior versão da LDC.

[281] Veja-se a versão anterior do artigo 4.º, n.º 2 da LDC; o prazo excessivamente reduzido de seis meses (artigo 916.º, n.º 2 do CC) acabava por ser duplicado no caso de uma relação de consumo.

prazo máximo de um ano após o conhecimento do mesmo, e dentro de um período de cinco anos[282].

Entretanto, os direitos de reparação ou substituição do bem, de redução do preço ou resolução do contrato, conferidos ao consumidor, caducavam, findo qualquer dos prazos que acabámos de referir ou decorridos seis meses sobre a denúncia, sem resposta[283]. Tratava-se de prazos de caducidade. Ou seja, o decurso do prazo de um ano após o contrato ou a falta de denúncia tempestiva pelo consumidor ou a passagem de seis meses sem resposta conduzia à perda dos seus direitos. Mas, competia ao vendedor provar em juízo que todo o tempo expirou ou que a comunicação não foi realizada tempestivamente[284]. Entretanto, tendo a denúncia sido efectuada, a acção destinada a fazer valer os direitos do consumidor deveria ser intentada, justamente, no prazo de 6 meses a contar da denúncia, e uma vez mais a prova da caducidade da acção deveria ser levada a cabo pelo vendedor[285].

Vimos, assim, que os direitos conferidos ao consumidor, nos termos do artigo 12.º, n.º 1, da LDC[286] caducavam se não fossem exercidos atempadamente: e quanto ao direito à indemnização? Ser-lhe-iam aplicáveis semelhantes prazos? Parece-nos que sim. É um facto que o artigo 12.º, n.º 3 apenas fazia referência à caducidade dos direitos previstos no n.º 1 do mesmo preceito, contudo, no caso da indemnização tratava-se de um direito secundário, que era conferido ao consumidor quando o fornecedor tivesse agido com culpa. Por outro lado, o n.º 4 do artigo 12.º rezava: (…) *sem prejuízo do disposto no número anterior*; ou seja, prevenia a caducidade desse direito[287].

Encarada agora a Directiva, os prazos previstos foram objecto de inúmeras alterações[288], tendo a versão final fixado três tipos de prazos não totalmente coincidentes com os previstos no nosso direito.

---

[282] Anterior versão do artigo 4.º, n.º 3 da LDC. Estes prazos correspondem aos estipulados nos artigos 916.º, n.º 3 e 1225.º do CC.
[283] Artigo 12.º, n.º 3 LDC (anterior versão).
[284] Artigo 343.º, n.º 2 do CC.
[285] Artigos 333.º, n.º 2 e 303.º do CC.
[286] Antiga versão.
[287] João Calvão da Silva, *Compra e venda de coisas defeituosas*, cit., págs. 123--124.
[288] A proposta de Directiva previa um prazo de dois anos a contar da entrega do bem (artigo 3.º, n.º 1), mas limitava o exercício do direito à revogação ou à substituição

Antes de mais, estabeleceu um prazo de dois anos, período durante o qual o consumidor podia exercer os seus direitos[289]. Tratava-se de um prazo de direito material prevenindo que o vendedor apenas seria responsável no caso de a falta de conformidade se manifestar num período de dois anos a contar da entrega do bem. Quanto aos bens usados, os Estados-Membros poderiam determinar um prazo mais curto, mas não inferior a um ano[290].

Deste modo, são dois os requisitos que a Directiva exigia: *(i)* existência da falta de conformidade do bem com o contrato logo no momento da entrega do mesmo ao consumidor/comprador; *(ii)* falta de conformidade manifestada no prazo de dois anos após a entrega (à excepção dos bens usados)[291].

Previa ainda a Directiva o estabelecimento de um certo prazo de caducidade[292] na circunstância de os Estados-Membros condicionarem o

---

do bem a um ano (artigo 3.º, n.º 4). Dispunha ainda a obrigação do comprador denunciar ao vendedor, no prazo de um mês, toda e qualquer não conformidade verificada. Por outro lado, previa-se que a denúncia do defeito pelo consumidor interrompesse o prazo de prescrição.

As alterações sugeridas pelo Parlamento Europeu mantiveram o prazo de dois anos e suprimiu a limitação do exercício do direito à revogação ou à substituição do bem. Por outro lado, suprimiu a obrigação de denúncia.

[289] Artigo 5.º, n.º 1 da Directiva.

[290] Artigo 7.º, n.º 1 da Directiva. ANA PRATA, *Venda de bens usados no quadro da Directiva 1999/44/CE*, cit., págs. 152-153, critica, com razão, a adopção de um prazo mais curto para os bens em segunda mão.

[291] Como refere JOÃO CALVÃO DA SILVA, são dois requisitos que implicam três ónus probatórios para o comprador, *Compra e venda de coisas defeituosas*, cit., págs. 160--161: "primus, a prova da falta de conformidade (...); secundus, a prova da existência, ainda que só em gérmen, do defeito já na data da entrega do bem (...); tertius, a prova da revelação ou manifestação do defeito de conformidade dentro de dois anos após a entrega".

[292] Nas versões francesa e espanhola da Directiva fala-se de um prazo de prescrição ("délai de prescription", "plazo de prescripción"). A este respeito, PAULO MOTA PINTO, "Conformidade e garantias na venda de bens de consumo. A Directiva 1999/44/CE e o direito português" cit., págs. 296-297: "a utilidade da segunda parte do n.º 1 do artigo 5.º, aparentemente tautológico, é, assim (...) quer a de permitir que, em lugar de um prazo de garantia, de direito material, as legislações nacionais prevejam um prazo, *processual*, para o exercício dos direitos resultantes da garantia, também não inferior a dois anos a contar da entrega do bem, quer, designadamente, a de impor que, mesmo nos sistemas

tempo do exercício dos direitos dos consumidores, contudo, não inferior a dois anos a contar da data da entrega do bem[293].

Ainda assim, no caso de o consumidor exercer o direito de reparação ou de substituição do bem com defeito, continuariam a correr os prazos previstos na Directiva?

Imagine-se que o consumidor entregava o bem com defeito ao vendedor para este o reparar. Será que os prazos previstos na Directiva se suspenderiam enquanto durava a reparação? Pensamos que sim. Com efeito, o prazo de dois anos era conferido ao consumidor no intuito de permitir que o uso do bem tornasse manifesta a falta de conformidade. Deste modo, no dia da entrega do bem para reparação, o prazo suspender--se-ia e só voltaria a correr no dia em que fosse reentregue ao consumidor//comprador.

Há autores que foram mais longe e consideraram que, para além da suspensão do prazo, o consumidor deveria dispor de um prolongamento do prazo[294].

Seria entretanto esta solução aplicável aos casos em que o vendedor procedesse à substituição do bem? Se, como se disse, o prazo conferido servia para permitir, que durante a utilização do bem, se manifestassem as faltas de conformidade, não faria sentido aplicar aqui o mesmo raciocínio. Parece, pois, que nas hipóteses de substituição do bem o prazo contava sempre do início, sem interrupção.

Para terminar, e devido à pressão realizada por alguns Estados--Membros, a Directiva conferiu-lhes a possibilidade de determinar a inclusão de um prazo para a denúncia da falta de conformidade do bem com o contrato. Este prazo não poderia ser, no entanto, inferior a dois meses contados da data em que a falta de conformidade tivesse sido

---

em que tal prazo para o exercício do direito não tenha como *dies a quo* a entrega do bem, o seu *dies ad quem* não seja nunca inferior a dois anos a contar da entrega".

[293] Artigo 5.º, n.º 1, *in fine* da Directiva.
[294] ÁNGEL CARRASCO PERERA, ENCARNA CORDERO LOBATO, PASCUAL MARTÍNEZ ESPÍN, "Transposición de la directiva comunitaria sobre venta y garantías de los bienes de consumo", cit., pág. 135, defendiam um prazo de prolongamento de três meses.

detectada[295]. No entanto, a Directiva não impunha um prazo de denúncia, mas apenas permitia que o mesmo fosse adoptado pelos diversos Estados-Membros[296].

Logo se discutiu se a faculdade conferida aos Estados-Membros de adoptar um prazo de denúncia não corresponderia, de certo modo, a uma limitação à protecção conferida aos consumidores. Com efeito, no caso de os Estados-Membros virem a adoptar o prazo da denúncia, a partir do momento em que o consumidor detectasse a falta de conformidade, seria obrigado a denunciar esta mesma falta ao vendedor, no prazo de, pelo menos, dois meses.

Mas a obrigatoriedade da denúncia da falta de conformidade parece-nos razoável: não será salutar permitir ao consumidor, após o momento da tomada de conhecimento da falta de conformidade, que protele ilimitadamente o exercício dos seus direitos. Assim, caber-lhe-á, movido pelos princípios básicos da boa fé, comunicar ao vendedor a falta de conformidade do bem adquirido[297]. Aliás, veja-se que a nossa ordem jurídica confere, e bem, ao consumidor o ónus de denunciar o defeito. Por este motivo, é congruente manter a obrigatoriedade de denúncia do defeito num certo prazo.

No que respeita, porém, ao direito português até então vigente, a solução significava uma alteração para o dobro, pelo menos, do prazo considerado para a denúncia[298].

---

[295] O dever de comunicação já existia em certos Estados-Membros tais como a Dinamarca, a Suécia, Itália, Luxemburgo e Portugal. No mesmo sentido, *vide* artigo 39.°, n.° 1 da Convenção de Viena. O direito português previa, no entanto, um prazo de denúncia menor (anterior versão do n.° 2 do artigo 12.° da LDC e artigos 916.°, n.° 2, 1220.° e 1224.°, n.° 1, todos do CC).

[296] *Vide* Considerando (19) da Directiva. Acerca dos prazos previstos pela Convenção de Viena de 1980 DÁRIO MOURA VICENTE, "Desconformidade e Garantias na Venda de Bens de Consumo: a Directiva 1999/44/CE e a Convenção de Viena de 1980", cit., págs. 139-140.

[297] Em sentido contrário, *vide* ÁNGEL CARRASCO PERERA, ENCARNA CORDERO LOBATO, PASCUAL MARTÍNEZ ESPÍN, "Transposición de la directiva comunitaria sobre venta y garantías de los bienes de consumo", cit., pág. 135, LUC GRYNBAUM, "La fusion de la garantie des vices cachés et de l'obligation de délivrance opérée par la Directive du 25 mai 1999", cit., pág. 8.

[298] *Vide* considerando (19) da Directiva. Além das alterações à LDC, teria sido

Outra questão que se pode levantar a este propósito é a de saber se a adopção apenas por alguns Estados-Membros do prazo de denúncia, e não por outros, não poderá causar graves inconvenientes ao consumidor. Veja--se o caso de o consumidor adquirir um bem num dado país onde é necessário proceder à denúncia do defeito ao vendedor, contrariamente ao que se passa no seu país, e que ele desconhece esta obrigatoriedade. É por isso que o considerando (20) da Directiva dispôs: os Estados Membros devem agir de modo a que este prazo não coloque em desvantagem os consumidores que adquiram bens além fronteiras. Esta questão prende-se, por outro lado, com as informações que devem ser transmitidas ao consumidor, e esta é uma delas, sob pena de não poder ser utilizada contra este.

Por fim, em abono da adopção de um prazo de denúncia, já se tem entendido que o mesmo poderia evitar o recurso imediato aos tribunais, favorecendo a obtenção de soluções amigáveis[299].

Neste domínio, o Decreto-Lei 67/2003, actualmente em vigor, dispõe, no artigo 5.º, n.º 1, que o comprador pode exercer os direitos que lhe são conferidos, quando a falta de conformidade se manifestar dentro de um prazo de dois ou cinco anos, consoante se trate de coisa móvel ou imóvel: manteve o prazo de dois anos previsto no artigo 5.º, n.º 1 da Directiva, mas acrescentou um prazo mais dilatado no regime referente às coisas imóveis; tratando-se de coisa móvel usada, o prazo de dois anos pode ser reduzido para um ano, havendo acordo das partes.

Na outra vertente, o referido diploma legal estabelece, e bem, que o consumidor deve denunciar ao vendedor a falta de conformidade num prazo de dois meses, caso se trate de bem móvel, ou de um ano, se se tratar de bem imóvel, a contar da data em que a tenha detectado.

Os prazos estabelecidos pelo Decreto-Lei 67/2003 são prazos de caducidade[300], os quais *se suspendem durante o período de tempo em que*

---

conveniente harmonizar os restantes prazos de denúncia, tais como os previstos nos arts. 916.º, n.º 2 e 1220.º do CC.

[299] STÉPHANIE PELET, "L'impact de la directive 99/44/CE, relative a certains aspects de la vente et des garanties des biens de consommation sur le droit français", cit., pág. 53.

[300] Artigo 5.º, n.º 4 do Decreto-Lei 67/2003: "Os direitos conferidos ao consumidor nos termos do n.º 1 do artigo 4.º caducam findo qualquer dos prazos referidos nos números anteriores sem que o consumidor tenha feito a denúncia, ou decorridos sobre esta seis meses".

o consumidor se achar privado do uso dos bens em virtude das operações de reparação da coisa. Em relação ao disposto na Directiva, este preceito é inovador, eliminando assim qualquer polémica a este respeito. Contudo, entre nós, a LDC já dispunha de um preceito similar[301].

Vimos os direitos que se encontram ao alcance do consumidor que adquire o bem com defeito e os respectivos prazos que deverá observar para os fazer valer. Mas quais os procedimentos que o consumidor deverá adoptar para fazer valer estes mesmos direitos?

A Directiva não tratava directamente desta questão. Se pensarmos, todavia, numa compra de um electrodoméstico realizada numa loja convencional, provavelmente o exercício dos direitos pelo consumidor se torna mais fácil: se o electrodoméstico adquirido tiver um defeito, o consumidor pode solicitar, logo no local onde o adquiriu, a substituição ou reparação.

Mas no caso do comércio electrónico directo, a quem deve o consumidor dirigir-se e de que modo?

Quando o consumidor adquire um bem num dado estabelecimento virtual, que também possua um estabelecimento fixo, as dificuldades práticas da questão podem esbater-se: não conseguido o contacto com o estabelecimento virtual onde efectuou a compra, o consumidor dirige-se ao estabelecimento do comércio tradicional, e desta forma fará valer os seus direitos.

No entanto, existem vários estabelecimentos que vendem produtos através do comércio electrónico e que apenas dispõem daquele estabelecimento virtual.

Temos aqui, desde logo, um problema de identificação do próprio vendedor, ou seja, do estabelecimento virtual com o qual o consumidor firmou o contrato de compra e venda.

---

[301] Artigo 12.º, n.º 3 da LDC (já revogado): "Os direitos conferidos ao consumidor nos termos do n.º 1 caducam findo qualquer dos prazos referidos no número anterior sem que o consumidor tenha feito a denúncia, ou decorridos sobre esta seis meses, *não se contando para o efeito o tempo despendido com as operações de reparação*".

Ciente dos obstáculos que o consumidor pudesse encontrar, o legislador comunitário previu, na Directiva 2000/31/CE[302-303] sobre o comércio electrónico, a obrigatoriedade dos prestadores de serviços fornecerem certas informações aos destinatários do serviço, nomeadamente o nome do prestador, o endereço geográfico em que o prestador se encontra estabelecido e elementos de informação específicos, tais como o endereço electrónico dele[304]. Pretendeu-se, desta forma, facilitar o contacto e a comunicação directa entre o consumidor e o vendedor final.

Aliás, a Directiva 97/7/CE estabelecia também um dever de informação a cargo do fornecedor do bem. Assim, em tempo útil e antes da celebração de qualquer contrato à distância, o consumidor deve dispor de informações específicas sobre o negócio que irá celebrar, designadamente dos elementos de identidade do fornecedor[305]. E as informações devem ser prestadas de maneira clara, compreensível[306].

A ser assim, presumidos os estabelecimentos virtuais convenientemente identificados, a contraparte do consumidor é conhecida.
Mas de que forma, ou seja, utilizando que meios, deverá o consumidor exercer os seus direitos? Bastará o envio, por parte do consumidor, de uma comunicação com o teor pretendido para o endereço electrónico do vendedor?

---

[302] A Directiva em questão foi transposta recentemente através do Decreto-Lei 7/2004, de 07 de Janeiro.

[303] Esta Directiva pretende promover o comércio electrónico, tratando para tal do local do estabelecimento dos prestadores de serviços da sociedade da informação, das comunicações comerciais, da celebração dos contratos por via electrónica, da responsabilidade dos intermediários, dos códigos de conduta, da resolução extrajudicial de litígios, das acções judiciais e cooperação entre Estados-Membros (artigo 1.º, n.º 2). Assim, este diploma visa estabelecer um quadro geral claro e uniforme do mercado interno, no que respeita a certos aspectos do comércio electrónico, procurando suprimir entraves ao desenvolvimento deste mesmo comércio, reforçando a confiança dos consumidores. *Vide* Considerandos 7, 11, 29, 30, 31, 32, 53, 55, 56 e 65 da Directiva e ALEXANDRE DIAS PEREIRA, *Comércio electrónico na sociedade da informação,* cit., págs. 51 ss.

[304] Artigo 5.º, n.º 1 da Directiva 2000/31/CE.
[305] Artigo 4.º, n.º 1 da Directiva 97/7/CE.
[306] Artigo 4.º, n.º 2 da Directiva 97/7/CE.

Parece que sim. Veja-se, por exemplo, o artigo 4.°, n.° 2 da Directiva 97/7, que estabelece poderem as informações ser prestadas *por qualquer meio adaptado à técnica de comunicação à distância*: o consumidor comunicará, portanto, mediante a utilização de uma dessas técnicas, à sua contraparte o defeito do bem adquirido, ou que direito pretende fazer valer.

É, no entanto, de salientar o artigo 6.° do DL n.° 143/2001, de 26 de Abril: estabelece que o direito de resolução do consumidor se considera exercido através da expedição de carta registada com aviso de recepção. Ora, havendo apenas um estabelecimento virtual, esta medida será de implementação impossível. Neste particular, parece que o legislador português acabou por não ter em atenção os casos de contratação electrónica entre um consumidor e um estabelecimento virtual. Contudo, a solução acima referida é aquela que melhor se coaduna com estas novas situações.

2.5. Entidade Responsável

No nosso país, e antes da entrada em vigor do Decreto-Lei 67/2003, a protecção do comprador de bens com defeito decorria, por um lado, das garantias contra vícios e da responsabilidade contratual do vendedor; por outro lado, da responsabilidade (extracontratual) objectiva do produtor, consignada no DL n.° 383/89, de 6 de Novembro que consagra um regime especial de responsabilidade civil do produtor pelos danos causados por defeitos dos seus produtos. Deste modo, transforma-se o *produtor na contraparte jurídica do consumidor*[307], o que de outra maneira não seria exequível[308].

---

[307] JOÃO CALVÃO DA SILVA, *Responsabilidade civil do produtor,* cit., pág. 93: "responsabilizar *directamente* o produtor é fazer responder pelos danos resultantes dos produtos defeituosos e perigosos circulantes no mercado a verdadeira contraparte, em sentido material e económico, do consumidor, ofuscando juridicamente o revendedor que desempenha papel economicamente apagado e "irresponsável", aut. cit., op.cit., pág. 93.

[308] Veja-se que, muitas vezes, sucedia que o vendedor dos produtos não tinha, nem podia ter, conhecimento dos defeitos (nomeadamente no caso dos produtos embalados), sendo a sua responsabilidade facilmente afastada (arts. 914.° e 915.° CC). E, por este motivo, o comprador deixava de ter qualquer meio de defesa para fazer valer o seu direito, visto não poder demandar ninguém.

Entretanto, nos termos da Directiva 99/44 o produtor não era responsabilizado pelos defeitos próprios dos produtos por ele colocados no mercado: à semelhança das soluções tradicionalmente adoptadas em diversas ordens jurídicas, o vendedor final aparecia como único responsável perante o consumidor/comprador[309].

As questões da limitação da responsabilidade ao vendedor final e da introdução da responsabilidade directa do produtor foram muito debatidas[310], não se tendo, porém, chegado a uma solução de consenso a este respeito. No entanto, ciente da relevância prática desta questão, o legislador comunitário acabou por deixar uma porta aberta à eventual introdução da responsabilidade directa do produtor[311], e certo é que, em nosso entender, a responsabilidade do vendedor final perante o consumidor acaba, nos dias de hoje, por limitar, na verdade, a protecção deste, não correspondendo já às formas modernas de comércio.

Com efeito, nos sistemas de produção e distribuição em massa, o que sucede na generalidade dos casos é que o produtor dos bens é a pessoa mais indicada para controlar a qualidade dos produtos postos no mercado[312]. Muitas vezes, aliás, o vendedor final nem desembala os

---

[309] Artigo 3.º, n.º 1 da Directiva. Todavia, a directiva, no artigo 4.º, consagrou um direito de regresso do vendedor final contra a pessoa ou pessoas responsáveis da cadeia contratual. *Vide* mais pormenorizadamente, PAULO MOTA PINTO, "Conformidade e garantias na venda de bens de consumo. A Directiva 1999/44/CE e o direito português" cit., págs. 280 ss e "O Direito de Regresso do Vendedor Final de Bens de Consumo", *ROA*, Lisboa, Ano 62, Jan. 2002, págs. 143 ss; RUI PINTO DUARTE, "O direito de regresso do vendedor final da venda para consumo", *Themis*, Revista da Faculdade de Dierito da UNL, Ano II, n.º 4, 2001, págs. 173 ss; ÁNGEL CARRASCO PERERA, ENCARNA CORDERO LOBATO, PASCUAL MARTÍNEZ ESPÍN, "Transposición de la directiva comunitaria sobre venta y garantías de los bienes de consumo", cit., págs. 131-134.
[310] O "Livro Verde" sugeria que se introduzisse uma responsabilidade conjunta do fabricante da coisa viciada, por considerar que não fazia sentido que o produtor fosse responsável no caso de o produto defeituoso provocar um dano a alguém, e não o ser no caso de o produto não funcionar.
[311] *Vide*, artigo 12.º e Considerando (23) da Directiva. A responsabilidade directa do produtor perante a garantia legal do consumidor já se encontra regulamentada nas ordens jurídicas francesa, belga, luxemburguesa.
[312] A este respeito, *vide* MÁRIO TENREIRO, "Garanties et services après-vente: brève analyse du Livre Vert présenté par la Commission Européenne", cit., págs. 12-13: "le paradigme de la vache ne correspond plus aux conditions socio-économiques modernes des sociétés de consommation. Les vendeurs n'ont en principe pas élevé "la vache"; elle

produtos antes de vendê-los. Enfim, a reparação ou mesmo a substituição do bem viciado, mais fácil será ao produtor, que se encontra em melhor posição para satisfazer o consumidor, e num menor espaço de tempo.

Por outro lado, o reconhecimento da possibilidade de o consumidor, em caso de aquisição de bem com *defeito,* se dirigir directamente ao produtor ou ao seu representante regional afigura-se relevante, especialmente no caso de aquisições transfronteiriças. Aqui, o consumidor pode aceder mais dificilmente ao vendedor[313]. Desta forma, ficam protegidos os consumidores de eventuais casos de insolvência ou falência deste último[314].

E não se diga que a introdução da responsabilidade directa do produtor vai ter como efeito torná-lo o primeiro alvo das reclamações dos consumidores[315]. Na prática sucede precisamente o contrário: o consumidor dirige-se ao vendedor do bem. Todavia, ao introduzir-se a responsabilidade directa do produtor está a ser permitido ao consumidor que possa optar entre um ou outro. No caso das vendas transfronteiriças, nomeadamente no comércio electrónico, esta medida poderá ser muito relevante.

Pelos motivos expostos, cremos que a Directiva acabou por ter um impacto bastante menor do que aquele que teria tido se o consumidor pudesse, segundo ela, exercer os seus direitos perante o vendedor final e o produtor do bem[316-317].

---

leur appartient juridiquement mais ils ne sont que des intermédiaires entre "l'eleveur" et l'acheteur, et ils ont souvent très peu de possibilités d'apprécier la "santé de la vache", ce que l'acheteur est encore moins en mesure de faire".

[313] No mesmo sentido, Parecer do Comité Económico e Social sobre a "proposta de directiva do Parlamento Europeu e do Conselho relativa à venda e às garantias dos bens de consumo", JOCE, n.° C 066, de 03.03.1997.

[314] ÁNGEL CARRASCO PERERA, ENCARNA CORDERO LOBATO, PASCUAL MARTÍNEZ ESPÍN, "Transposición de la directiva comunitaria sobre venta y garantías de los bienes de consumo", pág. 131, preconizam a transposição para o Direito espanhol da responsabilidade solidária do vendedor e do produtor perante o consumidor.

[315] É de notar que o produtor já se encontra, muitas vezes, vinculado ao consumidor, devido às "garantias comerciais" que, na prática, são por aqueles prestadas.

[316] No mesmo sentido, MÁRIO TENREIRO e SOLEDAD GÓMEZ, "La Directive 1999/44/CE sur certains aspects de la vente et des garanties des biens de consommation",cit., pág. 21; PAULO MOTA PINTO, "Conformidade e garantias na venda de bens de consumo. A Directiva 1999/44/CE e o direito português", cit., págs. 276-277; LUC

Felizmente, o Decreto-Lei 67/2003 acabou por introduzir a responsabilidade directa do produtor[318]. Não repugnou introduzi-la, numa visão que tem sido exposta, de considerar todo o sistema como basicamente dirigido à protecção do consumidor, à efectiva protecção do consumidor, tido como parte mais fraca nas relações jurídicas de consumo, justamente como moderação de um ponto de vista mecânico em que o vendedor, afinal, aparecia como senhor do jogo do comércio, quando as mais das vezes ele é o elo fraco, perante um produtor que se assenhoreia dos processos de fabrico e, por isso, domina o controlo de qualidade.

Surge, porém, uma dúvida acerca da congruência entre o artigo 6.º do Decreto-Lei de transposição da Directiva e o novo n.º 2 do artigo 12.º

GRYNBAUM, "La fusion de la garantie des vices cachés et de l'obligation de délivrance opérée par la Directive du 25 mai 1999", cit., pág. 7.

[317] Vide, PAULO MOTA PINTO, "Conformidade e garantias na venda de bens de consumo. A Directiva 1999̂/44/CE e o direito português", cit., pág. 279 e *Cumprimento defeituoso do contrato de compra e venda,* cit., págs. 58 ss.

Em Portugal, na proposta de transposição da Directiva formulada por Paulo Mota Pinto, propôs o Autor a consagração da responsabilidade directa do produtor aditando o artigo 12.º-B à LDC. Assim, nos termos do número 1 deste artigo, passaria a prever-se que o consumidor que tivesse adquirido coisa defeituosa podia optar por exigir ao produtor, à escolha deste, a sua reparação ou substituição, sem prejuízo dos direitos que lhe assistissem perante o vendedor; e no número dois possibilitava-se que o produtor se opusesse ao exercício dos direitos que assistissem ao consumidor, verificados qualquer um dos factos previstos com vocação excludente. Assim, nos termos do artigo proposto, "o produtor pod[ia] impedir o exercício dos direitos pelo consumidor verificando-se qualquer dos seguintes factos: (i) resultar o defeito exclusivamente de declarações do vendedor sobre a coisa e sua utilização, ou de má utilização; (ii) não ter colocado a coisa em circulação; (iii) poder considerar-se, tendo em conta as circunstâncias, que o defeito não existia no momento em que colocou a coisa em circulação; (iv) não ter fabricado a coisa nem para venda nem para qualquer forma de distribuição com fins lucrativos, ou não a ter fabricado ou distribuído no quadro da sua actividade profissional; (v) terem decorrido mais de dez anos sobre a colocação da coisa em circulação". Semelhante exclusão de responsabilidade vem prevista no artigo 5.º do DL 383/89, de 6 de Novembro. No entanto, nos termos da proposta de Paulo Mota Pinto, o consumidor apenas poderia exigir do produtor a reparação ou substituição, visto que tanto a redução do preço como a rescisão do contrato levantariam problemas de difícil resolução: por um lado, se o preço do bem acordado entre vendedor e o consumidor, e este pagou àquele, de que forma se produziria a redução do preço? Quanto à rescisão do contrato: foi este celebrado entre o vendedor e o consumidor, pelo que não faria sentido permitir que o consumidor pudesse solicitar a rescisão ao produtor.

[318] Artigo 6.º.

da LDC, que o mesmo Decreto-Lei 67/2003 criou: neste preceito estabelece-se, sem qualquer dúvida, a responsabilidade do produtor, independentemente de culpa, pelos danos causados por defeitos de produtos que coloque no mercado, mas o outro artigo de lei elenca, afinal, uma série de circunstâncias eximientes da culpa do produtor, ou pelo menos certos quadros objectivos que afastariam uma actuação culposa com base nos quais pode este opor-se ao exercício dos direitos do consumidor. Há porventura incoerência, por ser difícil arrumar no mesmo plano as duas diferentes ordens de preocupações. A saída estará, no entanto, em limitar a responsabilidade objectiva do produtor aos casos que estejam para além das circunstâncias de o defeito não existir no momento do início da circulação comercial da mercadoria, do desígnio não profissional da produção, ou do intento não lucrativo, aquém dos dez anos da existência dela.

2.6. Garantias Comerciais

É prática corrente, em relação a determinadas categorias de bens, os vendedores e os produtores oferecerem garantias contra um defeito que se manifeste dentro do prazo[319] nelas estipulado: trata-se de uma "garantia" de bom funcionamento do produto[320]. Por contraposição às analisadas

---

[319] *Vide* Considerando (21) da Directiva 99/44. Corresponde à chamada "garantia de bom funcionamento", prevista no artigo 921.º do CC e no artigo 4.º, n.º 2 da LDC (já revogado). Cfr. ainda as "garantias contratuais" previstas nos artigos 36.º, n.º 2 e 39.º, n.º 1 da Convenção de Viena.

[320] O anteprojecto da Directiva 99/44 previa que as garantias deviam colocar o beneficiário numa posição mais favorável do que a conferida pelo regime da garantia legal e pelo regime estabelecido nas legislações nacionais. Previa-se, ainda, que a garantia assumisse a forma de um contrato entre o garante e o beneficiário da garantia, com a vantagem de lhe ser claramente aplicável o regime das cláusulas contratuais gerais. Assim, o beneficiário da garantia seria o comprador inicial e os posteriores compradores do bem. Por outro lado, dispunha-se ainda que as condições de garantia deviam poder ser consultadas antes da aquisição do bem. Quanto às declarações publicitárias realizadas pelo garante, ou sob a sua responsabilidade, as mesmas integravam o conteúdo da garantia prestada.

Por seu lado, a proposta de directiva limitava-se a prever que a garantia oferecida vincula juridicamente a pessoa que a oferece nas condições estabelecidas no documento de garantia e na publicidade correspondente e deve colocar o beneficiário numa posição mais favorável do que a conferida pelo regime da garantia legal. Dizia-se, ainda, que a

garantias legais do consumidor, temos assim as chamadas "garantias comerciais"[321] ou garantias voluntárias[322].

E dispunha o n.º 2 do artigo 4.º da LDC que, sem prejuízo do estabelecimento de prazos mais favoráveis por convenção das partes ou pelos usos, o fornecedor de bens móveis, não consumíveis, estava obrigado a garantir o seu bom estado e o seu bom funcionamento por período nunca inferior a um ano. Para os bens imóveis a garantia passava a ser de cinco anos[323-324].

Assim, sobre o fornecedor de bens recaía uma obrigação de garantir o seu bom estado e o seu bom funcionamento, o que abrangia tanto as máquinas como qualquer outro bem[325]. Entretanto, o decurso do prazo de garantia suspendia-se durante o período de tempo em que o consumidor se achava privado do uso dos bens em virtude das operações de reparação resultantes de defeitos originários[326].

---

garantia deve constar de um documento escrito, o qual deve poder ser consultado antes da compra. Deste documento constam os elementos necessários à sua aplicação, nomeadamente a duração e extensão territorial da garantia, bem como o nome e o endereço do garante.

Quanto ao Parlamento Europeu propôs, em primeira leitura, que constasse da garantia o nome e endereço da pessoa a contactar e o procedimento a seguir para tornar a garantia efectiva. E, estabeleceu-se que a garantia deve conter informações acerca dos direitos legais conferidos ao consumidor, direitos esses que não podem vir a ser afectados pela garantia. Pretendia, ainda, que se especificasse que uma garantia parcial (sobre partes específicas do produto) deveria indicar expressamente essa restrição, sob pena de não produzir efeitos.

[321] A Proposta de Directiva apelidou estas garantias de "garantias comerciais" (artigo 1.º, n.º 2, al d). Contudo, esta terminologia acabou por desaparecer da versão final da Directiva, por forma a evitar dificuldades relativamente a certas tradições jurídicas que desconhecem o termo "garantia legal", tal como a nossa, sendo chamadas "garantia" *tout court*, COM(95)0520.

[322] Artigo 9.º Decreto-Lei 67/2003.

[323] A obrigação de garantia do bom estado e bom funcionamento dos bens, prevista na LDC, apresenta algumas diferenças com o regime previsto no CC. *Vide*, a este respeito, PAULO DUARTE, "O Conceito Jurídico de Consumidor segundo o art. 2.º/1 da Lei de Defesa do Consumidor", cit, págs. 654-655.

[324] Artigo 4.º, n.º 3 LDC (já revogado).

[325] PAULO DUARTE, "O Conceito Jurídico de Consumidor segundo o art. 2.º/1 da Lei de Defesa do Consumidor", cit., pág. 653, nota 6.

[326] Artigo 4.º, n.º 4 LDC (já revogado).

Por seu turno, a Directiva 99/44 apresentou uma definição de garantia, bem como alguns preceitos reguladores do funcionamento da mesma: nos termos do artigo 1.°, n.° 2, al. e), por garantia entendia-se *qualquer compromisso assumido por um vendedor ou um produtor*[327] *perante o consumidor, sem encargos adicionais para este, de reembolsar o preço pago, substituir, reparar ou ocupar-se de qualquer modo de um bem de consumo, no caso de este não corresponder às condições enumeradas na declaração de garantia ou na respectiva publicidade.*

Esta definição não é isenta de dúvidas. Tem sido discutido se o compromisso assumido pelo vendedor ou produtor, sem *encargos adicionais*, não limitava a aplicabilidade da Directiva às "garantias grátis", excluindo as "garantias pagas".

A este respeito, alguns autores consideraram que não faria sentido um consumidor que tivesse pago determinado montante pela garantia encontrar-se mais desprotegido, por comparação a um consumidor sem qualquer encargo adicional para obtê-la: a Directiva seria aplicável quer num caso, quer noutro, por esse motivo. A não ser assim, defendiam, estar-se-ia a permitir que o vendedor apenas conferisse garantia comercial contra pagamento de uma quantia adicional, ainda que insignificante, afastando, deste modo, o regime previsto.

Contudo, não cremos que se possa interpretar deste modo o referido preceito[328]. Desde logo, diz-se expressamente que se trata de garantias *sem encargos adicionais*. E, por outro lado, uma "garantia paga" seria facilmente confundível com um contrato de seguro tendente a prevenir o sinistro da mercadoria adquirida.

No caso de uma segunda alienação do bem, tem-se ainda levantado a questão de saber se a garantia segue o bem ou fica pertença do primeiro adquirente. Na Proposta de Directiva, a resposta a esta questão era facilitada pela terminologia utilizada: falava-se do "beneficiário da garantia"

---

[327] Por produtor deve entendia-se "o fabricante de um bem de consumo, o importador do bem de consumo no território da Comunidade ou qualquer outra pessoa que se apresente como produtor através da indicação do seu nome, marca ou outro sinal identificativo no produto" (artigo 1.°, n.° 2, al. d) da Directiva).
[328] *Vide* MÁRIO TENREIRO e SOLEDAD GÓMEZ, "La Directive 1999/44/CE sur certains aspects de la vente et des garanties des biens de consommation", cit., pág. 29.

e não de "consumidor": pareceria que a garantia deveria seguir o bem, fazendo como que parte dele. Embora a versão final não contenha esta mesma referência ao "beneficiário da garantia", consideramos que se deve interpretar da mesma forma. Com efeito, nenhum motivo existe para considerar que a garantia não deva acompanhar o bem, independentemente do seu proprietário[329].

Dispôs depois o artigo 6.°, n.° 1 da Directiva: *as garantias vinculam juridicamente as pessoas que as oferecem, nas condições constantes da declaração de garantia e da publicidade correspondentes. E devem ainda declarar que o consumidor goza dos direitos previstos na legislação nacional aplicável em matéria de compra e venda de bens de consumo e especificar que esses direitos não são afectados pela garantia e estabelecer, em linguagem clara e concisa, o conteúdo da garantia e os elementos necessários à sua aplicação, nomeadamente a duração e a extensão territorial dela, bem como o nome e o endereço da pessoa que oferece a garantia*[330].

Vemos, assim, que a Directiva não impôs aos vendedores ou produtores a obrigação de conceder garantia[331]. Apenas estatuiu que quem oferecesse a garantia a ela ficaria vinculado, nas condições constantes da declaração de garantia e da publicidade correspondentes. Esta disposição acabava por estabelecer um elo entre o garante e o consumidor, sem no

---

[329] No mesmo sentido, ÁNGEL CARRASCO PERERA, ENCARNA CORDERO LOBATO, PASCUAL MARTÍNEZ ESPÍN, "Transposición de la directiva comunitaria sobre venta y garantías de los bienes de consumo", cit., pág. 138.
Veja-se que, na proposta de Transposição da Directiva apresentada por PAULO MOTA PINTO, o n.° 4 do artigo 4.° -A aditado à LDC estabelecia justamente que "salvo declaração em contrário, os direitos resultantes da garantia transmitem-se para o adquirente da coisa", aut. cit., *Cumprimento defeituoso do contrato de compra e venda, Anteprojecto de diploma de transposição da directiva 1999/44/CE para o direito português*, cit., pág. 82.
[330] Artigo 6.°, n.° 2 da Directiva.
[331] Contrariamente ao que sucede nalguns países onde existe a obrigação de conferir uma garantia de bom estado e bom funcionamento do bem. Era o caso da anterior versão do artigo 4.°, n.° 1 da LDC e do artigo 11.°, n.° 2 da *Ley general para la defensa de los consumidores y usuarios* espanhola, no qual se prevêem os elementos que deverão constar da garantia. O n.° 3 do mesmo artigo prevê os direitos que integram a garantia como conteúdo mínimo, incluindo a reparação totalmente gratuita ou, se necessário, a substituição do bem ou a devolução do preço.

entanto qualificar juridicamente a relação existente[332]. E, na verdade, o que muitas vezes sucedia e sucede na prática, é o consumidor adquirir um bem a um dado estabelecimento, mas a "garantia comercial" ser prestada através da marca do produto, e pelo produtor. Justamente por este motivo foi muito discutido acerca de que relação jurídica se tratava, essa existente entre o consumidor e o garante, terceiro relativamente à compra e venda[333].

Uma vez mais, a Directiva vinculou, com justificação, o vendedor ou produtor à publicidade realizada de um dado produto: o consumidor//comprador confia naturalmente na publicidade que é feita de uma mercadoria, e muitas vezes adquire o produto motivado pelas características publicitadas[334]. No entanto, a Directiva não previa qualquer solução para o caso de as informações fornecidas pela publicidade e as constantes da declaração de garantia serem contraditórias. Acontecesse, tendo em conta os princípios enformadores da Directiva e a *ratio* da própria política de protecção dos consumidores, pensamos ter de ser aplicada naturalmente a solução mais favorável ao consumidor[335].

Já agora, mas de outro ponto de vista, a garantia deve ser elaborada numa linguagem clara e concisa[336] e evidenciar a sua complementaridade com a garantia legal. O consumidor não deve ser induzido a pensar que os

---

[332] Como já tivemos oportunidade de referir, o anteprojecto de directiva qualificava a relação entre o garante e o consumidor como um contrato, o que permitia a aplicação das cláusulas abusivas, previsto na Directiva 93/13/CEE. Contudo, consideramos que este regime das cláusulas contratuais gerais deverá ser aplicável às garantias prestadas pelos garantes. No mesmo sentido, MÁRIO TENREIRO e SOLEDAD GÓMEZ, "La Directive 1999/44/CE sur certains aspects de la vente et des garanties des biens de consommation", cit., pág. 31, nota 89.

[333] Veja-se o princípio do efeito relativo ou "inter alios acta".

[334] Uma disposição análoga consta da directiva 90/314/CEE, de 13.06.1990, relativa às viagens, férias e circuitos organizados, que dispõe que as informações contidas na brochura obrigam o organizador. *Vide* tb. artigo 7.º, n.º 5 da LDC.

[335] Solução semelhante é dada pelo artigo 5.º da Directiva 93/13/CEE, relativa às cláusulas abusivas, que estabelece que, em caso de dúvida na interpretação de uma cláusula, deverá prevalecer a interpretação mais favorável ao consumidor.

[336] Semelhante terminologia foi empregue na Directiva 93/13/CEE: no caso dos contratos em que as cláusulas propostas ao consumidor estejam, na totalidade ou em parte, consignadas por escrito, essas cláusulas deverão ser sempre redigidas de forma clara e compreensível (artigo 5.º).

direitos conferidos pela garantia comercial afastam os direitos que decorrem directamente da lei em matéria de compra e venda de bens de consumo[337]. A introdução deste requisito de transparência reveste-se de extrema importância, porque, na prática, tem sido comum as garantias serem redigidas de forma a induzirem o consumidor a pensar que as mesmas contêm todos os direitos de que estes dispõem.

Em todo o caso, parece-nos que a Directiva acabou por ficar aquém do pretendido. Nos termos do artigo 6.º, n.º 3, apenas era exigido *se declar*[asse] *que o consumidor goza[ria] dos direitos previstos na legislação nacional*. Ora, assim sendo, parecia bastar que do texto da garantia comercial constassem, apenas, uma ou outra das seguintes referências: "esta garantia é complementar da garantia legal", ou "esta garantia não limita os restantes direitos a que o consumidor tenha direito (…)": acabava, na prática, por ter um alcance muito restrito, sobretudo nas vendas transfronteiriças, onde o consumidor tinha e tem mais dificuldade em saber quais os "direitos legais" de que dispõe![338]

Dizia-se ainda que o consumidor tinha o direito de solicitar uma versão escrita, impressa, da garantia, ou sob qualquer outra forma duradoura disponível[339]. A garantia deveria ficar, pois, na posse do adquirente do bem, podendo constar de papel impresso ou escrito, como acontece nas aquisições realizadas no comércio tradicional, ou tomar *outra forma duradoura*. Ou seja, cremos que o envio, por email, de um documento com o teor da garantia é forma bastante para efeitos do disposto neste artigo: a parte final desta disposição acaba por aceitar o envio da declaração por via electrónica, o que facilita os casos de contratação por esse meio[340].

Na proposta de Directiva referia-se que o consumidor devia poder consultar o texto da garantia antes de proceder à aquisição do bem e,

---

[337] Esta declaração já é obrigatória nalguns países, tais como a França e o Reino--Unido, onde a infracção é mesmo punida.

[338] LUIS MENEZES LEITÃO, "Caveat venditor? A Directiva 1999/44/CE do Conselho e do Parlamento Europeu sobre a venda de bens de consumo e garantias associadas e suas implicações no regime jurídico da compra e venda", cit., pág. 295.

[339] Artigo 6.º, n.º 3 da Directiva.

[340] LUC GRYNBAUM, "La fusion de la garantie des vices cachés et de l'obligation de délivrance opérée par la Directive du 25 mai 1999", cit., considera que as exigências de forma poderão causar problemas nas compras e vendas realizadas através da Internet.

apesar de, na versão definitiva, não constar expressamente essa possibilidade, tem-se entendido que o consumidor continua a dispor desse mesmo direito[341]. No comércio electrónico, embora seja possível a consulta pelo consumidor do texto da garantia contratual, será pouco frequente: as próprias características do meio tecnológico empregue, designadamente a rapidez da compra, acabarão por tornar inexequível esta consulta.

Também, a Directiva possibilitou que os Estados-Membros impusessem, no seu território, a redacção da garantia numa ou várias línguas, de entre as línguas oficiais da Comunidade Europeia[342].

Por fim, é de notar que a validade de uma garantia desobediente aos requisitos previstos não seria afectada por esse facto, podendo o consumidor continuar a invocá-la e a exigir a sua aplicação[343]. Não faria sentido que o consumidor visse os seus direitos diminuídos pelo desrespeito, pelo garante dos requisitos da garantia comercial prestada.

No entanto, com a entrada em vigor do Decreto-Lei 67/2003, foram introduzidas algumas alterações que recolocaram todo este problema na nossa ordem jurídica. Desde logo, como vimos, este diploma revogou os preceitos da LDC que tratavam das "garantias comerciais"[344]. E, o artigo 9.º dispõe actualmente sobre o que chama "garantias voluntárias": *a declaração pela qual o vendedor, o fabricante ou qualquer intermediário promete reembolsar o preço pago, substituir, reparar ou ocupar-se de qualquer modo de coisa defeituosa vincula o seu autor nas condições constantes dela e da correspondente publicidade*. Veja-se que esta disposição é em muito semelhante à do n.º 1 do artigo 6.º da Directiva 99/44.

---

[341] *Vide*, MÁRIO TENREIRO e SOLEDAD GÓMEZ, "La Directive 1999/44/CE sur certains aspects de la vente et des garanties des biens de consommation", cit., pág. 33, STÉPHANIE PELET, "L'impact de la directive 99/44/CE, relative a certains aspects de la vente et des garanties des biens de consommation sur le droit français", cit., pág. 58.
[342] Artigo 6.º, n.º 4 da Directiva.
[343] Artigo 6.º, n.º 5 da Directiva.
[344] Os n.ºs 2, 3 e 4 do artigo 4.º da LDC foram revogados.

E tal declaração de garantia *deve* ser entregue ao consumidor por escrito ou em qualquer outro suporte duradouro a que aquele tenha acesso[345]. Ora, contrariamente ao que estipulava a Directiva[346], parece que existe uma obrigação efectiva por parte de quem presta a garantia de entregar ao consumidor um documento escrito (ou em suporte duradouro) donde conste a declaração de garantia: esta disposição é claramente mais favorável ao consumidor.

Quanto às menções que deverão constar da garantia são semelhantes às indicadas na Directiva[347].

Mas preceito inovador é o do n.° 4 do artigo 9.° que estabelece: *salvo convenção em contrário, os direitos resultantes da garantia transmitem-se para o adquirente da coisa*. A questão de saber se, em caso de venda de um bem com garantia, esta se transmite ao novo proprietário, acaba de cair por terra, sem qualquer dúvida a esse respeito.

Dispôs também a lei: *a violação do disposto nos n.°s 2 e 3 do presente artigo [9.°] não afecta a validade da garantia, podendo o consumidor continuar a invocá-la e a exigir a sua aplicação*[348].

Chegados a este ponto, o que dizer dos preceitos da Directiva e do Decreto-Lei 67/2003, em comparação com o que estava previsto com o regime da antiga versão da LDC? Quais os preceitos mais favoráveis ao consumidor?

Desde logo, a Directiva, no artigo 3.°, n.° 1, limitava a responsabilidade do vendedor à falta de conformidade existente no momento da

---

[345] Artigo 9.°, n.° 2 do Decreto-Lei 67/2003.

[346] Como vimos, nos termos do artigo 6.°, n.° 3 da Directiva, a garantia deveria ser prestada ao consumidor se por ele fosse solicitada.

[347] Artigo 9.°, n.° 3 do Decreto-Lei 67/2003: "A garantia, que deve ser redigida de forma clara e concisa na língua portuguesa, conterá as seguintes menções: al. a) declaração de que o consumidor goza dos direitos previstos no presente diploma e de que tais direitos não são afectados pela garantia; b) condições para atribuição dos benefícios previstos; c) benefícios que a garantia atribui ao consumidor; d) duração e âmbito espacial da garantia; e) firma ou nome e endereço postal, ou, se for o caso, electrónico, do autor da garantia que pode ser utilizado para o exercício desta".

[348] Artigo 9.°, n.° 5.

entrega dos bens, estabelecendo o artigo 5.°, n.° 3 uma presunção de desconformidade vigente nos seis meses subsequentes, ou seja, decorridos esses seis meses, o *ónus probandi* da anterioridade do defeito (anterioridade à data da entrega) e da desconformidade do bem com o contrato, caberia, pelo contrário, ao consumidor.

Entretanto, nos termos da LDC[349], o consumidor dispunha de um ano de garantia, para os bens móveis não consumíveis, sem ter qualquer necessidade de provar a anterioridade da desconformidade do bem à entrega. Por conseguinte, até à entrada em vigor do Decreto-Lei 67/2003, a LDC era claramente mais favorável e protectora dos interesses dos consumidores.

Actualmente, porém, o vendedor responde perante o consumidor por qualquer falta de conformidade que exista no momento em que o bem a este é entregue, sendo que essa mesma falta de conformidade se presume existente já nessa data, se se manifestar no prazo de dois anos ou de cinco anos depois, no caso de coisa móvel corpórea ou de coisa imóvel, respectivamente.

2.7. Serviços Pós-Venda

Em detrimento das propostas do "Livro Verde sobre as garantias e os serviços pós-venda"[350], facto é que a versão final da Directiva 99/44 acabou por não fazer qualquer referência a esses mesmos serviços pós-venda. Contudo, a nossa ordem jurídica, no artigo 9.°, n.° 5 da LDC dispõe que o consumidor tem direito à assistência após a venda, com incidência no fornecimento de peças e acessórios, pelo período de duração normal dos produtos fornecidos[351].

---

[349] Artigo 4.°, n.° 2, 3 e 4 da LDC, revogados pelo Decreto-Lei 67/2003.

[350] Embora o Livro Verde e o anteprojecto de directiva tratassem dos serviços pós-venda, o que é facto é que a proposta de directiva optou por não o fazer "por razões relacionadas com a aplicação do princípio da subsidiariedade".

[351] Semelhante obrigação encontra-se prevista nos ordenamentos jurídicos Espanhol, Grego, Irlandês e Francês.

Parece-nos que esta disposição se reveste de enorme importância para a protecção do direito dos consumidores[352]. Com efeito, seria gravemente desvantajoso para estes adquirirem um bem, por exemplo, um carro ou um electrodoméstico, e não terem a garantia de, no caso de uma peça se danificar, poderem adquirir uma semelhante.

CAPÍTULO III – SÍNTESE CONCLUSIVA

1. Nasceu uma nova sociedade, chamada Sociedade da Informação, suportada por uma nova economia, a economia digital. E a nova era digital tem vindo a fomentar o desenvolver de um mercado em rede, com as enormes vantagens decorrentes para os diversos sujeitos intervenientes.

2. A Internet tem tido, aqui, um papel fundamental, podendo mesmo dizer-se que é o principal vector dessa mesma Sociedade da Informação.

3. O comércio electrónico, baseado na transmissão e no processamento electrónicos de dados, cobre actividades muito diferentes, sendo os sujeitos intervenientes heterogéneos.

4. Assim, os conflitos de interesses relativos à expansão da contratação electrónica são os mais variados. E, no que respeita à protecção dos consumidores, podem levantar-se diversas questões referentes ou à validade dos contratos celebrados à distância, ou à privacidade e à protecção dos dados pessoais, ou à responsabilidade dos prestadores de serviços em linha, ao pagamento electrónico, à assinatura digital e aos serviços de certificação, publicidade, etc.

5. A protecção dos consumidores é uma preocupação antiga, tanto a nível nacional como a nível comunitário: o consumidor tem sido visto como *parte fraca, leiga, débil economicamente ou menos preparada, sob o ponto de vista técnico, de uma relação de consumo.*

6. Ora, em sede de contratação electrónica, a debilidade da posição jurídica do consumidor é mais acentuada ainda: a possibilidade de enviar

---

[352] A propósito dos serviços pós-venda na já revogada Lei de Defesa dos Consumidores, vide CARLOS FERREIRA DE ALMEIDA, "Negócio jurídico do consumo", cit., págs. 30-31 e *Os direitos dos consumidores*, cit., págs. 127 ss.

pedidos "clicando" simplesmente o rato do computador, o desenho de certas páginas *web* que facilitam a emissão de declarações negociais, a necessidade de tomar decisões confiando "às cegas" nas informações e comunicações fornecidas pelo vendedor, sem a possibilidade de manusear fisicamente o produto, a falta de estabilidade da contraparte na medida em que contrata com um estabelecimento virtual, e o emprego generalizado dos chamados "contratos de adesão", potenciam importantes riscos para o consumidor.

7. A problemática da protecção dos consumidores nos contratos celebrados através da Internet e, em especial, dos direitos e garantias contra vícios na compra e venda de bens de consumo, reveste-se, por conseguinte, de extrema importância.

8. Com efeito, além de a União Europeia contar actualmente com mais de 370 milhões de consumidores, as principais dificuldades encontradas pelos consumidores e a principal fonte de conflitos entre estes e os vendedores, estão relacionadas com a não conformidade dos bens com o contrato.

9. Os diplomas de eleição para este tema são a Lei de Defesa do Consumidor e o Decreto-Lei n.º 67/2003, de 08 de Abril, que surgiu em transposição da Directiva 99/44, de 25 de Maio, relativa a certos aspectos da venda de bens de consumo e das garantias a ela relativas.

10. Entretanto, esta Directiva foi tida como *a mais importante incursão imperativa das instâncias comunitárias no direito contratual interno dos Estados-Membros e que representa um importante impulso para a harmonização do direito civil dos países da União.*

11. Mas a Lei de Defesa dos Consumidores e o Decreto-Lei n.º 67/2003, de 08 de Abril aplicam-se unicamente aos contratos celebrados entre um consumidor e um vendedor profissional, encontrando-se excluídas quaisquer vendas feitas entre consumidores, entre vendedores profissionais ou por um consumidor a um vendedor profissional.

12. Aqui, por consumidor deverá entender-se qualquer pessoa (singular ou colectiva), a quem sejam fornecidos bens, prestados serviços ou transmitidos quaisquer direitos, destinados, em parte, a uso não profissional

13. Por vendedor, qualquer pessoa (singular ou colectiva), que actue no âmbito da sua actividade profissional, ficando excluída qualquer venda alheia a esta mesma actividade.

14. A Directiva 99/44 introduziu o conceito de falta de conformidade dos bens com o contrato, conceito inovador para algumas ordens jurídicas dos Estados-Membros.

15. Conceito esse que naturalmente foi transposto para a nossa ordem jurídica pelo Decreto-Lei n.º 67/2003, de 08 de Abril.

16. Em consonância, de forma a simplificar o princípio operativo de conformidade com o contrato, o legislador nacional estatuiu uma pre-sunção ilidível de não conformação: presumem-se os bens não coincidentes com o contrato se se verificar algum dos seguintes factos: (i) não serem conformes com a descrição que deles é feita pelo vendedor, *ou* não possuírem as qualidades do bem que o vendedor tenha apresentado ao consumidor como amostra ou modelo; (ii) não serem adequados ao uso específico para o qual o consumidor os destine e do qual tenha informado o vendedor quando celebrou o contrato, e que o mesmo tenha aceitado; (iii) não serem adequados às utilizações habitualmente dadas aos bens do mesmo tipo; (iv) não apresentarem as qualidades e o desempenho habituais nos bens do mesmo tipo, e que o consumidor pode razoavelmente esperar, atendendo à natureza do bem e, eventualmente, às declarações públicas sobre as suas características concretas feitas pelo vendedor, pelo produtor ou pelo seu representante, nomeadamente na publicidade ou na rotulagem.

17 O consumidor/comprador de um bem não conforme com o contrato, tem direito à sua *reparação* ou *substituição*, à *redução do preço* ou à *resolução do contrato*.

18. No entanto, contrariamente ao estatuído na Directiva, à luz do ordenamento jurídico nacional, o consumidor pode exercer qualquer dos direitos referidos, salvo se tal se manifestar impossível ou constituir abuso de direito, nos termos gerais.

19. O consumidor tem ainda direito à indemnização dos danos patrimoniais e não patrimoniais resultantes do fornecimento de bens ou prestações de serviços defeituosos, sempre que o vendedor aja com culpa.

20. Contudo, compete ao comprador comunicar ao vendedor os vícios do bem adquirido, ou seja, proceder à denúncia da falta de conformidade num prazo de dois meses, caso se trate de bem móvel, ou de um ano, se se tratar de bem imóvel, contados da data em que tenha sido detectada, mas situada nos primeiros dois ou cinco anos após a entrega, respectivamente.

21. Entretanto, os direitos de reparação ou substituição do bem, de redução do preço ou resolução do contrato, conferidos ao consumidor, caducam findo esses prazos ou decorridos seis meses sobre a denúncia.

22. Por outro lado, o consumidor pode usufruir ainda das garantias comerciais de bom funcionamento do bem ("garantias voluntárias"), que podem ser emitidas também pelo produtor.

23. Actualmente, pode o consumidor que tenha adquirido coisa não conforme com o contrato optar por exigir do produtor, e à escolha dele, consumidor, a sua reparação ou substituição.

24. A introdução na nossa ordem jurídica da responsabilidade directa do produtor é muitíssimo favorável ao consumidor, e surge de uma forte corrente doutrinária que se inclinava para que, justamente, devesse ser associado a este tema o produtor, também.

25. Por fim, a problemática envolvente aos *ciberconsumidores* e ao *cibercomércio*, conquanto apresente naturalmente alguns perfis originais, não se distancia, no fundamental, do conjunto de dificuldades e soluções que se encontram para os casos comuns da compra e venda de bens com defeito: a sólida e trabalhada abstracção do sistema normativo mostra-se adaptada aos novos desafios e à resolução cabal dos litígios emergentes.

PRINCIPAIS ABREVIATURAS E SIGLAS UTILIZADAS

art.	artigo
BFDC	Boletim da Faculdade de Direito da Universidade de Coimbra
BMJ	Boletim do Ministério da Justiça
CC	Código Civil
cit.	citado
Conv. de Viena	Convenção de Viena das Nações Unidas sobre o Contrato de Compra e Venda Internacional de Mercadorias
CRP	Constituição da República Portuguesa
CSC	Código das Sociedades Comerciais
Directiva	Directiva 1999/44/CE, do Parlamento Europeu e do Conselho, de 25 de Maio, relativa a certos aspectos da venda de bens de consumo e das garantias a ela relativas
ERPL	European Review of Private Law
LDC	Lei de Defesa do Consumidor
REDC	Revue Européenne de Droit de la Consommation
RLJ	Revista de Legislação e Jurisprudência
ROA	Revista da Ordem dos Advogados
RPDC	Revista Portuguesa de Direito de Consumo
vol.	volume

BIBLIOGRAFIA

ABREU, Coutinho de – *Da Definição de Empresa Pública,* Coimbra, 1990.
ALMEIDA, Carlos Ferreira de – *Os Direitos dos Consumidores*, Livraria Almedina, Coimbra, 1982;
— *Texto e Enunciado na Teoria do Negócio Jurídico,* vols. I e II, Livraria Almedina, Coimbra, 1992;
— "Relevância Contratual das Mensagens Publicitárias", *RPDC,* n.º 6, 1996, págs. 9-25;
— "Orientações de Política Legislativa adoptadas pela Directiva 1999/44/CE", *Themis,* Revista da Faculdade de Direito da UNL, Ano II, n.º 4, 2001, págs. 109-120;

— "Questões a resolver na transposição da Directiva e respostas dadas no colóquio", *Themis*, Revista da Faculdade de Direito da UNL, Ano II, n.° 4, 2001, págs. 219-222.

ALMEIDA, Teresa – *Lei de Defesa do Consumidor Anotada*, Instituto do Consumidor, 2001.

ALONSO, Javier Prada – *Protección del Consumidor y Responsabilidad Civil*, Monografías Jurídicas, Marcial Pons, Ediciones Jurídicas y Sociales, 1998.

ALVES, Jorge Ferreira – *Lições de Direito Comunitário*, vol. I, 2ª ed., Coimbra Editora, 1992.

Ascensão, José de Oliveira – *Direito Comercial*, 1.° vol., Parte Geral, Lisboa, 1994;

— "A Sociedade da Informação", *Direito da Sociedade da Informação*, vol. I, FDUL, APDI, Coimbra Editora, 1999, págs. 163-184;

— *Direito Civil – Teoria Geral, Introdução. As Pessoas. Os Bens*, vol. I, 2ª ed., Coimbra Editora, 2000;

— *Estudos sobre Direito da Internet e da Sociedade da Informação*, Livraria Almedina, Coimbra, 2001.

ASENSIO, Pedro Miguel – *Derecho Privado de Internet*, Civitas Ediciones, Madrid, 2000.

AULOY, Calais – *De la garantie des vices cachés à la garantie de conformité*, Mélanges Christian Mouly.

— *Droit de la consommation*, Précis Dalloz, 2ᵉ ed., Dalloz, Paris, 1986.

BALLARINO, Tito – *Internet nel Mondo della Legge*, Cedam, Padova, 1998.

BERGEL, Salvador Darío – "Informática y Responsabilidad Civil", *Informática y Derecho*, Aportes de Doctrina Internacional, Vol. 2, Ediciones Desalma, Buenos Aires, 1988.

CAMPOS, João Mota de – *O Ordenamento Jurídico Comunitário*, vol. II, 4ª ed., Fundação Calouste Gulbenkian, Lisboa, 1994.

CORREIA, Miguel Pupo – "Comércio Electrónico: Forma e Segurança", *As Telecomunicações e o Direito na Sociedade da Informação*, coord. António Pinto Monteiro, IJC, FDUC, Coimbra, 1999, págs. 223-258.

CORDEIRO, António Menezes – *Direito das Obrigações*, vol. II, reimpressão, Associação Académica da FDL, Lisboa, 1986;

— "Cumprimento Imperfeito do Contrato de Compra e Venda. A Compensação entre Direitos Líquidos e Ilíquidos. A Excepção do Contrato não Cumprido", *CJ*, Ano XII, 1987, Tomo IV, págs. 37 ss;

— *Tratado de Direito Civil Português*, Parte Geral, Tomo I, 2ª ed., Livraria Almedina, Coimbra, 2000;

— "A modernização do Direito das Obrigações", *ROA*, ano 62, Lisboa, Abril 2002, págs. 319 ss.

COSTA, Almeida – *Direito das Obrigações*, 5ª ed., Livraria Almedina, Coimbra, 1991.

CRISTOFARO, Giovanni de – *Difetto di Conformità al Contratto e Diritti del Consumatore – L'ordinamento italiano e la Direttiva 99/44/CE sulla vendita e le garanzie del beni di consum*, I Libri Dell'instituto Giuridico Italiano, Vol. 24, CEDAM, Casa Editrice Dott. António Milani, 2000.

DUARTE, Paulo – "O Conceito Jurídico de Consumidor segundo o art. 2.° /1 da Lei de Defesa do Consumidor", *BFDUC*, 75, 1999, págs. 649-703.

DUARTE, Rui Pinto – "O Direito de Regresso do Vendedor Final da Venda para Consumo",*Themis*, Revista da Faculdade de Direito da UNL, Ano II, n.° 4, 2001, págs. 173-194.

FLESNER, Christian Twigg – "The EC Directive on Certain Aspects of the Sale of Consumer Goods and Associated Guarantees", *Consumer Law Journal*, 1999, págs. 177-192.

FRADA, Manuel Carneiro da – "Erro e Incumprimento na não-conformidade da coisa com o interesse do comprador", *O Direito*, Ano 121, 1989, págs. 461-484;

— "Vinho Novo em Odres Velhas – A Responsabilidade Civil das Operadoras de Internet e a Doutrina Comum de Imputação de Danos", *ROA*, Abril 1999.

FRAILE, Juan María Díaz – "Aspectos jurídicos más relevantes de la directiva y del projecto de ley español de comercio electrónico", *Contratación y Comercio Electrónico*, 2003, Valencia, págs. 75 ss.

GOMES, Januário da Costa – "Sobre o "direito de arrependimento" do adquirente de direito real de habitação periódica (time-sharing) e a sua articulação com direitos similares noutros contratos de consumo", *RPDC*, n.° 3, Jul. 1995, págs. 80 ss.

GOUVEIA, Jaime Cardoso de – *Da responsabilidade Contratual*, Lisboa, 1933.

GRYNBAUM, Luc – "La fusion de la garantie des vices cachés et de l'obligation de délivrance opérée par la Directive du 25 mai 1999", *Contrats – Concurrence – Consommation*, 10ᵉ année, n.° 5, mai 2000, Éditions du Juris-Classeur, págs. 4-8.

JELOSCHEK, Christoph /HONDIUS, Ewoud – "Towards a European Sales Law – Legal Challenges posed by the Directive on the Sale of Consumer Goods and Associated Guarantees, *ERPL*, vol. 9, n.°s 2 e 3, 2001, págs. 157-161.

KOHLER, Gabrielle Kaufmann – "Internet: Mondialisation de la Communication – Mondialisation de la Résolution des Litiges, *Internet, Which Court Decides? Which Law Applies? Quel tribunal decide? Quel droit s'applique?*", Klumer Law International, Haia/Londres/Boston, págs. 89-142.

KRONKE, Herbert – "Applicable Law in Torts and Contracts in Cyberspace", *Internet, Which Court Decides? Which Law Applies? Quel tribunal decide? Quel droit s'applique?*", Klumer Law International, Haia/Londres/Boston, págs. 65-87.

KRUISINGA, S.a. – "What do Consumer and Commercial Sales Law have in common? A Comparaison of EC Directive on Consumer Sales Law and the UN Convention on Contracts for the International Sale of Goods", *ERPL*, vol. 9, n.°s 2 e 3, 2001, págs. 177 ss.

LEITÃO, Luís Manuel Teles de Menezes – "A Responsabilidade Civil na Internet", *ROA*, Lisboa, Ano 61, Janeiro 2001, págs. 171 ss;
— "Caveat venditor? A Directiva 1999/44/CE do Conselho e do Parlamento Europeu sobre a venda de bens de consumo e garantias associadas e suas implicações no regime jurídico da compra e venda", *Estudos em Homenagem do Professor Doutor Inocêncio Galvão Telles*, Vol. I, Direito Privado e Vária, Separata, Almedina, 2002.
LETE, Javier – "The Impact on Spanish contract law of the EC Directive on the Sale of Consumer Goods and Associated Guarantees", *ERPL*, Vol. 9, n.ºs 2-3, 2001, págs. 351-357.
LIMA, Fernado Pires de/VARELA, João Antunes – *Código Civil Anotado*, vol. II, 4ª ed., Coimbra, 1997.
LIZ, Jorge Pegado – *Conflitos de Consumo – uma perspectiva comunitária de defesa dos consumidores*, Centro de Informação Jacques Delors, 1998;
— *Introdução ao Direito e à Política do Consumo*, Editorial Notícias, 1999;
— "Conformidade e Garantias na Venda de Bens de Consumo. A Directiva 1999/44/CE e o Direito Português", *Forum Iustitiae*, n.º 8, Janeiro 2000, págs. 50 ss.
MACHADO, João Baptista – "Acordo Negocial e Erro na Venda de Coisas Defeituosas", *BMJ*, vol. 215, págs. 5 ss.
MARTINEZ, Pedro Romano – *Cumprimento Defeituoso em especial na Compra e Venda e na Empreitada*, Livraria Almedina, Coimbra, 1994;
— "Empreitada de Consumo", *Themis*, Revista da Faculdade de Direito da UNL, Ano II, n.º 4, 2001, págs. 155-171;
— *Direito das Obrigações, (Parte Especial) Contratos, Compra e Venda, Locação e Empreitada*, 2ª ed., Livraria Almedina, Coimbra, 2001.
MENDES, João de Castro – *Teoria Geral do Direito Civil*, vol. II, reimpressão, Associação Académica da FDL, Lisboa, 1988.
MEORO, Mário E. Clemente – "La protección del consumidor en los contratos electrónicos", *Contratación y Comercio Electrónico*, 2003, Valencia, págs. 365 ss.
MONTEIRO, António Pinto / PINTO, Paulo Mota – "La Protection de l'acheteur de choses défectueuses en Droit Portugais", *BFDUC*, 1993, págs. 259 ss;
— "Venda de Animal Defeituoso", *CJ*, Ano XIX, 1994, Tomo V, págs. 5 ss;
— "Protecção do Consumidor de Serviços de Telecomunicações", *As Telecomunicações e o Direito na Sociedade da Informação*, coord. António Pinto Monteiro, IJC, FDUC, Coimbra, 1999, págs. 139-158;
— "Do Direito do Consumo ao Código do Consumidor", *Estudos de Direito do Consumidor*, dir. António Pinto Monteiro, Centro de Direito do Consumo, FDUC, Publicação do Centro de Direito do Consumo, n.º 1, Coimbra, 1999, págs. 201-214.
MONTEIRO, Jorge Sinde – "Proposta de Directiva do Parlamento Europeu e do

Conselho relativa à venda e às garantias dos bens de consumo", *Revista Jurídica da Universidade Moderna*, Vol. I, 1998, págs. 461-479.

MORENO, Francisco Javier Orduña – "Derecho de la contratación y condiciones generales", *Contratación y Comercio Electrónico*, 2003, Valencia, págs. 269 ss.

OLIVEIRA, Arnaldo Filipe – "Contratos negociados à distância – Alguns problemas relativos ao regime de protecção dos consumidores, da solicitação e do consentimento em especial", *RPDC*, n.º 7, Set. 1996.

OLIVEIRA, Elsa Dias – *A Protecção dos Consumidores nos Contratos Celebrados através da Internet*, Livraria Almedina, Coimbra, 2002.

PARRA, Agustín Madrid – "Seguridad en el Comercio Electrónico", *Contratación y Comercio Electrónico*, 2003, Valencia, págs. 123 ss.

PÉLET, Stéphanie – "L'impact de la Directive 99/44/CE, relative a certains aspects de la Vente et des Garanties des Biens de Consommation sur le Droit Français", *REDC*, 2000, págs. 44 ss.

PENADÉS, Javier Plaza – "Los principales aspectos de la Ley de Servicios de la Sociedad de la Información y Comercio electrónico", *Contratación y Comercio Electrónico*, 2003, Valencia, págs. 29 ss.

PEREIRA, Alexandre Libório Dias – *Comércio Electrónico na Sociedade da Informação: Da Segurança Técnica à Confiança Jurídica*, Livraria Almedina, Coimbra, 1999;

— "Internet, Direito de Autor e Acesso Reservado", coord. António Pinto Monteiro, IJC, FDUC, Coimbra, 1999, págs. 263-273;

— "A protecção do consumidor no quadro da Directiva sobre o Comércio Electrónico", *Estudos de Direito do Consumidor*, 2, Coimbra, 2000, págs. 43 ss.

PERERA, Ángel Carrasco / LOBATO, Encarna e Espín, Cordero Pascual Martínez – "Transposición de la directiva comunitaria sobre venta y garantías de los bienes de consumo", *Estudios sobre consumo*, Instituto Nacional del Consumo, n.º 52, 2000, págs. 125-146.

PINNA, Andrea – "La Transposition en droit français", *ERPL*, Vol. 9, n.ºs 2-3, 2001, págs. 223-237.

PINTO, Paulo Mota – *Declaração Tácita e Comportamento Concludente no Negócio Jurídico*, Livraria Almedina, Coimbra, 1999;

— "Internet e Globalização", *As Telecomunicações e o Direito na Sociedade da Informação*, coord. António Pinto Monteiro, IJC, FDUC, Coimbra, 1999, págs. 349-366;

— "Conformidade e Garantias na Venda de Bens de Consumo. A Directiva 1999/44/CE e o Direito Português", *Estudos de Direito do Consumidor*, vol. 2, 2000;

— "Reflexões sobre a transposição da Directiva 1999/44/CE para o direito português", *Themis*, Revista da Faculdade de Direito da UNL, Ano II, n.º 4, 2001, págs. 195-218;

— "O Direito de Regresso do Vendedor Final de Bens de Consumo", *ROA*, Lisboa, Ano 62, Jan. 2002, págs. 143 ss;
— *Cumprimento Defeituoso do Contrato de Compra e Venda, Anteprojecto de Transposição da Directiva 1999/44/CE para o Direito Português*, Instituto do Consumidor, 2002.

Prata, Ana – "Venda de Bens usados no quadro da Directiva 1999/44/CE", *Themis*, Revista da Faculdade de Direito da UNL, Ano II – n.° 4, 2001, págs. 145-153.

RAMOS, Rui M. Moura / SOARES, Maria Ângela – *Do Contrato de Compra e Venda Internacional. Análise da Convenção de Viena de 1980 e das disposições pertinentes do Direito Português*, Coimbra, 1981.

REICH, Norbert/MICKLITZ, W. – *Le Droit de la Consommation dans les Pays membres de la CEE, Une Analyse Comparative*, VNR, Reino Unido, 1981.

SARRA, Andrea Viviana – *Comercio electrónico y derecho*, Buenos Aires, 2000.

SCOTTON, Manola – "Directive 99/44/EC on certain aspects of the sale of consumer goods and associated guarantees", *ERPL*, vol. 9, n.°s 2 e 3, 2001, págs. 297-307.

SERRA, Adriano Vaz – "Responsabilidade Contratual e Responsabilidade Extracontratual", *BMJ*, n.° 85, Abril de 1959, págs. 208 ss;
— "Anotação ao acórdão do Supremo Tribunal de Justiça de 11 de Dezembro de 1970", *RLJ*, ano 104.°, págs. 253 ss.

SERRANO, Luis Miranda – *Los Contratos celebrados fuera de los Establecimientos Mercantiles – su caracterización en el Derecho español*, Marcial Pons, Ediciónes Jurídicas y Sociales, SA, Madrid, Barcelona, 2001.

SILVA, Fernando Nicolau dos Santos – "Dos Contratos negociados à Distância", *RPDC*, Associação Portuguesa de Direito do Consumo, Março 1996, n.° 5, págs. 45 ss.

SILVA, João Calvão da – *Responsabilidade Civil do Produtor*, Almedina, Coimbra, 1990.
— *Compra e Venda de Coisas Defeituosas – Conformidade e Segurança*, Livraria Almedina, Coimbra, 2001.

SOUSA, Miguel Teixeira de – "Cumprimento Defeituoso e Venda de Coisas Defeituosas", *Ab uno ad omnes* 75 anos da Coimbra Editora, Coimbra, 1998, págs. 568 ss.

STIGLITZ, Ruben – "Contrato de Consumo y Clausulas Abusivas", *Estudos de Direito do Consumidor*, FDUC, Centro de Direito de Consumo, n.° 1, Coimbra, 1999, págs. 307 ss.

TENREIRO, Mário – "Garanties et Services aprés-vente: Brève analyse du Livre Vert présenté par la Comission Européenne", *REDC*, Vol. 1, Lamy, 1994, págs. 3-26;
— "La proposition de directive sur la vente et les garanties des biens de consommation", *REDC*, Vol. 3, Lamy, 1996, págs. 187-225;

GÓMEZ, SOLEDAD
— "La Directive 1999/44/CE sur Certains Aspects de la Vente et des Garanties des Biens de Consommation", *REDC*, n.° 1, 2000, págs. 5-39.

VICENTE, Dário Moura – *Da Venda de Coisas Defeituosas*, Relatório apresentado ao Seminário de Direito Civil do Curso de Mestrado em Ciências Jurídico--Comerciais da Universidade Católica Portuguesa, Lisboa, 1986;
— "Desconformidade e Garantias na Venda de Bens de Consumo", *Themis*, Revista da Faculdade de Direito da UNL, Ano II, n.° 4, 2001, págs. 121-144.

WATTERSON, Stephen – "Consumer Sales Directive 1999/44/EC and the Impact on English Law", *ERPL*, Vol. 9, n.°s 2-3, 2001, págs. 197-221.

ENDEREÇOS CONSULTADOS:

- http://europa.eu.int/scadplus/leg/pt/lvd/124100.htm
- http://europa.eu.int/scadplus/leg/pt/lvd/132101.htm
- http://europa.eu.int/scadplus/leg/pt/lvd/132000.htm
- www.un.or.at/uncitral
- http://webjcli.ncl.ac.uk/1997/issue1/bradgate1.html

ÍNDICE

APRENTAÇÃO...	5
EMPREITADA DE BENS DE CONSUMO A transposição da Directiva n.° 199/44/CE pelo Decreto-Lei n.° 67/2003 *Pedro Romano Martinez*...............................	11
O NOVO REGIME DA VENDA DE BENS DE CONSUMO *Luís Manuel Teles de Menezes Leitão*....................	37
LEI REGULADORA DOS CONTRATOS DE CONSUMO *Dário Moura Vicente*.................................	75
COMÉRCIO ELECTRÓNICO E COMPETÊNCIA INTERNACIONAL *Dário Moura Vicente*.................................	103
TUTELA DO CONSUMO E PROCEDIMENTO ADMINISTRATIVO *Adelaide Menezes Leitão*.............................	119
CONTRATOS CELEBRADOS ATRAVÉS DA INTERNET: GARANTIAS DOS CONSUMIDORES CONTRA VÍCIOS NA COMPRA E VENDA DE BENS DE CONSUMO *Sara Larcher*.......................................	141